現代フィリピンの地殻変動

新自由主義の深化・政治制度の近代化・親密性の歪み

原民樹　西尾善太　白石奈津子　日下渉 編著

飯田悠哉　久保裕子　田川夢乃　中窪啓介
藤原尚樹　宮川慎司　師田史子　吉澤あすな 著

花伝社

現代フィリピンの地殻変動
——新自由主義の深化・政治制度の近代化・親密性の歪み

◆

目　次

はじめに　トラブルとともに

　フィリピンという国、そして社会は〈トラブル〉のなかにある。トラブルとは単に貧富の格差や不平等、社会的不正義といった問題だけを指すことばではない。トラブルとは「このようであるべき」というわたしたちの常識や通念を掻き乱し、疑いをかけ、別様な在り方へと開きうる可能性でもある。本書はこうしたトラブルとともにトラベルしてきた若手研究者の軌跡を書き記したものである。

　2010年代のフィリピンは激動であった。かつて「アジアの病人」と呼ばれた状況から年間平均6％に達する経済成長率を記録し、様々な社会福祉制度も開始され、いわゆる“まとも”な社会へと舵を切っていくようにみえた。しかし、2016年、大統領選に勝利したロドリゴ・ドゥテルテは、麻薬戦争によって裁判にもかけず多数の人々を殺害した。本書に寄稿した研究者は、各々の調査をおこなう傍らでどう捉えたらいいのかわからないトラブルを目の当たりにしていた。フィリピン社会に暮らす人々のみならず、かれらを追う研究者もまた、過去の「当たり前」は通用しないかのようなトラブルに巻き込まれたのである。

　本書の端緒となったプロジェクトは、トラブルといえるフィリピン社会の急激な変化を捉えるためにはじまった。フィリピンの変化は、グローバリゼーションの進展と個人主義の加速する世界の縮図であり最先端を示す現象である。自己責任や規律といった言説、悪化し続ける労働条件は、フィリピン社会のなかでも広く浸透していった。新自由主義と呼ばれるこうした政治経済体制は、日本においても「社会福祉制度の削減」「つながりの喪失」として何度も論じられてきた事柄であろう。しかし、重要なのは、かかわりのないようにみえるフィリピンと日本の両者の変化がともに生じており、分かち難く結びついている点にある。なぜならフィリピンの急激な成長は、失われる福祉や労働力を補う安い人材を世界中に送り出すことで生じており、日本を含む先進国の状況と表裏の関係にあるからだ。

　ポジとネガが一体となったトラブルの感覚は、表紙を飾るフィリピン人

アーティスト、マーク・サルバトスの作品にもよく表れている。富裕層向け高層マンションのチラシを切り抜きコラージュされた「モデル・シティ」は、壮大でありながら奥行きがなく薄っぺらい、しかし、それはハリボテでありながら人々の欲望を掻き立てる。このハリボテはまさに資本そのものである。つくり込まれたファンタジーは、人々を海外での労働に向かわせ、チラシのハリボテが現実に建てられるのだ。

　サルバトスの作品が示すように〈何〉を現実として見定めればよいのかをめぐる、いわばリアルとファンタジーが交錯するトラブルは、本章の内部にも広がっている。「問題の所在」をめぐって日下と原が現代フィリピン政治に対してまったく異なる評価を下している。続く第1部「フォーマリティへの欲望」と第2部「ままならないインティマシー」も、フィリピン社会に関する異なる観点から一見真っ向から対立する状況を描き出す。本書はこのどちらか一方の道が正しいなどという判断はしない。ただ“生まれ変わる”ともいえる根本的な変化の波、そのなかで継続する根強い地盤を読者の皆さんと共有したい。「いくつもの面を描くことで対象を立体的に理解する」というのはよく用いられる文言だが、それ以上にトラブルの渦中でうねり、いまにも弾けそうなこの社会の状況を知ってほしい、こうした想いが本書の核にある。

　わたしたちは、急速な経済成長や社会福祉の充実という希望を、また麻薬戦争による殺害という暗闇をみながら調査をおこない、白と黒ではけっして分けられない時代の流れとともにあった。しかし、時代は2020年代へとすでに移っており、執筆者にとって本書は一つの折り返し地点として描かれている。トラブルと共にあった各々の旅路を共有し議論し研鑽した成果・到達点が本書であり、ここから再び個々の旅を再度はじめる起点である。「はじめに」が書かれるのは、いつも「おわって」からだ。けれど、それはつぎの一歩に向けたあたらしい「はじまり」でもある。

共同編集者一同／を代表して　西尾善太

〈問題の所在〉

序論

新時代のフィリピン人

——なぜ「規律」を求めるのか

日下 渉

keyWord　社会秩序の変容　新自由主義の統治性　自由民主主義の後退　ドゥテルテ

はじめに

　2000 年代初頭、私はレイテ島の農村で簡易道路や水道を作る活動にのめり込み、フィリピンに惚れ込んだ。よくある話だが、不安定な自我を抱えた若者にとって、現地の人びとの親密な優しさは身に染みて嬉しかった。同調圧力の強い日本社会とは異なり、フィリピンのルーズで曖昧な社会は心の底から自由な空気を吸える場所に思えた。それがフィリピン研究を志すきっかけにもなった。しかし近年、かつての私が愛したフィリピンが急速に薄れていくのを感じるのだ[1]。2016 年、ロドリゴ・ドゥテルテ大統領が開始した「麻薬戦争」では、数万人もの容疑者が超法規的に殺害され、人違いで無罪の者が殺されたり、幼い子どもが流れ弾で命を落としたりする事態も相次いだ（Human Rights Watch 2022）。にもかかわらず、フィリピン人の 8 割ほどはこの政策を支持し続けた。

　　　俺たちにはドゥテルテの規律（*disiplina*）が必要だ。今じゃ 10 代の子どもすらタバコやシャブを吸っている。あまりに多くの社会のクズ（*salot*）がいるし、奴らを逮捕しても出獄したら同じことを繰り返すだけだ。悪を減らし、社会を綺麗にするために警察が彼らを殺すのは良いことだ。（中略）もし麻薬をやめないならば、兄弟でも俺は警察に通報

1　私の視線を外在的にかつてのフィリピンをロマン化し、その変化を嫌うオリエンタリズムと批判する向きもあろう。ただし、私の感覚は、質素だが幸せだった日々（*simpleng buhay noon*）を懐かしむフィリピン人の言説にも近く、内在的でもあるはずだ。

するよ。(ライアン、30 代男性、2017 年 3 月 10 日)

　レイテ島の旧友はそう語った（Kusaka 2020a: 88; 日下 2020b: 69）。十数年前、水に乏しかった彼の村でともに汗と泥にまみれて水道を建設し、ヤシ酒を呑み交わした仲間だ。当時のことを思い出すと、別人かと思うほどの言葉だった。しかも彼だけでなく、困っている人を見たら放っておけない心優しき旧友の多くが、「規律」を強調して麻薬戦争を支持していた。

　たしかに、常にフィリピンが平和に満ちていたわけではなく、政治エリートによる暴力は枚挙に暇がない。不平等社会の抑圧から解放を求める民衆も、彼らが救世主とみなす義賊的人物の暴力を支持してきた（荒 2021）。実はフィリピン社会はそれほど変化しておらず、かつての私があまりに無邪気で、負の側面を見過ごしていただけかもしれない。公式の法制度が機能せぬなか、人びとが超法規的な方法で「正義」を求めるのは、何度も繰り返されてきた現象にすぎないのかもしれない。

　しかし、近年の社会的変容を重視しない研究は、ドゥテルテ人気を十分に説明できないように思う。まず、彼がソーシャルメディアを使って争点を治安に単一化し、社会経済的利益を優先する中間層がそれを支持したからだという説明がある（川中 2022: 190-196）。しかし、ドゥテルテ支持者の熱気と情念は、利益の追求というよりも、善悪や世界観をめぐる闘争の反映ではないだろうか。次に、人びとが既存の自由民主主義に幻滅し（*e.g.* Thompson 2016; Bello 2017）、植民地期や戦中・戦後の混乱期に暴力で民衆の正義を実現しようとしたという義賊の姿をドゥテルテに見出したからだ（日下 2018）という説明もある。だが、自由民主主義の失敗は今に始まった問題ではないし、なぜ 21 世紀に入って時代錯誤とも思えるリーダーシップへの支持が高まったのか分からない。さらに、急速な近代化と経済成長が人びとの要求を高めた結果、自由民主主義への批判がかつてなく強まったという見解もある（Heydarian 2018）。しかし、近代化がなぜ人びとの懲罰的な態度を高めたのかは不明だ。そして、ドゥテルテ陣営が「荒らし会社」（troll companies）を使って偽情報も含むオンライン・プロパガンダを展開したことも無視できない（Ong & Cabañes 2019; Ong & Tapsell 2022）。しかし、

偽情報によって有権者が操られたためだと理解しては、彼らの経験や世界観が分からない。

　私の考えでは、明らかになっていないのは次の問いである。近代化と経済成長の結果、なぜフィリピン人は懲罰的な「規律」を希求するようになったのだろうか。この問いに答えるためには、グローバル化や新自由主義の浸透といった近年の現象が、いかに社会を変容させたのかを明らかにする必要がある。

　関（Seki 2022）によれば、西洋と異なりフィリピンでは、近代の諸制度が人びとの生を保障する前にグローバル化と新自由主義が訪れた。そして、地縁・血縁やクライエンタリズムなどローカルな社会関係を弱めるのではなく、むしろ活性化した。そして人びとはローカルな社会関係でもって新自由主義を飼い慣らし、困難な状況を生き抜くのを支える広範な連帯「土着の公共圏」を生み出しているという。だが、そうした創造的な実践が、関の事例でも触れられるローカルな分断や排除、そしてナショナルな自由民主主義の後退とどのように関係しているのかは必ずしも明らかでない。

　ここで私の仮説を提示したい。21世紀に入って新自由主義に基づくグローバルなサービス産業のもと、新たな収入機会がかつてなく多くの人びとに開かれた。その結果、頑張れば成功できるはずだという希望が広く共有され、理念型的には「つながりで貧困を生き抜く社会」が「個人の規律と勤勉で成功を目指す社会」へと移行している。西洋で数百年かけて進行した近代化が、きわめて短期間で圧縮された形で進んだ結果、人びとは従来からの規範や社会関係と、個人の成功という二つの要請に同時に直面し、ストレスをためている。そして、自身の成功を妨げる腐った社会と国家に不満を募らせ、強いリーダーと強い国家による規律とケアを求めるようになった。彼らの要求は、これまで蔑ろにされてきた国民の福利を前進させる一方で、規律の名のもとに「悪しき他者」への排除を正当化している。

　前述の旧友ライアンによる懲罰的な発言の背景にも、急速に生計基盤が変化するなかでの報われぬ努力と苛立ちがある。彼はココナツ農家の息子で、2013年に台風ヨランダの被災で実家の生計基盤を失った。2016年、妻がマイクロファイナンスから3万ペソを借りて、2万ペソを人材派遣会社に支払

い、カタールで家政婦の仕事を得た。だが雇用主の夫婦が仲たがいをして、給料を受け取れなかった。調査時、ライアンは鶏肉加工工場で警備員として昼夜を問わず働き、毎週の借金返済に追われていた。そして中東でフィリピン人家政婦への虐待事件が相次ぐなか、ドゥテルテが妻を守ってくれることを願っていた（Kusaka 2020a; 日下 2020b）。

I　フィリピン社会の「大転換」

1. エリート支配と非公式な社会秩序

　従来からの「つながりで貧困を生き抜く社会」は、国家によって蔑ろにされた人びとが、日々の生存を模索するなかで育まれた。その起源は植民地期にある。18世紀、商品作物への国際的な需要が高まったことを背景に、スペイン人修道会は現地人から土地を収奪してプランテーションを形成した。19世紀末から20世紀初頭にかけて、アメリカ植民地政府がスペイン人を追放すると、新興の華人系メスティソらがプランテーション経営を引き継ぎ、生産した砂糖をアメリカ市場に売ることで莫大な富を築いた。

　こうして富を得た伝統的エリートは、アメリカの導入した民主制度のもとで公職に就き、政治権力も独占した。しかもアメリカは、官僚組織の建設よりも、選挙の導入と議会の設立を優先した。政治家が公務員を党派的に任命する猟官制も相まって、エリートから自律的な官僚制度も発達しなかった。エリートの個別利益に浸食された「弱い国家」は、法の支配を社会に貫徹する能力をもたなかったし、体系的な福祉政策も実施しなかった。1970年代のマルコス開発独裁は「強い国家」を強調したが、それも取り巻き政商との癒着によって頓挫した。そして1986年の民主化はエリート支配の復活を助長したし、法制度の強化ももたらさなかった。

　こうした条件の下、人口の多数派である貧困層は、自らの才覚や勤勉さだけで社会階層を上昇するのは難しかった。彼らの多くは、封建的もしくは零細農業、都市インフォーマル経済で生計を立てており、いくら頑張っても収入を増加させるには限界があった。また教育や言語の不平等ゆえに、高い英語力の必要とされる専門職に就くには大きな障害があった。

コツコツ頑張ることが報われにくい社会で、貧困層は２つの方法で「豊かさ」と「幸せ」を求めた。一つは、広義の「賭け」であり、賭博、移住、財宝探しといった投機的な実践である。もう一つは、コミュニティの人びとの生存を目的とする「モラル・エコノミー」（スコット 1999）の実践である。自らの生存や成功の機会は人間関係にかかっているので、人びとは地縁・血縁に基づく水平的な相互扶助を大切にした。また、地方政治家ら有力者に忠誠を誓うことで困窮時に支援を得られる垂直的なクライエンテリズムも築いた。

　こうした人間関係は、公式の法制度や規範を浸食して、善悪の曖昧な非公式の社会秩序を作り出した。たとえば都市貧困層は、警察や役人に賄賂を渡して土地や街頭を占拠し、家を立てたり露店を開いた。そして法に従わぬことを、「生活」（*kabuhayan*）や「尊厳」（*dangal*）といった価値に訴えて正当化した。中間層も警察に車の交通違反を咎められれば、賄賂を渡して見逃してもらった。法制度の執行は不平等で理不尽だとの認識のもと、権力や抑圧からの「自由」（*kalayaan*）が希求され、日々を生き抜く「狡知」（*diskarte*）や「不正の黙認」（*dedma*）もまかりとおった。

２．グローバル化と経済成長

　しかし、2000 年代中頃から経済成長が本格化したのに伴い、「個人の規律と勤勉で成功を目指す社会」が立ち現れる。GDP の平均成長率は、1989 年から 2003 年の 15 年間で 3.78％だったが、2004 年から 2019 年の 15 年間で 5.83％を記録した。産業構造にも変化が生じ、1996 年から 2016 年の間に農業人口は 43％から 27％に縮小する一方、サービス産業人口は 41％から 56％に増加した。

　この経済発展を牽引してきたのは、海外出稼ぎ労働者らグローバルなサービス産業で働く人びとだ。国家は新たな産業の創出よりも、勤労する海外出稼ぎ労働者らを「新たな英雄」と称賛し、グローバルな労働市場に送り出す人材派遣の役割に熱心だった（Rodriguez 2010）。海外出稼ぎ労働は、1980 年代、オイルショック後の経済危機のなかフェルディナンド・マルコス大統領が国策として推奨した。以来、出稼ぎ労働者の数は増え続け、2019 年に

は 220 万人になった。海外で暮らす国民の数を含めると、1,200 万人近くになる。海外送金の額は、2000 年で 70 億ドル、2019 年には 335 億ドルまで増えた。彼らの主な職種は、家事労働者、介護士・看護師、船乗り、建設業などである。今や貧困層でも、人材派遣会社に費用を前借りしたり、親族から支援を得られたりすれば、中東などに出稼ぎできる。

　2000 年代以降、北米企業によるビジネス・プロセス・アウトソーシング（BPO）業も急成長し、英語に流暢な若者に比較的高い給与を与えている。そのきっかけは、1997 年、華人系実業家のアンドリュー・タンが、アジア通貨危機で未使用になったオフィススペースをコールセンターに転用し、数百人を雇ったことである（Raquiza 2014: 234-235）。2011 年、フィリピンのコールセンターはインドを抜いて世界最大の拠点になり、2015 年には 100 万人以上を雇用して、GDP 成長の 7.5% に寄与した（Padios 2018: 2-3）。

　海外出稼ぎ者やコールセンター労働者は、旺盛な消費活動で、不動産、小売り、教育、娯楽、医療といったサービス業を発展させた。また BPO 産業の成長も、オフィススペースの需要を高めた。新旧の財閥は、こうした需要に合わせて事業を展開し、とりわけ活況を呈した不動産業への参入を通じて富を倍増させた（Raquiza 2014）。不動産業の活況に伴い、都市部の不法占拠地はショッピングモール、コンドミニアム、IT パークなどに置き換えられ、郊外では海外出稼ぎ家族を対象とする分譲地の建設が相次いでいる（Ortega 2016）。

　グローバルに労働力を供給する高等教育産業も成長している。教育機関の数（分校を除く）は、2000 年度の約 1,380 校（私立 1,214 ／公立 166）から、2019 年度の 1,975 校（私立 1,729 ／公立 246）に増えた。この増加はほとんど私立学校によるもので、グローバルな労働市場に直結したホテル・レストラン・マネジメント学科や看護学科などが人気だ。高等教育機関への進学率は、1990 年の 25% から、2016 年には 40.4% にまで増えた。2012 年に国際基準に合わせて中等教育が 4 年間から 6 年間に延長されたことに伴い、2017 年から高等教育への進学率は減少するが、2021 年には 35.5% まで回復した。

　経済成長は、階層構造にも影響を与えている。1997 年から 2018 年で、貧困ライン以下の人口は 36.8% から 16.7% に下がった。しかし、日収 15 ドル

以上の中間層は、2006 年から 2015 年で 7.9% から 9.5% に増えただけで、他のアジア新興国に比べ微増にとどまる（World Bank 2020: 10）。代わりに成長したのは、日収 3.1 ドル未満の貧困層と中間層との間を構成する層で、同期間で 53.6% から 64.5% になった（*ibid*）。その背景には、安定雇用を供給する製造業の弱さ、底辺サービス業への雇用の集中、独占企業による労働力の買い叩きなどがある（*ibid*: 50-52）。収入格差を示すジニ係数も 2018 年で 0.423 と高止まりしている。

3.「規律」を希求する勤勉な個人

今日、社会の多数派は、もはや貧困層ではなく、新たな経済構造のもとで成功を求めて努力するも、想い望む豊かさには手の届かぬ広範な人びとになった。本章では、こうした新興勢力を便宜的に「新時代のフィリピン人」と呼びたい。彼らはコンドミニアムや分譲地の建売住宅だけでなく、不法占拠地や農村にも遍在しており、特定の居住地や所得分布で定義するのは難しい。彼らをひとつの新興勢力として特徴づけるのは、むしろ道徳言説の共有である。

彼らは海外出稼ぎや移住、コールセンター労働、ソーシャルメディアなどを通じて、成功の鍵は個人の「自立」「忍耐」「規律」にあるとする新自由主義的な価値を受け入れるようになった。また、国家が機能している先進諸国での経験を通じて、非公式な人間関係が公式の法制度を侵食する既存の社会秩序は、短期的には個人の利益になっても、長期的には公的サービスを破綻させてしまうとの危機意識を深めた。法を遵守する不都合を受け入れた方が、結果的に良い社会を作れるという自覚が生じたのである。

こうした価値観は、信仰の変化とも関連している。21 世紀の東南アジアでは、競争の激化と不安定性の高まりが、節制や規律を通じて成功を目指す清教徒的な道徳主義を強化している（Reid 2014）。フィリピンでは制度化されたカトリックに距離を置き、聖書を通じた神との対話を重視するカリスマ運動に惹かれる者が増えている[2]。カリスマ運動は不安定化した個人に、自身

---

2 「カリスマ」はギリシャ語の「カリスマタ」（恵の賜物）に語源がある。カリスマ運動は、癒やしや奇跡など聖霊の賜物を重視した教会の刷新を掲げて、宗派を超えて広がっている。

と社会の道徳的刷新という生の目的を与えてくれるからである（Kessler 2006）[3]。

　ただし、この議論は、いくつかの留保を加えて、より丁寧に論じる必要がある。まず、「勤勉」（*sipag*）、「忍耐」（*tiyaga*）、「規律」は、新たな価値ではない。1970 年代には農業の近代化とともにコメ作地帯で支持された（Kerkvliet 1990: 249-251）。またマルコス Sr. 政権は「国民の発展には規律が必要」（*Sa ikaunlad ng bayan disiplina ang kailangan*）をスローガンにし、1980 年代前半の経済危機のなかで「自己努力」（*sariling sikap*）を強調した生計プロジェクトを実施した。だが当時、相互扶助の価値を蔑ろにする者は「ケチ」（*madamot*）「利己的」（*makasarili*）などと批判されたし（*ibid*: 146）、「規律」の言説は国家スローガンに留まった。それに対して、今日、グローバルな就業機会が多くの国民に広く開かれ、成功の実例が遍在するようになったことで、規律、勤勉、忍耐といった価値は資本主義の文脈で再解釈され社会の側から溢れ出している。

　次に、こうした価値が確実に報われる安定した雇用制度や官僚制度が成立したわけでない。それゆえ、新時代のフィリピン人の多くも、多大な「犠牲」（*sakripisyo*）を受け入れて海外へと旅立ち、不確かな外部の富に賭けざるをえない（細田 2019）。その点では、従来の社会と同じである。しかし、海外出稼ぎは、その過程でいかに市場や雇用主の要請に応じて自らを律し、辛抱強く勤労するかが成功への鍵と目される点で、単なる運頼みの賭けではない。

　そして、新時代のフィリピン人を代表するミレニアル世代にしても、社会経済的に断片化されており、みなが個人主義的で、豊かな消費生活を送り、IT 技術に長け、コスモポリタンで、冒険や経験を通じた自己実現を重視しているわけではない（Corneilo ed. 2020）。だが、彼らは新たな機会を不均等に経験しつつも、新自由主義的な価値を強調するソーシャルメディアや身

3　他方、あくまで個人で宗教アイデンティティを模索する試みもある。カトリックの若者は、教会の権威に裏付けられた「正しい信じ方」よりも、神と親密な関係を築き、自ら新たな人間関係を作り出し、そのなかで「正しい生き方」を実践することを重視する（Cornelio 2016）。

近な成功者の言説に日々晒されている点では共通している。

　規律が支配的な言説になったことは、政治の場でもっとも顕著である。ロドリゴ・ドゥテルテは、混乱と腐敗を正す規律を大義名分に、2016年大統領選挙で勝利し、「麻薬戦争」で数万もの超法規的殺害を行い、コロナ禍の防疫違反者を10万人以上逮捕した（Talabong 2020）。また、対立する最高裁長官を辞任に追い込み、政敵の上院議員を収監した。人権の保護と、政府機関の相互監視に基づく水平的アカウンタビリティという自由民主主義の価値と制度を侵害する一方、彼は世論調査で8割前後の満足度を維持し続けた（Social Weather Stations 2022）。2022年大統領選挙では、1972年から1986年までの独裁期に規律ある社会と国家が実現したと当時を理想化する言説が広まり、マルコスの長男が圧勝した（日下 2022）。独裁期の暴力も、共産主義者の武装革命から国家と国民を守るためだったと正当化された。

　かつて人間関係が全てで善悪の曖昧だった社会において、規律の名のもとに善悪の二項対立を強調する政治が支持を呼び、「悪しき他者」への排除が進行しているのである。

II　新時代のフィリピン人

1. 新自由主義の統治性

　上述の変化は、ミシェル・フーコーの議論を喚起させる。周知のように、フーコーによれば、西洋では17世紀から18世紀にかけて、逸脱が「狂気」として他者化されることで、「正常」と「異端」が構築された（フーコー1975）。同時期、監獄、学校、工場などでは人びとの規範に働きかけて自発的な服従を促す「規律権力」が発達した（*ibid* 1977）。そして1970年代後半には、ケインズ主義的・福祉国家的な統治を支える経済、制度、言説を解体し、企業的モデルに則って再組織化すべく「新自由主義の統治性」がグローバルな社会の全領域で作用し始め、機会とリスクに対して能動的に自己統治する主体を生産するようになったという（*ibid* 2007; 2008）。関（Seki 2022）も着目したように、現代フィリピンを理解するためには、この新自由主義の統治性という概念が特に重要である。

その特徴は、次のようにまとめられる。自由主義の国家は、個人による市場での自由な交換と「自然な」価格の形成を尊重する。他方、新自由主義の国家は、結婚、教育、親子関係なども含めて社会の全領域を経済学の用語でフレーム化することで、人工的な「競争」を生み出し続ける。その競争において、人びとは「人的資本」としての価値を高めるなど、企業モデルに則って自らを能動的に統治するよう要請される。閉ざされた空間で作用する規律権力と異なり、新自由主義の統治性は社会の全領域で作用するので、その外部に出ることはできない（Read 2009）。

新自由主義の統治性は、社会的な不平等と不安定を高めるだけでなく、民主主義に責任を持つ「デモス」を経済合理性のみに関心を持つ「ホモ・エコノミクス」に置き換え、公共善や正義を政治から排除する。しかも自己統治に失敗して「人的資源」として役立たぬ人びとは、社会の外に打ち棄てられる（ブラウン 2017）。とりわけ新自由主義と道徳的多元性を否定するポピュリズムとが同時に昂進すると、「例外状態」（アガンベン 2007）が生じ、国家は自ら定義した危機に「悪しき他者」への法の執行を停止し、暴力的に排除できるようになる（山崎 2018）。新自由主義の生み出す不安や危機は、道徳的な厳罰主義によって対処されるのである。

ただし、新自由主義の統治性は、その土地の制度、文化、関係性と節合し、地域や時期によって異なる形を取り、多様な権力関係と主体性を形成する。民族誌はこうしたプロセスを解明するのに優れている（オング 2013; Brady 2014）。次節では、近年の民族誌的研究を取り上げて、新自由主義の統治性がいかに新時代のフィリピン人に作用しているのか見てみよう。

2. 苦悩する「新たな英雄」

フィリピンでは、もとより解体すべき福祉国家も存在しないなか、新自由主義の統治性は、人びとに対して自発的にグローバルな労働市場に参加するよう促してきた。そして人びとは新たな雇用を通じて階層、ジェンダー、セクシュアリティに基づく周縁化からある程度自由になる機会を得た。だが同時に、不安定な雇用のもと、グローバルな基準と需要に見合う規律化された「人的資源」としての価値を高めることを要請され、厳格な就業規則や監視

にも晒され、ストレスを蓄積させている。「陽気で社交的なフィリピン人」として、非対称な権力関係のもと、自らの感情を抑制し顧客や雇用主をケアする「感情労働」に従事する者も多い。

海外出稼ぎを目指す若者は、専門的な知識と技能を高等教育機関で得ようとする。だが看護学科は、海外雇用主の要求を優先して、しばしば教育の質を犠牲にしている。ホテル・レストラン・マネジメント学科は、4年間かけて清掃や調理の技能を教える一方で、大卒者を肉体労働にとどめている。しかも、グローバルな人材需要は不安定なので、学生は質の低い教育に学費を費やしたうえ就職できない可能性も高い（Ortiga 2018）。

多くの女性は、国内の家事労働から離脱して、海外出稼ぎ家政婦として「再生産労働の国際分業」に参入した。そして母国では社会階層の上昇を果たすも、出稼ぎ先では家事・再生産労働に押しとどめられ、部分的市民権、ジェンダー的・人種的排除に直面する「矛盾した階級移動」（contraditictory class mobility）を経験している。それに対して、さぼりやダラダラ仕事といった「日常型の抵抗」や、雇い主の博愛を引き出す親密性の操作を行うも、構造的不平等は変革できない（Parreñas 2015）。さらに、規律、勤勉、正直、時間厳守といったプロ意識を高め、周縁化に抗しようとする実践は、雇用主や人材派遣会社の提示する理想的な家政婦へと自らを近づけて、逆説的にも既存の権力関係を強化してしまう（Constable 2007）。

男性は船乗りになることで、母国への「恩義」（*utang na loob*）を従順に果たす男性性の象徴として国家に賞賛される。しかし、彼らは「汚く、危険で、屈辱的な」仕事をこなし、上司の人種差別さえ受け入れる感情労働を強いられるなか、自らを「新たな英雄」ではなく、「愚かな英雄」（*gagong bayani*）だと感じている。また親族への送金という義務が、自らの成功を妨げていることにも憤りを感じている。そして少なくない船乗りが、自らの人生のために海外の寄港地で船から脱走するという「気概」（*lakas ng loob*）を、対抗的な男性性として発揮してきた（Fajardo 2011）。

コールセンターでの仕事は、ITに秀でた国民という新たな自己像を可能にし、女性や性的マイノリティにも高給を与える。だが、彼らはアメリカ時間に合わせて夜勤で働き、厳しい監視のもと分刻みの顧客対応に追われ、感

情労働と機械的な繰り返し作業を強いられ、顧客からの人種差別にも晒される。その結果、アメリカ人顧客をケアするために、睡眠や発話といった私的領域まで規律化され、標準化され、管理され、操作された労働者が生み出される。彼らは苦しさを和らげようと、顧客と少し人間的な会話をしたり、仕事を無断欠席するも、既存の感情労働と雇用の柔軟性を強化してしまう（Fabros 2016; Padios 2018）。

　新時代のフィリピン人は、こうしたグローバルな労働に耐えた成功の証として、郊外の分譲地に「アメリカ風」の住宅を購入することを夢に見る。だが、その夢を実現できても、分譲地内の厳格なルール、コミュニティ喪失の感覚、海外で働く家族の不在などに苛まれ、孤独と苦悩を深めている（Ortega 2016）。

3．豊かさを目指す貧困層

　新自由主義の統治性は、豊かさを目指す実践を個人化・女性化・道徳化する形で貧困世帯にも浸透してきた。まず、貧困地域でも高等教育を修了し、海外出稼ぎにつながる専門職や BPO 産業に就く若者が女性を中心に増え、「ミドルクラス的価値観」を得るようになった（太田 2021）。世帯の稼ぎ頭となった彼女らの価値観は、親族やコミュニティにも影響力を与えている。

　次に、都市貧困層の多くが、インフォーマル経済を離れ、店舗従業員、警備、ビル清掃などグローバルなサービス産業の底辺で就業するようになった（青木 2013）。多くの企業は、半年以上働く労働者を正規雇用にする法規制を回避すべく、人材派遣会社を通じた 5 カ月ごとの短期契約労働を導入した。それゆえ労働者は、契約を更新したり、正規に引き上げてもらったりするためには、理不尽な上司や職務にも従わなくてはならない。過酷な労働や夜勤に耐える手段（*diskarte*）として覚醒剤も頻用されている（Lasco 2014）。その使用者は、戦略的に覚醒剤を利用する「勤勉な道徳的主体」であると強調する点で、新自由主義の価値を受け入れている（Gutierrez 2022）。

　そして、道徳を強調する貧困対策の実施がある。社会福祉開発省は、貧困女性を対象に、子どもへの教育や保健の義務を果たし、賭けなどをやめることを条件に現金を給付してきた。この現金の目的は貧困の緩和ではなく、貧

困層が責任ある「道徳的市民」になれるようエンパワーすることである（関 2013）。また NGO の生計支援プログラムや民間のマイクロファイナンスは、女性に勤勉・規律といった規範を教え、ローンを駆使する事業家へと変えようとする。その際、受益者組織ごとの連帯責任を強調するので、住民は頻繁な賭博や飲酒、無職の継続といった債務不履行を招きかねない生活様式を互いに咎めるようになった（Kusaka 2020a; 日下 2020b）。こうした貧困対策が女性を受益者にする背景には、男性より悪癖に現金を浪費しにくいとの想定がある。

　都市部では、不法占拠者に合法的住居を提供する再定住政策を通じて、彼らをスラムの生活様式から脱却させる試みが展開されている。新たな住居を得ようとする者は、社会運動を組織し、NGO、政府、政治家などと粘り強く交渉し、住居を手にした暁には市民的コミュニティを創出し、多くの規則を守る必要がある。ただし、いくら尽力しても運動が頓挫して、新たな家を得られぬ者も多い（Seki 2020）。

　このように、新自由主義の統治性は、貧困からの脱却を個人の道徳的刷新に委ね、とりわけ女性にその負担を負わせている。他方で、不平等の構造的問題を非政治化し、放置し続けるので、人びとがいくら規律と勤勉を受け入れて努力しても想い望む「成功」を手にできる可能性は低い。

　ただし、貧困層は新自由主義の価値を絶対化しているわけではない。たしかに、彼らは発展とは望ましい行為の結果であり、貧困とは道徳的な失敗の結果だという新自由主義の言説を受け入れて、自らを周縁化する構造を補強している。だが同時に、「質素さ」、「大地とのつながり」、「友人や家族との良好な関係」などを、もうひとつの理想として擁護しており、善き生をめぐる複数の構想を抱いている（Bulloch 2017）。

4. 再編されるアイデンティティと社会関係

　さらに、新自由主義の統治性は、人びとのアイデンティティや自尊心、相互扶助をもグローバルな労働を支える資源へと再編していく。ロンドンで介護職に就く不法滞在者は、教会、組織、シェアハウス、ソーシャルメディアなどを通じて互いに様々な感情を交わすことで、不安定で低賃金の雇用にも

かかわらず、他者をケアする能力を支えている（McKay 2016）。またシンガポールへの出稼ぎ看護師は、現地人よりもケアの意識が高く、他の移民よりも英語が流暢で、同郷の家政婦よりも高度の専門職に就いていると自負することで、自らの家族ではなく他者をケアするジレンマに対処している（Amrith 2017）。

　フィリピンに残る人びとも、新たな家族・ジェンダー関係やつながりでもって、海外出稼ぎ者の労働を支えている。妻が海外出稼ぎに出た男性は、稼ぎ頭の地位と性生活を失い、家事とケア労働に勤しむなかで、送金を効率的に管理し、誘惑に耐え、責任もって子育てをし、家事をこなす辛抱強さを男性性と定義している（Pingol 2001）。また、海外出稼ぎ者の家族、親族、コミュニティは、「つながりの文化」（culture of relatedness）に支えられた協力関係でもって、故郷に残された彼らの子どもの世話をしている（Aguilar ed. 2009; 長坂 2009）。

　しかし、海外出稼ぎ者と故郷に残る者との協力関係は、グローバルな労働を可能にすると同時に、大きな収入格差や、夫婦ごとの独立生計という理念からの乖離といった要因によって不安定化されている（長坂 2009）。また、相互扶助と自助努力という相反する価値の緊張関係も深刻である。成功した移民は、神のような慈悲の心で故郷の者に富を分け与えることが求められる。だが、成功者のなかには自助努力を重視して、他者への支援を制限したり拒絶したりして、故郷とのつながりを弱める者もいる（細田 2019）。

　さらに、つながりが対立のきっかけになる状況もある。その一つは、互酬の破綻による親族間の不和である。高等教育を修了して海外で働くには、しばしば親族から金銭的な支援を得る必要があり、出稼ぎ後は送金で恩義を返すことが期待される。しかし、何らかの事情で学校を中退したり、出稼ぎに失敗したりしてしまうこともある。その際、とりわけキョウダイからの支援へのお返しは曖昧なまま放置され、不和を引き起こしやすい（太田 2021）。もう一つは、ドゥテルテ政権の麻薬戦争である。麻薬戦争を遂行する際、警察はスラム住民の親密な関係性と知識を利用して、彼らに密告やリストの作成を行わせた。すると、地域の相互扶助を支えてきた親密な社会関係は、逆に人びとの命を脅かすようになり、彼らの関係を破断した（Jensen &

Hapal 2022)。

　新自由主義の統治性は人びとのつながりを経済的に利用する一方で、「人的資源」として役立たぬ者への排除を正当化し、それを破壊してもいくのである。

III　ストレスと排除

1. 主体性の重層的併存

　新自由主義の統治性は、自助と規律による成功を夢見る主体を構築し、彼らに多大なストレスを負わせつつ、不平等と不安定のなかに放り込む。そして、彼らの不満と怒りを、支配的な経済構造やそれを支える規範ではなく、彼らの成功を妨げる「悪しき他者」へと向かわせる。

　フィリピンの場合、「悪しき他者」への敵意が高まった背景には、近代化と新自由主義の浸透が急速かつ不均等に進行したことで異なる主体性が重層的に併存するようになり、社会的な軋みが生じていることがある。従来どおり、農業や都市インフォーマル経済で生計を立て続ける者は、地縁・血縁の相互扶助を重視する。だが経済発展とともに、そうした社会関係を相対化し、規律や勤勉といった価値を信じ、自立した近代的個人としてグローバルな世界で社会上昇を目指す人びとが増えてきた。だが、彼らの多くは不安定とリスクに翻弄され、経済的安定を手にできていない。しかも、伝統的な社会関係から脱埋め込み化されるだけでなく、近代の規範、制度、カテゴリーさえ流動化する後期近代において再帰的に自己を定義しようとするも、「存在論的不安」（ギデンズ 2005; ヤング 2007）に陥ることもある。

　こうした異なる主体性は、個人の内部や人びとの間で錯綜して併存しており、新時代のフィリピン人に、異なる道徳的な要請を同時に突きつける。細田（2019）や関（Seki 2022）は、人びとが異なる価値や要請を使い分けたり、組み合わせたり、飼い慣らしたりして、うまくやりくりする実践を強調する。だが、その過程で人びとが募らせるストレスや苛立ちも深刻だ。海外で働く若者には、他者へのケアと自らの家族へのケアとの間で引き裂かれたり、親族に送金する義務と自らの成功という野心との間で悩んだりしつつ、人生の

目標に混乱を抱く者も少なくない。貧困世帯の女性は、家庭をケアし、貧困対策プログラムの要請に応じて家族や地域の道徳を改善し、国内外で働き家計を支えるといった多くの期待を負わされている。

　こうして相異なる、そしてしばしば相反する複数の要請に対処し続けるストレスのもと、新時代のフィリピン人は、彼らと同じように苦悩せず、好き勝手に生きているように見える者に反発を抱く。海外出稼ぎ者は、彼らの送金を非生産的に浪費する怠惰な親族らに苛立つ。コールセンター労働者は、夜勤明けの帰路で、覚醒剤を使用したり泥酔して徘徊する男たちを目にしては、理不尽な憤りを感じる。ゴミの投げ捨て、信号無視の道路横断、歩道を占拠する街頭販売、渋滞を悪化させる強引な車線変更や路上駐車、深夜にたむろする若者、路上でデモに明け暮れる学生なども苛立ちの対象となる。

　さらに彼らは批判の矛先を国家にも向ける。先進諸国では国家が法制度を適切に執行し、人びともそれに従い、社会に秩序が保たれている。だが母国では、政治家、役人、犯罪者、身勝手な者らが自己利益ばかり追求してきた結果、法制度は賄賂やコネで交渉可能になり、あらゆる不法・犯罪行為が常態化し、公的サービスも劣悪で、人びとの福利や安全さえ保障されないというのである。

　新時代のフィリピン人は、新たな経済構造のもと規律の理念を受け入れるも、従来からの規律なき社会と政治によって妥協を強いられ、ストレスと無力感を募らせている。彼らの理念は、彼らの内部、家族・社会関係、国家において規律なき現実によって絡めとられ、浸食されている。だからこそ、彼らは、個人と国民の成功のためとして規律による人間、社会、国家の道徳的刷新を願う。急速な近代化によって異なる主体性が反目を孕みつつ併存する苦しみのなか、多くの人びとは現実を否定し、理念を希求するようになったのである。

　そして、この道徳的刷新に参画するか否かで、人間の善悪を定義する。自らを律し、法を遵守し、勤労し、秩序だった社会に寄与するのが「善き市民」であり、自由を食いものにして私的利益を追い求め、善良な人びとの足を引っ張るのが「悪しき他者」だ。その象徴は、社会の頂点で不正に富と権力を独占するエリートと、底辺で社会を蝕む怠惰な無職者や犯罪者である。

しかし、新時代のフィリピン人はエリート支配を覆す力を持たないし、勤労せぬ者や麻薬使用者を親族やコミュニティから放逐することもできない。

2. 強いリーダーの希求

　こうして新時代のフィリピン人は、新自由主義の統治性のもとストレスを抱えて規律と勤勉で社会上昇を目指すも、「悪しき他者」の巣くう「腐ったシステム」に妨げられていると苛立ちと無力感を募らせてきた。そして、「強いリーダー」が現状を打破し、強い国家を実現し、虐げられてきた「善き市民」を救ってくれると期待するようになった。だからこそ、多数派の人びとが、ドゥテルテの権威主義的な言動や暴力さえ規律の名のもとに支持したのである。こうした政治意識を持つ人びとは、自由民主主義を後退させる。彼らは、既存の自由民主主義を、アキノ家ら「偽善的エリート」が国民を食いものにして利権を強化する手段にすぎないと見下し、打破の対象とさえ見なすからである。

　こうした世界観は、2016年大統領選挙と2019年中間選挙でドゥテルテ陣営が「荒らし会社」を使ってばら撒いたオンライン・プロパガンダの影響も受けている。ただし、「荒らし会社」に雇われた者らは、一方的に人びとを洗脳したのではなく、どのような投稿が人びとの共感を呼ぶのか模索し、彼らの不満や希望をうまく取り込むことで、プロパガンダを成功させた（日下 2020a; Kusaka 2022）。

　新時代のフィリピン人が、ドゥテルテ陣営のプロパガンダのなかで特に深く共鳴したのは、腐ったシステムを打破する強い国家の実現に加え、義賊的な救世主の希求というテーマである（*ibid*）。もっともこのテーマは新しいものではなく、共鳴の場が大衆映画からソーシャルメディアに移ったのである。以前から、大衆映画で国家に抗う義賊を演じた俳優や犯罪歴のある人物が、頼もしいリーダーと慕われて選挙で当選してきた。法は所詮エリートのためにすぎず、法を畏れぬアウトローでないとこの国は変えられない、との信念が広く共有されてきたためである（日下 2018）。また、家父長的な強さを誇示する義賊的リーダーが求められた背景には、女性に負担が集中する一方、父権が弱体化してきたことへの反動もあろう。

2022 年大統領選挙でも、フェルディナンド・マルコス Jr. 陣営がオンライン・プロパガンダを駆使して、地滑り的な勝利を収めた。その際、有権者から共感を集めたのは、父マルコス Sr. の独裁期を理想化する「マルコス黄金期の物語」である（Talamayan 2021）。その言説によれば、独裁期には、強い国家が物価を安価に抑え、インフラ整備や農業支援といった開発の恩恵を農村の村々にまで行きわたらせ、節度ある暮らしを人びとに促し、規律ある社会を実現したというのである。

　自由民主主義や人権よりも、優しさと厳しさを併せ持つ家父長の統治と、規律をもって従う国民の結合を理想と見なす点で、新時代のフィリピン人によるドゥテルテ支持とマルコス支持は連続している。ただし、違いもある。2016 年、この新興層は自らの力による経済的な成功に自信を持っており、ドゥテルテの規律が腐ったシステムを破壊してくれれば十分だと考えた。他方 2022 年には、コロナ禍で経済も悪化するなか、彼らは国家からのケアや福利を希求した。「マルコス黄金期の物語」が彼らにとって魅力的だったのは、不安定でストレスに満ちた労働に耐え、自己責任で生活を築く新自由主義の現実とは対照的に、安心して身を委ねられる国家とリーダーシップを強調したからである（日下 2022）。

　しかし、こうした世界観は、複雑な構造的問題を道徳の問題に単純化・矮小化する幻想に依拠しており、現実の政治では様々な条件に拒まれて必ずしもうまくいかない。しかも、新時代のフィリピン人が望む強い国家と強いリーダーとの間には、原理的な乖離があり、望ましい帰結をもたらさない。

　まず、強いリーダーの属人的支配は、非属人的な制度を侵食する。ドゥテルテの強調する規律にしても、家父長による子どもの「しつけ」に関連付けて理解されており、非属人的な法の遵守とは異なり、きわめて属人的だ。それゆえ、強いリーダーへの支持が強い国家の実現に向かう保障はない。たしかに、腐ったシステムを打破するには、属人的な強権が必要になることもあろう。たとえばドゥテルテは、麻薬戦争、密輸の取り締まり、違法賭博の合法化などを断行して、腐敗した政治家や役人ら既得権益に打撃を加え、闇経済を国家の管理下に置こうとした。しかし、彼の強権は、水平的アカウンタビリティと人権を守る公式の諸制度を深刻に空洞化した。

次に、強い国家が国民の福利を促進しても、強いリーダーは彼に従わぬ者を暴力的に排除する。「支援に値する人びと」への制度的包摂と、「支援に値せぬ人びと」に対する恣意的排除が同時に進行しうるのだ。ドゥテルテ政権は、高等教育の無償化、教員・兵士・警察の給与引き上げ、移住労働省の創設、国民皆医療保険など福祉制度を整える一方で、麻薬容疑者や共産党シンパを超法規的に処刑した。またマルコス政権も、農業振興、医療・福祉の充実などをうたう一方で、独裁期の人権侵害に一族が関与したことは否定する。そして、多数派の人びとは、こうした人権侵害を国家と国民を守るための必要悪として容認している。強いリーダーがいくら福祉制度を整えても、その受益者の構成的外部として暴力的に排除される者が恣意的に作られるのであれば、それは非属人的な福祉制度とは呼べない。

おわりに

　フィリピンでは長らく、ローカルな権力基盤を持つエリートが、グローバルな資源や市場を利用し、また国家や国民といったナショナルな制度や共同体を食いものにして、富と権力を蓄積してきた。しかし、グローバルに活動する人びとが劇的に増えたことで、逆説的にも強い国家への希求がかつてなく高まり、大統領選挙の結果さえ決定づけるようになった。このことは、植民地期以来、百年以上も継続してきたシステムに対する根源的な挑戦である。しかし、規律による変革という彼らの要求は、エリート民主主義の打破を強調するあまり、自由民主主義の後退を招いている。

　とりわけ深刻なのは、「悪しき他者」の排除である。かつて 2000 年代には、都市中間層が政治改革を促進する「善き市民」を自認する一方、彼らの望むような政治参加をしない有権者の多数派である貧困層を道徳的に否定した（日下 2013）。だが今日、「善き市民」を名乗るのは、グローバルな新自由主義のなかで中間層の地位に辿り着こうと悪戦苦闘する人びとである。彼らは社会と国家の混乱を正す規律を掲げて、社会の頂点と底辺で自己利益を追求するエリートと犯罪者を「悪しき他者」と批判する。この新たな「善き市民」は、かつての中間層とは異なり多数派であり、彼らの道徳的な排除はより強力である。

貧困社会で人びとの生存を支えてきた社会関係も、グローバルな市場にはケア労働を支える資本として、国家には麻薬戦争の情報源として利用されるようになった。しかし、それによって人びとのつながりが完全に経済に飲み込まれたり、国家に破断させられたわけではない。公式の諸制度が機能不全である以上、規律を理念的に支持する者でも、何かの目的を達成するために、つながりを再構築し、狡知を発揮し、非公式な実践をしなくてならないからである。

　それがもっとも顕在化したのは、コロナ禍のロックダウンである。ドゥテルテ政権は未成年と高齢者の外出禁止も含む厳格なルールを施行し、ソーシャルメディアでは規律の掛け声と防疫違反者への懲罰の声が渦巻いた。だが実際には、人びとはやがて子どもの外遊び、バイクの二人乗りなど、軽微な違反を互いに黙認し合うようになった。自発的な民衆経済も立ち現れ、飲食業や観光業で失職した人びとは行商人となり、ロックダウンで買出しに難儀する人びとに便宜を提供した（Kusaka 2020b）。インターネットを介した物々交換コミュニティや、寄付された生活物資を配給するコミュニティ食糧庫（community pantries）も各地に出現した。

　このように、人びとはいくら規律を希求しても、国家の法制度が非効率で理不尽である以上、道徳的な二項対立を浸食し、つながりに基づく包摂的な社会秩序を再構築していかざるを得ない。こうしたつながりの日常実践は、強い国家と「規律」を求める理念が暴走していく事態を抑制しているはずだ。健全なフィリピン社会の発展は、理念による現実の否定ではなく、こうした理念の追求と日常実践との緊張に満ちた相互作用のなかから立ち現れてくるのではないだろうか。

［文献］
アガンベン，ジョルジョ，2007，『例外状態』（上村忠男・中村勝己訳，原著は 2003 年発行）未来社.
Aguilar Jr., F. V. with J. E. Z. Peñalosa, T. B. T. Liwanag, R. S. Cruz, and J. M. Melendrez, 2009, *Maalwang Buhay: Family, Overseas Migration, and Cultures of Relatedness in Barangay Paraiso*, Quezon City: Ateneo de Manila University Press.
Amrith, M., 2017, *Caring for Strangers: Filipino Medical Workers in Asia,* Copenhagen:

Nordic Institute of Asian Studies Press.

青木秀男, 2013, 『マニラの都市底辺層——変容する労働と貧困』大学教育出版会.

荒哲, 2021, 『日本占領下のレイテ島——抵抗と協力をめぐる戦時下フィリピン周縁社会』東京大学出版会.

Bello, W., 2017, "Rodrigo Duterte: Fascist Original," N. Curato ed., *A Duterte Reader: Critical Essays on Rodrigo Duterte's Early Presidency,* Quezon City: Ateneo de Manila University, 77-91.

Brady, M., 2014, "Ethnographies of Neoliberal Governmentalities: From the Neoliberal Apparatus to Neoliberalism and Governmental Assemblages," *Foucault Studies,* 18: 11-13.

ブラウン, ウェンディ, 2017, 『いかにして民主主義は失われていくのか——新自由主義の見えざる攻撃』(中井亜佐子訳, 原著は 2015 年発行), みすず書房.

Bulloch, H. C. M., 2017, *In Pursuit of Progress: Narratives of Development on a Philippine Island,* Honolulu: University of Hawai'i Press.

Constable, N., 2007, *Maid to Order in Hong Kong: Stories of Filipina Workers,* 2nd edition, Ithaca, New York: Cornell University Press.

Cornelio, J., 2016, *Being Catholic in Contemporary Philippines: Young People Reinterpreting Religion,* Oxfordshire and New York: Routledge.

Cornelio, J., ed., 2020, *Rethinking Filipino Millennials: Alternative Perspectives on a Misunderstood Generation,* Mania: University of Santo Tomas Publishing House.

Fabros, A., 2016, *Outsourceable Selves: An Ethnography of Call Center Work in a Global Economy of Signs and Selves,* Quezon City: Ateneo de Manila University Press.

Fajardo, K. B., 2011, *Filipino Crosscurrents: Oceanographies of Seafaring, Masculinities, and Globalization,* Minneapolis: University of Minnesota Press.

フーコー, ミシェル, 1975, 『狂気の歴史——古典主義時代における』(田村俶訳, 原著は 1961 年に発行) 新潮社.

————, 1977, 『監獄の誕生——監視と処罰』(田村俶訳, 原著は 1975 年に発行) 新潮社.

————, 2007, 『安全・領土・人口——コレージュ・ド・フランス講義 1977-1978 年度』(高桑和巳訳, 原著は 1978 年に発行) 筑摩書房.

————, 2008, 『生政治の誕生——コレージュ・ド・フランス講義 1978-1979 年度』(慎改康之訳, 原著は 1979 年に発行) 筑摩書房.

ギデンズ, アンソニー, 2005, 『モダニティと自己アイデンティティ——後期近代における自己と社会』(秋吉美都・安藤太郎・筒井淳也訳, 原著は 1991 年に発行) ハーベスト社.

Gutierrez, F. C., 2022, "Overcoming and Penalizing Precarity: Narratives of Drug Personalities Arrested in the Philippine War on Drugs," *Critical Sociology* (https://doi.org/10.1177/0896920521107023).

Heydarian, R. J., 2018, *The Rise of Duterte: A Populist Revolt against Elite Democracy,* Singapore: Palgrave Pivot.

細田尚美，2019，『幸運を探すフィリピンの移民たち──冒険・犠牲・祝福の民族誌』明石書店．

Human Rights Watch, 2022, World Report 2022: Events of 2021.

Jensen, S. B. and K. Hapal, 2022, *Communal Intimacy and the Violence of Politics: Understanding the War on Drugs in Bagong Silang, Philippines*, Ithaca and London: Cornell University Press.

Kerkvliet, B. J. T., 1990, *Everyday Politics in the Philippines: Class and Status Relations in a Central Luzon Village*, Berkeley: University of California Press.

Kessler, C., 2006, "Charismatic Christians: Genuinely Religious, Genuinely Modern," *Philippine Studies,* 54(4): 560-584.

川中豪，2022，『競争と秩序──東南アジアにみる民主主義のジレンマ』白水社．

日下渉，2013，『反市民の政治学──フィリピンの民主主義と道徳』法政大学出版局．

──────，2018，「国家を盗った義賊──ドゥテルテの道徳政治」外山文子・日下渉・伊賀司・見市建編『21世紀東南アジアの強権政治──「ストロングマン」時代の到来』明石書店．

──────，2020a，「ソーシャルメディアのつくる「例外状態」──ドゥテルテ政権下のフィリピン」見市建・茅根由佳編『ソーシャルメディア時代の東南アジア政治』明石書店．

──────，2020b，「ドゥテルテの暴力を支える「善き市民」──フィリピン西レイテにおける災害・新自由主義・麻薬戦争」『アジア研究』66(2): 56-75．

──────，2022，「「独裁ノスタルジア」の反乱──フィリピン2022年大統領選挙」『世界』959，7月号: 19-23．

Kusaka, W., 2020a, "Disaster, Discipline, Drugs and Duterte: Emergence of New Moral Subjectivities in Post-Yolanda Leyte," K. Seki ed., *Ethnographies of Development and Globalization in the Philippines: Emergent Socialities and the Governing of Precarity,* London and New York: Routledge.

──────, 2020b, "Duterte's Disciplinary Quarantine: How a Moral Dichotomy Was Constructed and Undermined," *Philippine Studies: Historical and Ethnographic Viewpoints,* 68 (3-4): 423-442.

──────, 2022, "Fake News and State Violence: How Duterte Hijacked the Election and Democracy in The Philippines," R. Ramcharan and J. Gomez eds., *Fake News and Elections in Southeast Asia: Impact on Democracy and Human Rights,* London and New York: Routledge.

Lasco, G., 2014, "Pampagilas: Methamphetamine in the Everyday Economic Lives of Underclass Male Youths in a Philippine Port," *International Journal of Drug Policy,* 25(3): 783-88.

McKay, D., 2016, *An Archipelago of Care: Filipino Migrants and Global Networks,* Bloomington: Indiana University Press.

長坂格，2009，『国境を越えるフィリピン村人の民族誌──トランスナショナリズムの人類学』明石書店．

Ortega, A. A., 2016, *Neoliberalizing Spaces in the Philippines: Suburbanization, Transnational Migration, and Dispossession*, Lanham: Lexington Books-Rowman & Littlefield.

Ortiga, Y. Y., 2018, *Emigration, Employability and Higher Education in the Philippines*, London and New York: Routledge.

オング，アイファ，2013，『《アジア》、例外としての新自由主義』（加藤敦典・新ヶ江章友・高原幸子訳，原著は 2006 年に発行）作品社.

Ong, J. C. and Jason V. A. Cabañes, 2019. "When Disinformation Studies Meets Production Studies: Social Identities and Moral Justifications in the Political Trolling Industry," *International Journal of Communication*, 13: 5771-5790.

Ong, J. C. and R. Tapsell, 2022, "Demystifying Disinformation Shadow Economy: Fake News Work Models in Indonesia and the Philippines," *Asian Journal of Communication*, 32(3): 251-267.

太田麻希子，2021，「マニラのスクオッター集落における高学歴女性就労者」『日本都市社会学会年報』39: 23-39.

Padios, J. M., 2018, *A Nation on the Line: Call Centers as Postcolonial Predicaments in the Philippines*, Durham and London: Duke University Press.

Parreñas, R., 2015, *Servants of Globalization: Women, Migration and Domestic Work*, 2nd edition, Stanford: Stanford University Press.

Pingol, A. T, 2001, *Remaking Masculinities: Identity, Power, and Gender Dynamics in Families with Migrant Wives and Househusbands*, Quezon City: UP Center for Women's Studies.

Raquiza, A., 2014, "Changing Configuration of Philippine Capitalism," *Philippine Political Science Journal*, 35(2): 225-250.

Read, J., 2009. "A Genealogy of Homo-Economicus: Neoliberalism and the Production of Subjectivity," *Foucault Studies*, 6: 25-36.

Reid, A., 2014, "Patriarchy and Puritanism in Southeast Asia Modernity," DORISEA Working Paper Series, No8.

Rodriguez, R. M., 2010, *Migrants for Export: How the Philippine State Brokers Labor to the World*, Minneapolis: University of Minnesota Press.

スコット、ジェームス・C.，1999，『モーラル・エコノミー——東南アジアの農民叛乱と生存維持』（高橋彰訳，原著は 1977 年に発行）勁草書房.

関恒樹，2013，「スラムの貧困統治にみる包摂と非包摂」『アジア経済』54(1): 47-80.

Seki, K., 2020, Post-authoritarian Sociality and Urban Governmentality: A Socialized Housing Project in the Philippines, K. Seki ed., *Ethnographies of Development and Globalization in the Philippines*, London and New York: Routledge.

———, 2022, *City, Environment, and Transnationalism in the Philippines: Reconceptualizing "the Social" from the Global South*, London and New York: Routledge.

Social Weather Stations, 2022, Second Quarter 2022 Social Weather Survey: Pres. Rodrigo Duterte's Final Net Satisfaction Rating at +81, Social Weather Stations, September 23, 2022 (Retrieved October 22, 2022, https://www.sws.org.ph/swsmain/artcldisppage/?artcsyscode=ART-20220923101814).

Talabong, R., 2020, Over 100,000 Quarantine Violators Arrested in PH since March. *Rappler*, September 8, 2020 (Retrieved October 20, 2022, https://www.rappler.com/nation/arrested-quarantine-violators-philippines-2020).

Talamayan, F., 2021, "The Politics of Nostalgia and the Marcos Golden Age in the Philippines," *Asia Review*, 11(3): 273-304.

Thompson, M. R., 2016, "Bloodied Democracy: Duterte and the Death of Liberal Reformism in the Philippines," *Journal of Current Southeast Asian Studies*, 3: 39-68.

山崎望, 2018,「二一世紀に自由民主主義体制は生き残れるか——正統性の移行と再配置される暴力」『国際政治』194: 14-28.

ヤング, ジョック, 2007,『排除型社会——後期近代における犯罪・雇用・差異』(青木秀男・村澤真保呂・伊藤泰郎・岸政彦訳, 原著は 1999 年に発行) 洛北出版.

World Bank, 2020, The Middle Class in the Philippines: An Exploration of the Conditions for Upward Mobility.

批判的序論

2010年代のフィリピン政治をどう理解するか
——社会民主主義への転換

原 民樹

keyword　政治制度の近代化　反寡頭制　福祉レジーム　アロヨ　アキノ　ドゥテルテ

はじめに

　本書は、2000年代の現実を基礎にしたフィリピン理解に対し、2010年代のフィールド調査から新しい変化をつかみだし、これまで注目されてこなかった論点を提示する試みである。本章に続く各論は、序論で展開された日下のフィリピン社会論との批判的対話を通して、さまざまな切り口からフィリピンの新しい姿を描く。

　本章は2010年代に調査を行った政治研究者の立場から現代フィリピンの変化を検討し、日下の議論に正面から批判を加え、最後にそこから浮かび上がるフィリピン理解の相違を手がかりに、各論であつかう論点の意義を紹介する。なお、本章は日下以外の執筆者の議論を代表するものではなく、筆者の個人的見解である。

I　2010年代のフィリピン政治の変化

1. 新自由主義＋寡頭制から社会民主主義＋反寡頭制へ

　2010年は6年に1度の大統領選が行われ、フィリピン政治史の転換点となった。2001〜2010年に大統領を務めたグロリア・マカパガル・アロヨは経済学者でもあり、就任当初はテクノクラート的な改革者の役割を期待されたものの、2004年の大統領選挙時の不正疑惑が明るみになると、大衆的な抗議運動に直面し、低い支持率に悩まされた。アロヨは政権を維持するために、伝統的な利権配分（クライエンタリズム）の手法で地方エリートや軍部

の支持を調達するようになり、その腐敗体質を深刻化させていった。経済政策の面では、アロヨ政権は政府の財政支出を縮小し、規制緩和と民営化によって市場競争を活性化しようとする新自由主義の方針をとった。主に海外出稼ぎ労働者の送金が増加したことから、アロヨ政権後半期には経済成長率が上昇しはじめたが、国内産業の発展は弱く、雇用を拡大する効果は乏しく、国民の大多数は成長の恩恵を実感できなかった。退陣を求める強い世論がありながら、エリート連合を形成することで政権にしがみつくアロヨ政権は、貧困の中に放置される大衆と既得権益をもつ少数のエリートという構図を顕在化させ、フィリピン政治の伝統的性格である寡頭制（オリガーキー）に対する国民の不満が深まることとなった。こうしたアロヨ政権に対する批判的世論を背景に2010年の大統領選で圧勝したのがベニグノ・アキノ3世である。アキノは、戒厳令によって独裁体制を敷いたマルコス政権の最大の政敵だったベニグノ・アキノ・ジュニアとマルコス政権崩壊後の革命政権の大統領に就任したコラソン・アキノの息子である。フィリピン史上もっとも腐敗した政権に対峙したアキノ一族の伝統が、アロヨ政権に対するオルタナティブとして再び国民的な期待を受けた。アキノはこうした期待を背負い、選挙戦で「汚職がなくなれば貧困もなくなる」と訴え、フィリピン政治の構造的な課題である汚職と貧困を結びつけ、エリート支配の改革に取り組む姿勢を明確にした。

　2016年に発足したロドリゴ・ドゥテルテ政権は、アキノの改革路線の延長線上にある。一般的に、アキノとドゥテルテは対照的な政治指導者と考えられている。たしかに、「良家の御曹司」の雰囲気をまといリベラルな価値を重視するアキノに対し、「下町の親父」のような言動でリベラルな価値を軽視するドゥテルテは、まったく異なる個性の持ち主である。大統領就任当初の反米的な外交姿勢、麻薬戦争、政権に批判的なメディアへの攻撃など、ドゥテルテ政治の独自性は検討すべき重要な論点である。しかし、アキノとドゥテルテは寡頭制の打破を掲げて大統領選に勝利したという共通点がある。さらに経済政策の枠組みを見たとき、ドゥテルテはアキノの改革路線を継承している（高木 2019: 61-2）。それは簡潔に言えば、積極的な財政支出を基調とし、経済成長や再分配の領域で国家が大きな役割を果たそうとする社会

民主主義路線である。

　以上の政治変化は次のようにまとめることができる。すなわち、ほぼ
2000年代と重なるアロヨ政権は新自由主義＋寡頭制の政治だったのに対し、
2010年代のアキノ、ドゥテルテ政権は社会民主主義＋反寡頭制の政治だった。
もちろんアロヨ政権期にも再分配政策は行われたし、アキノ、ドゥテルテ政
権期にも新自由主義的政策は展開され、寡頭制的政治手法も観察される。そ
れにもかかわらず、2000年代と2010年代の政治の「基本的性格」は、この
ように区別して特徴づけることができる。政治の変化に着目したとき、2000
年代と2010年代の間には質的な差異が存在するのであり、この点をふまえ
なければ現代フィリピン社会がどこに向かっているのかを理解することはで
きない。

　上に述べたことが本章の主張である。以下では、3つの政策領域に注目す
ることにより、この見解の論拠を示しつつ、2010年代の具体的変化を描い
ていきたい。

2. インフラ政策

　第1に、インフラ政策である。一般的に、インフラ建設には多額の資金と
長期的な計画を必要とするため、経済政策（とりわけ財政政策）の基本的性
格が反映される。アロヨ政権は過去の政権が膨らませた政府債務に対処する
ことを重視し、財政健全化に取り組む方針を打ち出した。この結果、緊縮財
政が基本路線となり、インフラ開発への投資は最低限に抑制された。エスト
ラーダ政権からアロヨ政権の11年間、毎年のインフラ支出は平均でGDP
比1.5％を下回る水準だった（Masigan 2021）。

　アキノ政権はアロヨ政権までのインフラ政策を根本的に転換し、政権が取
り組む最重要課題にインフラ開発を位置づけた。2011年に1,455億ペソ
（GDP比1.8％）だったインフラ支出は、2016年には7,596億ペソ（GDP比
5％）まで拡大された。とくにアキノ政権が力を入れたのは道路建設であり、
公共事業道路省（DPWH）が主導し、2011〜2016年の期間に1万8,547km
の国道、8,931kmの地方道路、1,550kmの観光道路が整備された（Masigan
2021）。さらに橋梁建設、治水、教室増設にも進展が見られた。アキノ政権

の公共事業は、アロヨ政権期に常態化していた利益誘導を目的としたものではなく、各地域のニーズに応じて計画された点に画期的な特徴があった。その結果、もっとも貧困率の高いミンダナオ地方に最大の予算が割り当てられた。こうした成果をあげながらも、アキノ政権のインフラ政策は高く評価されているとは言えない。同政権期のインフラ政策のもうひとつの特徴である官民連携方式（PPP）は、民間の資源を動員することにより、インフラ建設を効率化しようとするものだったが、とくに入札過程に膨大な時間がかかり、大統領任期終了までほとんどのプロジェクトが未完成あるいは未着工だった。また、国民が期待していた都市部の渋滞解消や空港機能向上にも改善が見られなかったため、インフラ開発が進展したという実感は乏しかった。しかし、客観的に見れば、アキノ政権がインフラ支出拡大に舵を切り、一定の成果をあげたことは否定できない。

　ドゥテルテ政権のインフラ政策はアキノ政権の路線を継承し発展させるものだった。ドゥテルテは大統領就任当初から「Build, Build, Build」をスローガンにインフラ建設の加速を優先課題に位置づけた。2017 年以降、アキノ政権の実績を上回る GDP 比 6％超の予算がインフラ建設に充てられた。この結果、2022 年までに 2 万 9,000km の道路、5,900 基の橋梁、1 万 1,300 カ所の避難施設、15 万の教室、650 カ所の空港および海港が造られた（The Manila Times, May 8, 2022）。地方の開発が進んだ結果、都市から農村に還流する人の動きがはじめて生じた。アキノ政権と同様、ドゥテルテ政権下の公共事業も利益誘導という性格を脱するものだった。その証拠に、ドゥテルテの政敵だったレニ・ロブレド副大統領の地盤であるビコール地方でも多数のプロジェクトが実施された。政権が喧伝した 119 の旗艦プロジェクト[1]のうち、完成したのは 14 件のみであり、非現実的な開発計画だったという批判もある（Ranada 2022）。しかし、ドゥテルテ政権期には「インフラの黄金時代」という言葉がよく使われるようになり、政府主導の開発の恩恵が国民に実感されるようになった。

1　ドゥテルテ政権の旗艦プロジェクトの概要については、Rey（2022）を参照。

3.労働力輸出政策

　第2にとりあげる政策領域は、労働力輸出政策である。2000年代後半に
はじまるフィリピンの持続的経済成長は、海外出稼ぎ労働者（Overseas
Filipino Workers, 以下、OFWと略）からフィリピンへの送金額の増加を主
要因とするものである。2000年に69億2,400万ドルだった送金は、2010年
には215億5,700万ドルへと3倍に増加し、2020年には約350億ドルに達し、
GDPの9.6%を占める水準になった（World Bank 2021）。送金を受け取っ
た家族の購買力が高まり、国内の小売業、不動産業、建設業、金融業などが
成長している。OFWは今やフィリピン経済の基幹部門であり、OFW政策
は政権の命運を左右する重要なイシューになっている。

　アロヨ政権期のOFW政策は新自由主義的な労働力輸出促進政策だった。
アロヨはフィリピン人労働者が国際経済の中で比較優位をもつと考え、労働
者輸出を促進するための教育や職業訓練に積極的に取り組んだ。そこで強調
されたのは労働者の自己選択、自己責任だった。OFWが雇用先で虐待など
のトラブルに直面するケースは以前から問題になっていたが、アロヨ政権は
労働者を保護するよりはむしろ、労働者の自立性を称揚することにより、政
府の責任を回避しようとした（Guevarra 2009: 46-59）。アロヨが諸外国に
フィリピン人労働者の受け入れを交渉する際には、彼女／彼らが安価であり
待遇改善など要求しない従順な労働力であることをアピールした
（Rodriguez 2010: x）

　アキノ政権はOFW政策においてもアロヨ政権とは異なる方針を打ち出し
た。アキノは大統領就任当初、国内に雇用が生まれれば、「海外で働くこと
は必要ではなく選択によるものになるだろう」と訴えた。同時にアキノ政権
は、OFWに対する保護と支援を提供する施策に着手した。具体的には、違
法斡旋業者の摘発、帰国したOFW向けの再統合プログラムなどが実施され
た（Cepeda 2016）。しかし、これらの問題はOFWにとっての重要課題で
はなかったため、アキノ政権のOFW政策がOFWから評価されることはな
かった[2]。むしろアキノ政権期には、空港職員が利用客の荷物に銃弾を仕込ん

2　当時OFWが要求していたのは、海外雇用証明制度の廃止や空港使用料の免除だった
（Kawase 2016）。

でゆする事件が多発したり、政府がバリクバヤンボックス[3]の検査・課税を強化したりしたため、OFW はアキノに深い失望感を抱くようになった（Kawase 2016）。この結果、2016 年の大統領選では OFW の 72％がドゥテルテに投票し、ドゥテルテ政権誕生に大きく貢献した[4]。

　ドゥテルテ政権の OFW 政策はアキノ政権の方針を発展的に継承するものだった。ドゥテルテは OFW のフィリピン経済への貢献を称え、OFW の権利と福祉を保護し促進することは政権の最優先課題のひとつであるとした。具体的にドゥテルテ政権は、18 カ所の OFW ワンストップサービスセンター（OSSCOs）を設置し、渡航費用の軽減、渡航手続きの迅速化が図られ、全国 700 万人以上の OFW がこの恩恵を受けた。さらに違法斡旋業者を積極的に取り締まり、14 万人の OFW に法的支援を提供した。またドゥテルテ政権期の労働雇用省は 26 カ国と国際労働協定を締結し、OFW を保護する国際的枠組みを強化した。帰国後の再統合プログラムも充実化され、14 万人に生計補助が支給され、15 万人に職業訓練、25 万人の OFW 家族に奨学金が与えられた（De Leon 2022）。ドゥテルテは政権末期に、大統領当選時の公約だった OFW の福祉を担当する行政機関、移民労働者省（DMW）の設立を実現した。これは OFW 政策に関与する複数の行政機関を統合するものであり、OFW の福祉を一元的に担う組織である（Ranada 2021）。ドゥテルテの包括的な OFW 政策は OFW から高く評価されており、2022 年の大統領選では、ドゥテルテ路線の継承者と見なされたフェルディナンド・マルコス・ジュニアは OFW から圧倒的な支持を得た。

4. 女性政策

　第 3 にあつかうのは女性政策である。フィリピンは過去に 2 名の女性大統領を輩出しており、女性の労働参加も活発であることから、女性の地位が高

3　安価かつ簡素な税関手続きで大容量の荷物をフィリピンに送ることができる OFW 向けの国際宅配サービス。
4　当時の OFW の間では、本国の汚職、非効率な公共サービス、経済成長の実感の乏しさへの不満から強い指導者を求める声が高まっていた。とくにシンガポールで働く OFW の間では、リー・クアンユーのようなリーダーを求める声が強かった（Kawase 2016）。この点から、ドゥテルテ政治のモデルをシンガポールに見る視点は重要である。

い国と評されることがあるが、これはまったく誤った理解である。カトリック教会の強い政治的・社会的影響力により、フィリピンでは今日でも離婚が認められておらず、中絶は違法である。女性の権利向上は現在のフィリピンにおいて優先的な政治課題になっているとは言えないが、女性政策は伝統的政治秩序と関係する領域であり、政治変化の重要なバロメーターになる。

　フィリピンの女性政策を考えるうえで重要な歴史的背景は、1986年のピープル・パワー革命が保守的なジェンダー規範を制度化することにつながったことである。革命によって大統領に就任したコラソン・アキノは組織的な権力基盤を有していなかったため、政権運営にあたって革命で主導的な役割を果たしたカトリック教会に依存せざるをえなかった。新憲法の草案を準備する際、コラソン・アキノは家族に関する箇所を教会に書かせた（Collantes 2018: 66）。その結果、1987年に制定された新憲法には「国家は母と胎児の命を等しく保護しなければならない」という条文が書き込まれ、この規定が学校における性教育の欠如、中絶の犯罪化、避妊手段の制限につながっている（Collantes 2018: 1）。アロヨは、コラソン・アキノと同じように支持基盤の脆弱性に直面していたため、教会の力に頼らなければならなかった。このことから、アロヨは女性に対する保守的な制度の改革に一貫して反対し続けた（Ruiz-Austria 2004: 99）。

　アキノ政権は、2012年にリプロダクティブ・ヘルス法（以下、RH法）を制定することにより、フィリピンの女性政策に画期的な変化をもたらした。RH法は、保健所がコンドームや避妊ピルなどの人工避妊手段を公費負担で提供すること、学校で性教育を実施すること、保健医療従事者が家族計画に関する研修を受けることを義務づけるものである。また、中絶は依然として違法のままであるが、同法は中絶や妊娠から生じる合併症に対する医療的ケアをすべての女性に保証すると定めている。RH法成立は、女性の権利拡大を求める市民社会組織や政治家の長年の運動の産物であり、アキノ政権のもっとも革新的な成果と評価されている。

　ドゥテルテ政権は女性政策においてもアキノ政権の方針を継承している。RH法成立後、最高裁から同法の履行を一時的に差し止める命令が出されていたが、ドゥテルテは同法の全面的な履行を指示する行政命令を発し、政権

がRH法の趣旨を全面的に支持する姿勢を明らかにした。ドゥテルテは、大統領選に出馬したときから女性差別的言動をくりかえし、国内外から何度も批判を浴びている人物であり、女性の権利拡大を重要課題と考えていたわけではない。しかしドゥテルテ政権は、路上、職場、学校におけるセクハラ行為に罰則を課す法律や女性労働者の産休を3カ月に延長する法律を制定している。RH法の一要素である医療福祉という点に注目すれば、ドゥテルテは国民皆保険制度（Universal Health Care）の導入という歴史的な成果を残した。公的医療保険制度は約50年間さまざまな試みがありながら、医療業界における民間セクターの強さが障壁となり実現していなかった（World Health Organization 2019）。今回の国民皆保険制度は全国民を自動的に国民健康保険に加入させて医療サービスへのアクセスを普く保証しようとするものであり、フィリピンの福祉制度の質的変化を示すものである[5]。

　以上、3つの政策領域に関して、アロヨ、アキノ、ドゥテルテ政権期の展開を概観した。政策思想においては、国家の役割を最小限に抑制する新自由主義から、積極的な国家介入を行う社会民主主義への転換が観察される。また統治手法においても、少数の利益集団の声を重視する寡頭制的政治から、公的利益に立脚した反寡頭制的政治への変化が見られた。

5．福祉レジーム論から見たフィリピンの変化

　しかし、ここまでの議論は政治変化に限定したものである。同時期の経済の変化を加味した場合、現代フィリピンの変化をどのように捉えることができるだろうか。先述したように、2000年代後半からの持続的成長はOFWの送金の増加に牽引されたものだった。同時に国内ではBPO産業（とくにコールセンター）が急成長しており、OFWとならぶフィリピンの基幹産業となっている。これは、日下が指摘するように「頑張れば報われるかもしれない社会」の到来であり、自助努力が階級上昇につながる可能性が飛躍的に高まっている。この変化を本章の議論と接合し、先進国の経験と比較しなが

5　この国民皆保険制度は悪行税（タバコ税および酒税）を主要な財源として設計されているが、悪行税の改革はアキノ政権が着手したものである（Mendoza 2020）。この意味で、国民皆保険制度はアキノ政権の税制改革と医療福祉改革の延長線上に実現したと言える。

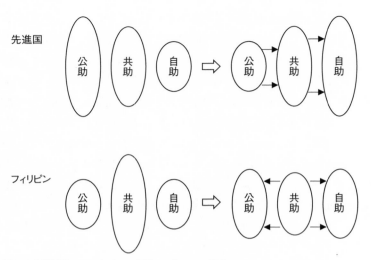

図1　先進国とフィリピンの福祉レジームの変化
出典：筆者作成

　ら福祉レジーム論的に整理すれば、**図1**のような概念図を描くことができる[6]。

　一般的に第二次大戦後の先進国では、高度成長期に労働組合を基盤とする社会民主主義勢力が一定の政治的影響力をもち、ケインズ主義的福祉国家体制が確立した。この体制の下では、国家が提供する公的福祉（公助）が国民生活の広い範囲をカバーし、自助努力によって生活水準に大きな格差が生じることはなかった。1970年代の石油危機とグローバル化の進展を契機として、先進国各国は企業の競争力を高めるために公的福祉を削減し、生活保障を共助や自助によって担わせる新自由主義改革を推し進めた。

　他方、フィリピンは製造業の発展を基礎にした高度経済成長を経験したことがなく、労働組合は弱く、社会民主主義勢力は存在しないに等しかった。その結果、公的福祉制度が発達しなかったと同時に、長期的に停滞した経済

6　日本の社会保障論でよく使用される「公助／共助／自助」という概念をフィリピンに当てはめることに違和感があれば、より一般的に「国家／家族／個人」に置き換えてもよいし、エスピン＝アンデルセンの議論に依拠して「社会民主主義／保守主義／自由主義」という概念で考えてもよい（Esping-Andersen 1990=2001）。

は階級上昇につながる雇用機会を提供できなかったため、自助が意味をもつ領域も極端に限定されていた。公助と自助の領域が小さいため、フィリピン人は教育、雇用、医療などの生活保障のあらゆる分野を共助によってカバーしなければならなかった。2000年代に入り、OFWの増加やBPO産業の発展という形でフィリピンがグローバル化に本格的に組み込まれるようになると自助の領域が急速に拡大をはじめた。そして、自助努力によって豊かになった中間層は、経済の変化に政治が追いついていないことに不満を募らせるようになり、汚職や非効率な公共サービスに対する批判的な世論が高まった。こうした政治的要求の重要性を認識し、公的福祉制度の整備に取り組んだのがアキノやドゥテルテだった。グローバル化による経済発展と社会民主主義的政治改革がほぼ同時代的に進行した結果、これまで共助の領域で担われていたものが、公助と自助の両方に移行している。多くのフィリピン研究者は、自助の拡大を「新自由主義化」と短絡的に捉え、新自由主義は福祉国家と相反するものであるという先進国の経験を前提にするため、フィリピンにおける公的福祉制度の発展を無視するか、その意義を理解できない。公助と自助の同時拡大は、フィリピンの歴史に規定された、先進国とは異なる発展のパターンなのである[7]。政治と経済の変化を結びつけて考えたとき、以上のように現代フィリピンの変化の性格を把握することができる。

6. アキノ・ドゥテルテ政権の歴史的意義と限界

　本節の最後に、アキノ、ドゥテルテ政権期の政治変化の意義について、いくつかの角度から簡単に評価を加えておきたい。

　第1に、なぜ対照的な個性をもつアキノとドゥテルテが同じ改革路線を共有しているのかという問題である。寡頭制を打破し、公的利益に立脚した強い国家を創るという課題は、本来は開発独裁体制が完遂すべき課題だった。1972年にマルコスが戒厳令を布告し、独裁体制を構築したとき、寡頭制の打破を訴えるマルコスにフィリピン国民は強い期待感を寄せた。しかし、マ

7　別の言い方をすれば、先進国においてフォーディズム段階に対応して構築された政治制度が、フィリピンにおいてはポストフォーディズム的経済構造の上に構築されようとしている。この「ズレ」は現代フィリピンの特殊性を理解する鍵であると思われる。

ルコスは私的利益の追求に終始したため、この課題を達成することができなかった。マルコス政権を打倒した革命後の政治体制は、抑圧的な独裁政権の記憶から中央集権的な強い国家を建設することに消極的になり、結果的に権力が地方に分散された伝統的な寡頭制が温存されることになった。この温存された寡頭制の矛盾を顕在化させたのがアロヨ政権であり、これに対抗する勢力はマルコス政権と同じ課題に直面しなければならなかった。つまり、アキノとドゥテルテが取り組んでいるのは、マルコス独裁体制がやり残した仕事なのである。寡頭制の克服という大きな歴史的課題から見れば、アキノのような穏健な自由主義的手法をとるのか、ドゥテルテのような強権的な権威主義的手法をとるのかは、アプローチの選択の問題にすぎない。しかし、世界史をふり返ればわかるように、そして現在のフィリピン人が強く感じているように、現実的には権威主義的な手法を用いなければ寡頭制を打破することは難しい。ドゥテルテの後継者として独裁者の息子に大統領権力が与えられた理由は、この点に求められる。そして、この道を選ぶことの代償は小さくないだろう。

　第2に、他国の指導者と比較したときのアキノ、ドゥテルテ政治の限界である。ドゥテルテは、タイのタクシン・チナワットやトルコのレジェップ・タイップ・エルドアンと同じく、周辺化された地域を代表して国政の舞台に登場し、エリートに対抗するポピュリズム的アピールを駆使しながら反新自由主義、大きな政府を追求する指導者である（Schaffar 2021: 183）。しかし、政治組織の育成という点から見たとき、彼らの間には大きな違いがある。タクシンはエリートに対抗する近代的な大衆政党を育て上げ、彼自身が亡命を余儀なくされた後も名前を変えながら活動を継続し、軍部やエリートに対する重要な対抗勢力であり続けている。他方、ドゥテルテは理念やプログラムに基づいた政党をつくらなかった。フィリピンの伝統的政治文化を継承し、属人的ネットワークに依拠した統治に終始した。みずからに敵対的な寡頭勢力には果敢に攻撃を加えたが、味方になる寡頭勢力は厚遇した。アキノが率いた自由党は、ピープル・パワー革命後、エリートの寄り合い所帯という性格を脱してプログラム志向のリベラル政党になることをめざしたが、2016年選挙でドゥテルテが大統領に当選すると、多くの自由党員が離党してドゥ

テルテ派に流れた。これはフィリピンでは日常的な風景だが、自由党の近代政党としての未熟さを示している。またアキノの汚職追及は政敵攻撃という傾向が強く、仲間の汚職疑惑については擁護する態度をとった。つまり、反寡頭制の立場からの改革に一定の成果をあげたアキノやドゥテルテでさえ、寡頭制の本質的特徴である政治の属人性から自由にはなれなかったのである[8]。フランシス・フクヤマが語るように、「選挙を実施して、国民が望んでいることを汲みとるのはむずかしくありません。近代的で非人格的な国家と法の支配を実現するのは、それよりずっとむずかしい」(Fukuyama 2021=2022: 14)。フィリピン政治の最大の課題はこの点にあり、マルコス・ジュニアもこの問題に足をからめとられるだろう。

II　日下論文への批判

　本節では、以上の議論をふまえ、前章の日下論文に対する批判を試みる。この作業を通じて、現代フィリピンを理解するときに注目すべき論点を析出し、今後のフィリピン研究に対して問題提起を行いたい。筆者の日下に対する批判は3点ある。

1. 新自由主義による分断なのか？

　第1は、政治変化の説明枠組みについてである。序論における日下の議論の骨格は、新自由主義化とグローバル化による収入機会の拡大を規定因とし、急速な社会変化の中でストレスを鬱積させた人々が強いリーダーを求め、強権的な排除の政治が生まれているというものである。この先進国のポピュリズム論のテンプレートに若干の変改を加えた説明枠組みは、現代フィリピンを理解するのに有効だろうか。先進国のポピュリズムとドゥテルテ現象の違

8　この最大の要因は、アキノもドゥテルテも寡頭エリート一族の出身であるという点に求められる。寡頭制とは政治資本の独占であり、エリートの中からしか有力な反エリート勢力が生まれえない構造を形成する (Thompson 2020: 13)。寡頭制は代議制民主主義と相性がよく、定期的に選挙が実施されることは必ずしも政治資本の民主化にはつながらない。だからこそ、寡頭制に対する批判が高まるときには民主主義を軽視する権威主義的指導者が支持される。

いは、収入機会が縮小しているか拡大しているのかだけであり、社会経済的変化から生じる格差が政治的対立に変換され、権威主義的な指導者が登場するという展開は共通のものだと考えてよいのだろうか。筆者の理解では、ドゥテルテは新自由主義化による分断から生まれた指導者ではない。新自由主義時代の社会的分断から生まれる指導者は、都市／地方、高学歴層／低学歴層、富裕層／貧困層などの対立軸を利用して政治的支持を調達するため、対立する社会集団を横断して広範な支持を得ることはできない。ドゥテルテは一部の社会集団の利益を代弁して支持基盤を構築したのではなく、政権終盤まで高い水準での階級横断的な人気を維持した。日下が麻薬戦争に見ている「善き市民」と「悪しき他者」の対立は、新自由主義的な政治的分断線とは言えない。なぜなら、「悪しき他者」は防衛すべき集合的利害をもたないからである。むしろ、日下自身が別の論文で紹介しているように、麻薬使用者自身がドゥテルテの麻薬戦争を支持するほどに、麻薬撲滅は分断を生まない政治課題だった（日下 2018: 140）。「善き市民」と「悪しき他者」の対立からドゥテルテ政治の性格を読み解く議論は、2000 年代初頭の政治変化を中間層と貧困層の道徳的対立という視点から分析した日下の過去の議論（日下 2013）の焼き直しにすぎない。日下による序論は、フィリピン社会の新しい変化に内在して政治変化を論じているように見えて、実は自身が提示した 2000 年代の説明枠組みに固執し、それを現代に強引に当てはめたものである。その結果、フィリピン史上もっとも国民レベルで政治的志向性が統一されている時代に「分断」を見出し、貧困層が福祉制度に包摂されながら階級上昇を果たしていく時代に「新自由主義」を見出すという倒錯が生じているのである。本章が論じたように、ドゥテルテ政治の背景にあるのは新自由主義的分断ではなく、寡頭制を克服し、まともな近代国家を建設しようとする階級横断的要求である。この意味において、日下の説明枠組みは、2010 年代には的外れなものとなっている。

2. 福祉制度の評価をめぐって

　第 2 は、福祉制度拡充の評価である。日下は、ドゥテルテ政権期にさまざまな社会保障制度が整備されたことを無視しているわけではない。日下論文

には、その具体的政策がしっかりと言及されている。しかし、この論点に関する日下の評価は、社会的分断を基礎にした（と日下が考える）強権性に注目するあまり、排除の側面を強調するものとなっている。日下は前章で次のように書いている。「強いリーダーがいくら福祉制度を整えても、その受益者の構成的外部として暴力的に排除されるものが恣意的に作られるのであれば、それは非属人的な福祉制度とは呼べない」。たしかに、ドゥテルテは大統領就任直後から麻薬問題を焦点化し、麻薬の使用者や売人を社会的に排除したことは事実である。しかし、それがドゥテルテ政治の「属人性」の証左であり、福祉政策の公的性格を毀損するものと考えるのは短絡的である。ある政治行動（公権力の行使）が属人的であるか非属人的であるかを分けるのは、その追求する利益が私的なものであるか公的なものであるかである。ダバオ市長時代のドゥテルテの政治手法を分析したトンプソンは、それを「ネオ・ボシズム」と捉え、従来の政治暴力が政治家の私的利益を目的とするのに対し、ドゥテルテの政治暴力は公的利益に資するものだったと論じている（Thompson 2022: 405）。日下もまた、ドゥテルテの義賊的性格を鋭く捉え、彼の政治暴力が民衆にとっての正義（公的利益）に即するものだったことを見抜いているにもかかわらず、政治の属人性を政治行為の個人的・強権的性格と理解しているため、ドゥテルテ政治の評価が混乱しており、理論的に捉えることに失敗している。義賊も盗賊と同じように他者に危害を加える。義賊の暴力が優しく民主的だから義賊と呼ばれるわけではない。また、義賊の定義に個人であるか集団であるかは関係がない。義賊と盗賊を分けるものは、ただその目的だけである（敵の選定が恣意的かどうかの評価は、暴力行使者の意図が私的利益と公的利益のどちらに立脚しているかに関する社会の判断に依存する）。フィリピン人がドゥテルテを義賊に見立て、犯罪者の超法規的な処刑を支持するのは、それが「秩序」や「治安」といった公的利益をもたらすからである。だから、「構成的外部」に位置づけられた他者に暴力を加えることは、その政治行為が属人的であることを意味しない。もし他者の暴力的排除が属人的（＝私的利益の追求）でしかありえないのなら、義賊は敵と戦った瞬間に義賊ではなくなってしまう。したがって、ドゥテルテが政治暴力を積極的に活用することと、福祉制度を整えていくことは矛盾しない

どころか、両者はともに（ドゥテルテと多くのフィリピン国民が共有する）「公的利益」を増進させる措置の一部なのである。アカウンタビリティや人権が軽視されていることは、ある人々にとっては「公的利益」の公共性を減殺させていると映るだろうが、むしろフィリピンではそうしたリベラルな規範に縛られていては「公的利益」を実現できないという見方のほうが支配的であるように思われる。以上の点から、ドゥテルテ政治の排除の側面を強調し、そこに属人性を見るのはフィリピンに内在した評価とは言えない。それとはまったく逆に、ドゥテルテは属人的政治からの脱却を試み、「公的利益」を重視した政治家であり、その政策の基調は包摂的なものであった。私たちの後期近代的な倫理観に反して、フィリピンの文脈では、超法規的な殺戮でさえ包摂的な政治なのであり、だからこそ大多数のフィリピン国民はドゥテルテ政権の最後まで麻薬戦争を支持し続けたのである。

3. 反国家主義の限界

　第3は、日下の議論の思想的足場をなす反国家主義に由来する問題である。フーコーが新自由主義的統治性という概念を提起する背景には、反国家主義の理論を打ち立てたいという彼の問題意識があった。1973年にフランスを襲った経済危機は、戦後の高度成長期に形成された大きな政府の限界を示すものと受け止められ、新自由主義がオルタナティブとしてにわかに支持を集めるようになった。この状況は、政治の中心につねに国家をおく国家主義に対するフーコーの批判精神を育てるとともに、国家中心的な権力論への批判が新自由主義と親和的であることを彼に気づかせた（Behrent 2016: 30）。権力の源泉が絶対的で正統なものにあるという考えを相対化しようとしていたフーコーにとって、市場の自動調整メカニズムを強調する新自由主義の論理構成は非常に魅力的なものに映った。そして、フーコーはシカゴ学派が提唱する負の所得税のような新自由主義政策を支持するようになる（Behrent 2016: 51）。たしかにフーコーは、新自由主義を政治の経済への従属と考え、経済的なものによる統治に注目するために「統治性」という概念を提起し、新自由主義的な支配の様式を批判的に捉える研究の足場をつくった（佐藤 2009: 28）。しかし、彼の議論の根幹には、先進国における福祉国家の解体と

歩調をあわせた反国家主義があり、それは新自由主義と親和的であることには注意が必要である。日下がフーコーの議論を積極的に援用する理由のひとつは、日下の議論の一貫した屋台骨をなしているジェームズ・スコットの議論と相性がよいからである。『モラル・エコノミー』や『統治されない技術』といった著作で知られるスコットは、国家の支配をすりぬける民衆の自律的な秩序や抵抗のあり方を明らかにしてきた。「日常の闘争」に注目するスコットの問題意識は、日常の中に流通する権力への抵抗に関心を寄せたフーコーの問題意識とオーバーラップしている。スコットのアナキズムとフーコーのポストモダニズムは、反国家主義を媒介にして容易に結びつく。スコットの理論には新自由主義を捉える枠組みがないため、日下は反国家主義を足場として、新自由主義を論じるときにはフーコーを参照するのである。ここから、日下の議論の土台は、アナキズムとポストモダニズムのアマルガムで構成される反国家主義にあると言える。日下の議論に国家が登場するときには、それはほぼ例外なく抑圧の機構として描かれ、政策や制度が論及されるときには、それらがいかに新自由主義的な支配の手段であるかが強調される。この特徴を、再び本章の福祉レジーム論の観点から整理すれば、日下にとって公助の領域は新自由主義的なものである。そして、すでに議論したように、自助の領域も新自由主義に支配されている。公助と自助が新自由主義に支配されているとすれば、新自由主義に抵抗する足場は共助に求めるしかない。日下が共助に希望を見出していることは、序論の最後の部分から明らかである。しかし、共助は本当に新自由主義に対する抵抗の足場なのだろうか。それはフィリピン社会にとっての希望たりえるのだろうか。それを簡単に肯定できない理由を、具体例から簡単に示してみよう。RH 法案が国会で審議されているとき、カトリック教会は大反対キャンペーンを展開した。教会が RH 法に反対する理屈は次のようなものだった。（中絶や人工避妊によって子どもの数をコントロールしようとする法案の趣旨に対し）家族が多ければ送金をもらえて金持ちになれる、自己規律の精神をもって安全日にセックスすればよい、責任感があれば解決する問題に税金を使うのは無駄だ、等々（Collantes 2018: 111-4）。また、OFW の中心的職業は家事労働者であり、それは圧倒的に女性によって担われている。OFW 女性は海外の雇用先

で勤勉に働くことを求められながら、家族から妻と母の役割もきちんと果た
すよう期待される。女性にだけ不平等に課される負担は、フィリピン社会の
ジェンダー化されたモラル・エコノミーによって正当化されている
（Guevarra 2009: 51; Parrenas 2008: 32）。つまり、ここでは共助の柱を構成
する宗教的教義や家族主義が（日下が言うところの）新自由主義の統治性と
結びついている。共助の保守主義と自助の新自由主義は相性がよいのである。
日下は新自由主義に適合的なかたちに共助（相互扶助）が再編されていく局
面（自助から共助へのベクトル）には注意を払っているものの、伝統的な共
助の規範が新自由主義の規範を強化する側面は看過している。この点を軽視
して、共助を新自由主義に対する抵抗の足場とみなして希望を託すような日
下の分析は保守的である。さらに、共助が新自由主義を下支えする側面を看
過するとともに、公助が新自由主義に歯止めをかける側面を評価しないとい
う点で、日下の議論は新自由主義的でもある。新自由主義に対する批判を意
図しながら、その批判の枠組み自体が新自由主義的であるという構図は、
フーコーの相似形であり、ポストモダニズムとアナキズムに広く見られる特
徴である。また、今日のフィリピンが抱えている課題に対して、共助（の再
編）が本質的な解決策になるという議論を、筆者はフィリピン人から聞いた
ことがない。共助を強化することで問題が解決するのなら、なぜフィリピン
人は政府の汚職や非効率なサービスに不満をもち、その改善に取り組む政治
家を強く支持するのだろうか。なぜ近年、教会の権威や市民社会組織への信
頼感が低下しているのだろうか。なぜ多大な経済的負担を背負って教育を受
け、競争的で過酷な労働市場に参加しようとするのだろうか。これまで共助
が圧倒的な比重を占めてきたフィリピン社会は、21 世紀の変化の中、公助
と自助の発展に可能性を見出しているように思える。そうだとすれば、共助
（の再編）に期待する日下の議論は、フィリピン社会に対して外在的である。
筆者は共助が不要などとは考えていない。共助がなければ人は生きていけな
い。公助、共助、自助のすべてにポジティブな側面とネガティブな側面があ
り、社会の中で生きる人々はそのすべてから影響を受ける。社会を良くして
いくには、それぞれのポジティブな側面を伸ばしつつ、それぞれの社会の性
格に適合した 3 つの領域のバランスを見出さなければならない。各領域を一

面的に捉えるような議論からは、社会の変化に関する現実的な分析は生まれてこないのである[9]。

III 本書の構成

　最後に、ここまでの議論で提示された論点をふまえ、本書の各論文の概要を紹介する。本書は3部構成になっている。異なる視点からの2つの序論を提示した「問題の所在」に続き、第1部「フォーマリティへの欲望」は、2010年代における政策や制度の変化を論じる。ここでは、国家の力が弱く、属人的関係が主たる社会編成原理であるためにインフォーマルな領域が大きかったフィリピンにおいて、フォーマルな領域が拡大していることが見出されている。第2部「ままならないインティマシー」は、急激な社会変化が人々の親密な領域に与える影響に注目し、現代フィリピン人の生のあり方を多面的に活写する。ここでは、フィリピン社会における変わりゆくものと変わらないものが、具体的な位相において捉えられる。

　第1部第1章の原論文は、アキノ政権期のディナガット州の地方政治をとりあげ、改革的な政治の内実を検討する。そこでは、ローカルなレベルで寡頭制が掘り崩されていく諸相が明らかにされる。第2章の藤原論文は、マニラ首都圏のスラム住民を対象とする再定住政策に注目し、都市開発と結びついた貧困層統治のあり方を考察する。そこからは、「包摂的成長」が孕む新たな権力関係が浮かび上がる。第3章の宮川論文は、ドゥテルテ政権期に進展したレッドテープ（煩瑣な手続きを要求する非効率な行政）を改善する動きに光を当て、これが一定の成果をあげた要因を分析する。この考察は、「強権性」や「排除」といった非自由主義的な側面に注目するだけでは捉えられない、ドゥテルテ政治の重要な一面を明らかにしている。第4章の師田論文は、2010年代の賭博政策の変容をとりあげ、国家が賭博に対する統制を強めていく過程と、それに対するフィリピン社会の反応を具体的に描く。そこでは、強力になっていく国家の姿と、国家の論理とは異なる社会の論理

9　ここで日下に対して指摘した問題点は、日下が参照する関恒樹の議論により強い程度で当てはまる。

のレジリエンスが捉えられており、2010年代の変化の両義的性格が鋭く指摘されている。第5章の中窪論文は、新自由主義的な農業開発の事例としてギマラス島のマンゴー生産に注目し、高付加価値作物の生産をめざす取り組みの歴史的展開を検討する。そこからは、サービス産業の急速な発展に目を奪われていては見逃してしまう、フィリピン経済が抱える独自の課題が見えてくる。

　第2部第6章の西尾論文は、第2部の総論となる論考である。西尾は、日下や筆者が十分に注意を払っていない「共助の再編」という問題に焦点を当て、現代のフィリピン社会における「親密な関係性」がどのような変容を経験しているかを論じる。そこから明らかになるのは、2010年代から共助の領域に商品化の論理が深く入り込むと同時に、生きるに値する者としない者の線引きがなされるという過酷な現実である。第7章の田川論文は、現代フィリピンの経済成長を支えるサービス産業の労働現場に注目し、コールセンターと接待飲食業を比較検討する。そこから、両者は労働過程に親密性が要求されるという共通性をもちながら、そこで動員される親密性の具体的形態が対照的であることが論じられ、現代のフィリピン人が経験している労働世界への深い理解を促している。第8章の飯田論文は、日本で働くフィリピン人男性労働者の経験を参与観察に基づいて描き出し、OFWを苛む「遅い暴力」という問題を提起する。この論考は、OFWの身体や健康の微視的かつ繊細な分析から、OFW保護政策の特徴と限界を浮かび上がらせる。第9章の吉澤論文は、元OFW女性の生活世界をエスノグラフィックに描き、「普通」のフィリピン人の行動様式を「動く（lihok）」という概念を手がかりに考察する。そこでは、暴力と排除が前景化する時代において、日常における偶発的で流動的な応答の作法が、新たな政治的連帯につながる可能性が提示される。第10章の久保論文は、流産や中絶を経験した女性たちの語りに注目し、日下とは異なる視点から新自由主義が人々の生に浸透していく諸相を論じる。この考察は、日下が指摘した「重層的な主体性」という問題を掘り下げ、現代のフィリピン人女性の経験世界を理解するための新たな論点を提起している。終章の白石論文は、「時間」をキーワードにしながら、本書を総括する。そこでは、新自由主義化、近代化、親密性の変容が複雑にか

らみ合う現代フィリピンのダイナミズムが、各論文の議論をふまえ、日下や
筆者とは異なる視点から整理される。

［文献］
Behrent, M., 2016, "Liberalism without Humanism: Michel Foucault and the Free-market Creed," Daniel Zamora and Michael Behrent eds., *Foucault and Neoliberalism*, Polity, 24-62.
Cepeda, M., 2016, "Aquino and the Continuing Plight of OFWs," *Rappler*, June 16, (https://www.rappler.com/moveph/136415-president-aquino-plight-ofws/).
Collantes, C. F., 2018, *Reproductive Dilemmas in Metro Manila: Faith, Intimacies and Globalization*, Palgrave Macmillan.
De Leon, S., 2022, "Pres Duterte Made OFW Lives Better -Bello," Philippine Information Agency, June 2, (https://pia.gov.ph/news/2022/06/02/pres-duterte-made-ofw-lives-better-bello).
Esping-Andersen, G., 1990, *The Three Worlds of Welfare Capitalism*, Polity Press.（岡澤憲芙・宮本太郎訳，2001,『福祉資本主義の三つの世界——比較福祉国家の理論と動態』ミネルヴァ書房．）
Fukuyama, F. (Mathilde, F. ed.), 2021, *After the End of History: Conversations with Francis Fukuyama*, Georgetown University Press.（山田文訳, 2022,『「歴史の終わり」の後で』中央公論新社．）
Guevarra, A. R., 2009, *Marketing Dreams, Manufacturing Heroes: The Transnational Labor Brokering of Filipino Workers*, Rutgers University Press.
Kawase K., 2016, "Overseas Filipino Workers Demand to Be Heard," *Nikkei Asia*, July 7, (https://asia.nikkei.com/Economy/Overseas-Filipino-workers-demand-to-be-heard).
日下渉, 2013,『反市民の政治学——フィリピンの民主主義と道徳』法政大学出版局．
———, 2018,「国家を盗った『義賊』——ドゥテルテの道徳政治」外山文子・日下渉・伊賀司・見市健編『21世紀東南アジアの強権政治——「ストロングマン」の時代の到来』明石書店, 109-47.
Masigan A. J., 2021, "How the Golden Age of Infrastructure Began," *Business World*, September 5, (https://www.bworldonline.com/opinion/2021/09/05/394096/how-the-golden-age-of-infrastructure-began/).
Mendoza, J., 2020, "For Universal Healthcare, the Philippines Tries 'Sin Taxes'," The Asia Foundation, (https://asiafoundation.org/2020/03/04/for-universal-healthcare-the-philippines-tries-sin-taxes/.)
Parrenas, R. S., 2008, *The Force of Domesticity: Filipino Migrants and Globalization*, New York University Press.
Ranada, P., 2021, "Duterte Signs Law Creating OFW Department," *Rappler*, December 30, (https://www.rappler.com/nation/duterte-signs-law-creating-ofw-department/).

　　　　　. 2022. "The Duterte Promise: How Far 'Tunay na Pagbabago' Got Us," *Rappler*, June 18, (https://www.rappler.com/newsbreak/in-depth/rodrigo-duterte-promise-how-far-real-change-got-us/.)

Rey, A., 2022, "Build, Build, Build: Mapping the Duterte Administration's Infrastructure Legacy," *Rappler*, June 28, (https://www.rappler.com/business/build-build-build-mapping-duterte-administration-infrastructure-legacy/).

Rodriguez, R. M., 2010, *Migrants for Export: How the Philippine State Brokers Labor to the World*, University of Minnesota Press.

Ruiz-Austria, C. S., 2004, "The Church, the State and Women's Bodies in the Context of Religious Fundamentalism in the Philippines," *Reproductive Health Matters*, 12(24), 96-103.

佐藤嘉幸, 2009,『新自由主義と権力——フーコーから現在性の哲学へ』人文書院.

Schaffar, W., 2021, "An Authoritarian Reaction to COVID-19 in the Philippines: A Strong Commitment to Universal Health Care Combined with Violent Securitization," Michelle Falkenbach and Scott L. Greer eds., *The Populist Radical Right and Health: National Policies and Global Trends*, Springer, 181-92.

高木佑輔, 2019,「21 世紀フィリピン政治経済の変化と連続——連合政治に基づく一考察」柏原千英編『21 世紀のフィリピン経済・政治・産業——最後の龍になれるか?』アジア経済研究所, 41-72.

Thompson, M. R., 2020, "Explaining Duterte's Rise and Rule: 'Penal Populist' Leadership or a Structural Crisis of Oligarchic Democracy in the Philippines?," *Philippine Political Science Journal*, 41, 5-31.

　　　　　, 2022, "Duterte's Violent Populism: Mass Murder, Political Legitimacy and the 'Death of Development' in the Philippines," *Journal of Contemporary Asia*, 52(3), 403-28.

World Bank, 2021, *Migration and Remittances Data*, May 2021, (https://www.worldbank.org/en/topic/migrationremittancesdiasporaissues/brief/migration-remittances-data).

World Health Organization, 2019, "UHC Act in the Philippines: A New Dawn for Health Care," (https://www.who.int/philippines/news/feature-stories/detail/uhc-act-in-the-philippines-a-new-dawn-for-health-care).

第 1 部

フォーマリティへの欲望

第1章

揺らぐ寡頭制

——ディナガット州における革新政治の展開

原 民樹

> 改革政治　地方選挙　政治王朝　インフラ建設　住民福祉

はじめに

　筆者が批判的序論で論じた 2000 年代から 2010 年代への政治変化、すなわち新自由主義＋寡頭制の政治から社会民主主義＋反寡頭制の政治への変化は、国政レベルだけで生じたものではない。それは経済発展が大きく遅れた地方においても観察される動向でもある。本章は、ベニグノ・アキノ 3 世政権期（2010 ～ 2016 年）の地方政治に焦点を当て、寡頭制を克服しようとする動きがどのように展開しているのかを、ミクロな視点から明らかにする。この議論から、現代フィリピンに生じている地殻変動の具体的な諸相が理解できるだろう。

　序論で展開された日下の議論は、寡頭制というフィリピン政治の核心部が変化しつつある事実を捉えることができない。その最大の要因は、日下の分析が（主に国政の）政治指導者への支持や批判と結びつく大衆的な情念や言説を重視する反面、現実的な権力闘争を軽視する点にある。また、批判的序論において筆者が日下に提起した批判をふまえれば、日下と異なる角度からフィリピンの現実に迫るには、新自由主義化やグローバル化といった大きな説明変数、ポピュリズム論のような紋切り型の説明図式に頼らず、フィリピンの独自の文脈に内在しつつ、政治構造と社会経済構造の相互作用を見る必要がある。

　地方政治を議論の対象にすることは、以上の問題意識に対応するものである。近代的な中央集権国家の建設に挫折したフィリピンでは、権力の重心は依然として地方にある。したがって、もっとも熾烈な権力闘争は地方政治に

現れる。都市化されていない地域では、新自由主義化やグローバル化の影響を受けにくく、それぞれの地方固有の文脈が大きな意味をもつ。政治と経済を一手に支配する寡頭勢力の動きを観察すれば、政治構造と社会経済構造の相互作用を捉えることができるだろう。

　本章は、こうした論点に留意しながら、アキノ政権期に改革派の政治家が伝統的エリートを選挙で打倒することに成功した、フィリピン南東部のディナガット州を事例としてとりあげ、反寡頭制の立場に立つ政治勢力が地歩を固めていく様相を描く。

I　ディナガット州の概要とエクレオ家の歴史

　ディナガット（諸島）は、ミンダナオ島の北東、レイテ島の南東に位置し、カラガ地域に属する州である。かつては北スリガオ州の一部だったが、2007年に独立州となった。この新しく承認された州は、ディナガット島と周囲の小島で構成されている。土地面積は 1,036 平方 km^2 であり、ロレト、トゥバホン、リブホ、バシリサ、カグジャナオ、サン・ホセ（州都）、ディナガットの 7 つの町（municipality）からなる。2015 年時点での人口は 12 万 7,152人である（Philippine Statistics Authority 2016）。

　ディナガットの経済の主たる特徴は、厳しい貧困である。2013 年には、およそ 70％の住民が貧困ライン以下の生活水準にあった。ディナガット州はフィリピンの最貧困州のひとつに数えられている（Tupaz 2013a）。同州はクロマイトや金といった鉱物資源に恵まれているため、経済は鉱業に依存してきた。2016 年時点で、州の 88％の土地が国内外（主に中国）の企業に与えられた 19 件の採掘権の対象範囲になっている[1]。しかしながら、鉱業は州に十分な雇用を生んでこなかったし、経済成長をもたらしてもこなかった。鉱業会社は資源を持ち去るだけで、州の実質的な発展には貢献してこなかったのである。結果的に、ディナガットは何十年にもわたり低開発状態からぬけだすことができていない。道路の大半は舗装されておらず、水や電気の供

1　ジョセル・ゴンザレス氏からの聞き取り。ゴンザレス氏はバグアオ陣営のスタッフ。2016年 5 月 4 日にディナガット州サン・ホセ町で聞き取り。

給システムは貧弱であり、医療サービスは不足している。

　政治的にディナガットは、30年間にわたりフィリピン共済伝道師協会（The Philippine Benevolent Missionaries Association, 以下、PBMAと略）という宗教組織を基礎にしたエクレオ家の支配に服してきた。信者を堅固な選挙基盤として活用することで、エクレオ家は1980年代から非常に強力な政治王朝[2]を築いてきた。

　PBMAの創始者ルーベン・エクレオは1933年に生まれた。高校在学中に強姦罪で起訴され、彼はディナガット島を逃れ、ミンダナオやビサヤを巡業する大道芸団の客引きとして働いた。旅の途中のある日、彼はみずからに信仰療法の能力があることを発見したという。PBMAは最初、この能力を実際に使ってみるために西ミサミス州のアロランという町で設立された（Vitug 1995: 41）。信者が増えてきたため、ルーベンはディナガット島に戻り、サン・ホセ町に診療所を開いた。彼の治癒能力の評判は瞬く間に口コミで広がり、患者がひっきりなしに診療所を訪れ、なかには島外から来る人もいた。ルーベンの神秘的な能力にすがる人びとが次から次にサン・ホセ町に移住してくるようになり、彼らはPBMAの熱心な信者になった。ルーベンによれば、1980年代にPBMAには2万人以上の信者がいた（Vitug 1995: 41）。

　PBMAは「無宗派、非営利の人道的友愛団体」（The Unofficial Website of the Members of the Philippine Benevolent Missionaries Association, n.d.）を自称している。PBMAには具体的な教義は存在しないが、その信仰はルーベンが古代の聖典から学んだとされる神秘的な教えに基づいている。組織内でルーベンは「聖なる師（Divine Master）」と呼ばれ、信者は彼をキリストのような存在としてあつかった[3]。重要なことに、彼らの信仰は神秘的な教えではなく、最初は実際に人びとの病を治すことができるというルーベンの能

2　「政治王朝」（Political Dynasty）とは、血縁関係を紐帯とする集団が国や地方で公選職を独占し、それが何世代も継続する政治支配形態。一般的に、公権力が血縁集団の私的利益のために利用されることを批判する文脈で使用される。フィリピンをはじめとする途上国政治に顕著に見られる。
3　ルーベンの「聖なる師」としての独特で近寄りがたい立場に注目して、――PBMA自身はそうみなされることを拒否しているが――ヴィトゥグはPBMAを宗教カルトと評している（Vitug 1995: 47）。

力を認めることから生じた。一般の病院はディナガット島から遠く、診察料は高かったため、貧しい人びとが病気にかかったときには、ルーベンの診療所に行くしか選択肢がなかった（Tupaz 2013a）。この無償医療（信仰療法）サービスを通じ、PBMA は周辺化された人びとをうまく組織化することができたのである。ヴィトゥグが指摘するように、

> PBMA の場合、加入の動機は救済の展望、病気の治癒、PBMA が貧困をなくしてくれるという期待などだった。教育を受けておらず、収入が乏しく、社会的な地位が低いことは、よりよい生活を求める障害にはならないとされた。PBMA は人びとに希望を与えたのである。さらに言えば、「帰属感」や集団に受け入れられることは、信者たちには重要な恩恵だった。（Vitug 1995: 43）

　北スリガオの政治家たちがルーベンの組織を自分たちの政治目的に利用しようとする動きを見せるにつれ、ルーベンはディナガット島におけるみずからの指導的な立場を守り、強化するために政治権力を握ることの重要性に気づくようになった。彼は 1963 年にディナガット町の町長となり、死ぬまでの 24 年間、この地位にとどまり続けた。信者数の点から PBMA の「聖地」といえる地域で政治権力を得た「聖なる師」の指導の下、組織の勢力は 1970 年代に隆盛を極めた[4]。
　ルーベンが 1987 年に死亡した後、エクレオ家は政治王朝を形成しはじめた。ルーベンの息子、ルーベン・エクレオ・ジュニアが「聖なる師」の座を引き継いだが、PBMA の実権はルーベンの妻、グレンダ・エクレオが掌握するようになった。1987 年、グレンダは北スリガオ 1 区——ディナガット島をふくむ選挙区——から下院議員に当選した。一族の他のメンバーもさまざまな地方の公選職に就いた。グレンダいわく、「州の役人とよい関係がも

4　PBMA は 1970 年代に 50 万人の信者を抱えていたと喧伝されたが、この数字は誇張されているという見方も多く、実際は 10 〜 20 万人程度だったと推定される。PBMA の信者は全国にいたものの、地理的な影響力は北スリガオ州の、とりわけサン・ホセ町に限定されていた（Vitug 1995: 33）。

てるように、息子にも出馬してほしい。息子を甘やかしてもいい。私には
チームワークが必要だ」（Vitug 1995: 38）。グレンダの指揮の下、エクレオ
家は典型的な政治王朝を形成した。

　しかしながら、エクレオ家の支配はまだ安泰ではなかった。彼らは、北ス
リガオ州の他地域の政治的ライバルからの介入にさらされていた。北スリガ
オ１区にはディナガット島の他に、同区内で２番目に大きいシャルガオ島が
ふくまれていた。シャルガオ島を拠点とする政治家たちは、エクレオ家を倒
して下院の議席を奪うチャンスを虎視眈々とねらっていた。結局のところ、
グレンダはいつも選挙で勝てたわけではない。彼女は1990年代に下院選で
シャルガオ島の候補者に２度敗北している。エクレオ家は同時に、州政府か
らの敵意に対処しなければならなかった。州の政治権力がない状態では、エ
クレオの支配は不安定なままだった。PBMAの固定票は強みではあったが、
州知事選に勝利するには不十分だった。この文脈から、北スリガオ州から
ディナガットを独立させるという案が、エクレオの縄張り防衛のための戦略
として浮上するのである。

　2001年から、グレンダはディナガットを独立州にする法案を通すために
議会で精力的に運動した。しかし、これは容易なことではなかった。最初の
ハードルは、法律上の人口要件だった。ある地域が州になるには、最低25
万人の人口が必要だった。ディナガットには当時およそ10万人しかいな
かった。グレンダは、仲間の政治家の助けを借りて住民数をごまかし、この
要件をなんとかクリアし、法案の上程にこぎつけた（Vitug 2012: 137）。第
２のハードルは、2005年の上院で現れた。国家統計局（NSO）の官僚が、
ディナガットは人口要件を満たしていないと問題を蒸し返したのである。北
スリガオ教区の司教も上院議長に手紙を送り、同じ問題を提起した。法案に
抵抗するこれらの試みは上院の多数派の意見を変えることはなかった。
PBMAの豊富な固定票に惹かれ、多数の上院議員が法案に賛成票を投じた
のである（Vitug 2012: 138）。承認された法案にしたがい、2006年12月に
独立の最終ステップとして住民投票が行われることになった。北スリガオの
政治家や司教は最後まで抵抗を続けたが、多くのディナガット島民がディナ
ガットは北スリガオのなかで周辺化されているというエクレオ家の主張に共

感したため、住民投票の結果、賛成多数（賛成 69,943 票、反対 63,502 票）で独立が決定した。ディナガット諸島は 2007 年 1 月に正式に州となり、グレンダの娘、ジェイド・エクレオとグレンダがそれぞれ知事と下院議員に選出された（Vitug 2012: 137-9）。

　しかし、エクレオ家の闘いは独立の達成で終わらなかった。外的脅威の排除に成功するや、一族内の対立が顕在化したのである。内紛に発展した最初の問題は、独立問題をめぐる裁判[5]に勝利したことに対する弁護士への報酬の支払いだった。約束の報酬額は 250 万ペソだったが、勝訴確定後にエクレオ家は 1000 万ペソを支払おうとした。ジェイドはこれに憤慨した。彼女は知事として独立直後の新しい州の財政難に苦慮しており、一族の浪費癖に我慢がならなかったのである。ジェイドはまた、PBMA が信者に過度な寄付を要求していることも批判した。このジェイドの不満は、政治ポストをめぐる争いに発展した。ジェイドは知事を 1 期務めた後は 2010 年に母に知事の座を譲ることになっていた。それにもかかわらず、ジェイドは独立候補として副知事に立候補し、母のパートナーであるエルヴィス・デラ・メルセドと対決することになったのである。エクレオ家は選挙戦でメルセドを支援したが、ジェイドは PBMA 信者のあいだで人気があったため、彼女が副知事に当選した。ジェイドにはディナガットを発展させるための独自のビジョンがあった。彼女は故郷の島をシンガポールのような街にしたかった。ジェイド自身の言葉によれば、「ホテルやビルや映画館がたくさんある、そういう大きな街にする。故郷に仕事があれば、ディナガットの人びとはもう海外に行く必要はなくなる」（Tupaz 2013b）。つまり、鉱業からの支援に依存し、信者から半強制的に寄付を徴収して一族の支配を維持するエクレオ家の伝統的な統治様式と比べれば、ジェイドはより現代的で改革的な統治をめざしたのである。次節で検討するように、この一族内の亀裂は後により深刻な危機をもたらすことになる。

5　北スリガオの数人の政治家が、ディナガット独立の取り消しを求めて最高裁に働きかけた。住民投票が実施される前、彼らは住民投票の差し止めを申し立てたのである。この申し立てが却下され、独立が実現した後、彼らはふたたび独立を認可した法律の再審理を最高裁に求めた。しかし、この試みも徒労に終わった（Vitug 2012: 139-40）。

ジェイドの反抗にくわえ、もうひとつの事件が一族を悩ませることになる。1987年のルーベンの死後、PBMAの「聖なる師」の地位はルーベン・ジュニアに継承されたものの、彼は政治にも宗教活動にもほとんど関心を示さなかった。ヴィトゥグの書くところによれば、彼には「彼の父のようなきらびやかさ、カリスマ、人前で話す才能、リーダーシップが欠けており、やる気のない聖なる師は組織を束ねるふりをしているだけである」（Vitug 1995: 34）。彼は現状を維持することもできなかった。彼は2010年にディナガット諸島1人区から（いやいやながら）下院議員に選出されていたが、2012年5月、下院は彼から議員資格を剥奪することを決定した。彼は汚職と2002年に妻を殺害した容疑で起訴された。裁判所が2011年4月に彼の保釈を取り消し、逮捕命令をだすと、ルーベン・ジュニアは行方をくらました（Fonbuena 2012）。これが彼の下院追放の理由となったのである。そして、この大失態はエクレオ家の停滞を招くことになる。ルーベン・ジュニアの空席を埋めるために、下院は政党名簿制選挙で当選していた女性議員、アルレネ・カカ・バグアオをディナガット州の代理議員（caretaker）に任命したのである。

II　バグアオの経歴と代理議員の仕事

　バグアオはディナガット島北部のロレト町で育った。彼女の家族は隣人と同様に貧しかったが、彼女は奨学金を受けてマニラの2つの大学——アテネオ・デ・マニラ大学とデ・ラ・サール大学——で学ぶ機会を得た。1994年に司法試験に合格した後は、アメリカのミネソタ大学で法と人権ハンフリー特別研究員として1年間研究活動に従事した。

　学生時代にさまざまな社会活動に参加した経験から、バグアオは社会的に周辺化された人びとを助ける仕事がしたいと思うようになった。彼女はまず、マニラ首都圏の都市貧困層を支援するコミュニティ・オーガナイザーとして活動をはじめ、居住の権利を要求する運動に関わった。デ・ラ・サール大学在学中、彼女は漁師のためのリーダーシップ育成プログラムにボランティアとして参加し、漁師たちと共に生活する経験をした。アテネオ大学時代には、

農民のための法的調査にボランティアで参加した（Cupin 2018）。当時をふりかえってバグアオが言うには、

　　学生時代の経験のすべてが、私を基礎セクターに関わることへ導いてくれた。私はなぜ彼らが適切な住居を必要としているのか、なぜ農民たちが土地を求めているのかを理解できるようになった。そこからどういう弁護士になりたいのかを考えるようになった。（Cupin 2018）

　とりわけ、スミラオ農民運動を支援した経験は、バグアオの改革的立場を明確化するのに決定的なものだった。スミラオ農民運動とは、ブキドノン州スミラオ町の農民たちが強力な地主と大企業から先祖代々受け継いできた土地を取り戻すことに成功した有名な闘いである。南部フィリピンの先住民であるヒガオノンは、ブキドノン州のサヤワンとパラオパオの山脈の谷に長く暮らしてきたが、彼らは法的な土地所有権をもっていなかった。1988年、彼らは包括的農地改革法の土地分配により137haの土地を手に入れられることになった。しかし、指定された土地の名目上の地主ノルベルト・キスンビンは法的対抗措置をとってこの土地分配に抵抗した。これが闘いのはじまりだった。スミラオの農民たちは、嘆願、ハンガーストライキ、デモ、訴訟などのさまざまな手段で反撃した。大統領や国の役人にロビー活動を続け、20年の紆余曲折を経て、最終的に農民たちは土地を取り戻すことができた（Pakisama 2007）。これは農地改革が地方の農民の粘り強い努力によって実現された事例として、全国から注目を浴びた。バグアオはこの農民たちを10年以上にわたり法的に支援した。この運動を通して、彼女はフィリピン社会で貧困層がどのように周辺化されているか、そして同時にその同じ貧困層が不正義に対してどのように立ち上がるかを学んだ。ブキドノンで農民や先住民の正義を求める闘いに深く関与したことは、彼女の革新的立場の基礎となった。

　バグアオのスミラオ農民運動への関与は、彼女が政治の世界に入るきっかけにもなった。「参加型民主主義」を理念とする左派政党、アクバヤン（Akbayan）は、スミラオにおける彼女の弁護士としての仕事を評価し、彼

女に政党名簿制選挙の候補者になってくれるよう打診した。アクバヤンは彼女が女性であり、ミンダナオ地域出身という点を買っていた（Cupin 2018）。農民、漁民、労働者、女性、LGBT のような社会的に周辺化された人びとを代表したいと思っているアクバヤンにとって、バグアオのような人物は党のアイデンティティを強化するのに理想的な候補者だった。バグアオはこのオファーを受け入れ、2010 年の政党名簿制選挙に出馬した。アクバヤンは 100 万票以上を獲得し、バグアオは政治家としての新しいキャリアをスタートさせた。最初の任期中、彼女は、反差別法案、包括的 HIV・AIDS 法案のような数々の革新的法案を精力的に推進した。とりわけ、彼女がカトリック教会の頑固な反対により妨害されてきたリプロダクティブ・ヘルス法の筆頭起草者になったことは注目される。これは第 15 期国会（2010 ～ 2013 年）のもっとも論争的で革新的な立法のひとつだった。

　バグアオの国会議員としての最初の任期は、マニラの仕事だけでは終わらなかった。ルーベン・ジュニアが国会から追放され、彼女がディナガット諸島 1 人区の管理人に任命されることになり、急遽彼女に故郷の島と関わるチャンスが舞い込んだのである。これはエクレオ家の支配下で苦しむディナガットの人びとの苦境に取り組む絶好の機会だった。

　バグアオが管理人としてしたことは、住民の基本的ニーズを満たすためのプロジェクトを実施することだった。彼女が指摘するには、

　　　私はディナガットの問題とはどのようなものかについて自分で分析したことを基礎にプロジェクトを提案したのだが、それは考える必要もないほどに簡単なものだった。ディナガットに行ってみれば、問題はとても単純だとわかるだろう。水、電気、道路、病院、学校、すべてがない。人権の理論について講釈を垂れるまでもなく、やらなければいけないことはわかりきっている。（Cupin 2018）

　バグアオの前任者、ルーベン・ジュニアが 1 億 7,700 万ペソの優先開発支援資金（Priority Development Assistance Fund, 以下、PDAF と略）を未使用のまま残していたことは、バグアオにとって好運だった。この資金を活

用し、彼女はインフラ建設（1億2,000万ペソ）、奨学金プログラム（800万ペソ）、無償医療支援（300万ペソ）などのプロジェクトを実施した[6]。

　バグアオがやってくるまで、エクレオ家は島を発展させ、住民福祉を改善することにずっと無関心だった。島の経済はうまく機能しているとは言えなかった。道路はずっと舗装されないままだったため、ロレト町の漁師たちは魚を売るのにスリガオ市（ミンダナオ島）の市場までボートで行かなければならず、サン・ホセ町の人びとはその魚をスリガオ市までボートで買いに行った。2012年時点で、島の国道は105kmのうち40kmしか舗装されていなかった。2013年時点で、島には10万人の人口に対して3つの小さな地区病院しかなかった（Tupaz 2013a）。また鉱業は汚職の温床だった。エクレオはいつも鉱業会社に賄賂を要求した。エクレオ家がディナガットの独立を求めた最大の理由は、開発資金の配分にあった。エクレオ家は、ディナガットが貧しいのは州の予算配分で冷遇されてきたからだと訴え、人びとはそれを信じた。だから、ディナガットの人びとは独立が発展につながると期待したのである。しかし、多くのゴーストプロジェクトがエクレオ家の財布を潤すことはあっても、現実のプロジェクトはほとんど実行されなかった[7]。

　それゆえ、人びとはバグアオのプロジェクトが実現したことに驚き、政治への考え方を変えはじめた。エクレオ家はPDAFの前身である全国開発資金（Countrywide Development Fund, 以下、CDFと略）を1990年代から利用してきたが、この資金は主にPBMA関連の協同組合の生計プロジェクトに充てられた。結果として、受益者は地理的にサン・ホセ町に限定された。歴史的にディナガットでは、国の資金は一部のPBMA信者とエクレオ家を潤すだけだった（Vitug 1995: 38-9）。バグアオ陣営のあるスタッフによれば、ディナガットの人びとはそれらの資金が使われた具体的なものを一度も見たことがなかったため、CDFやPDAFという言葉さえ知らなかった[8]。バグアオがプロジェクトをはじめたとき、過去との違いは明らかだった。2013年

6　ゴンザレス氏からの聞き取り。
7　マーリー・ラグロマ氏からの聞き取り。ラグロマ氏は2013年のディナガット州副知事戦にバグアオ陣営から出馬した政治家。2016年5月12日にサン・ホセ町で聞き取り。
8　ゴンザレス氏からの聞き取り。

にバグアオ陣営からディナガット州の副知事選に出馬したマーリー・ラグロマは、次のようにふりかえる。

　　　それは私たちの国道、橋、多目的ビル、バランガイ・ホール〔バランガイはフィリピンの最小行政単位〕に使われた最初の金だった。政治家が徴収する10％の手数料が違法だと住民たちが気づいたのも初めてだった。カカ（バグアオ）が金を受け取らず、それは汚職だと指摘したからだ。人びとは本当に驚いていた。北スリガオからやってくる政府プロジェクトのサプライヤーは、10％を支払わないといけないからディナガットには商品を供給したくないとよく愚痴っていた[9]。

　初めてこれまでとは異なる政治のあり方を目にし、PBMAの信者をふくむディナガットの人びとは、政府の役割への見方を変えはじめた。これが次の選挙で波乱を巻き起こす種になったのである。

Ⅲ　選挙戦と革新政治

　代理議員の任期が終わりに近づいたとき、バグアオは2013年にディナガット諸島1人区から下院選に出馬し、エクレオ王朝に正面から挑戦することを決断した。彼女は故郷のためにやるべきこと、やれることがまだあると感じていた。バグアオの選挙戦略には2本の柱があった。第1は、PBMAの信者が移住してくる前からディナガット島に住んでいた人びとが多い、ロレト町、トゥバホン町、リブホ町といった北部の町の票を固めることである。PBMAは依然としてこの地域にほとんど影響力をもっていなかった。しかし、北部の先住民は実効的な政治組織を有していなかったため、エクレオ家が公選職を独占するのを許してきた。バグアオはエクレオ家に対する初めての実質的な対抗馬だった。それゆえ、先住民がバグアオにかける期待は非常に大きかった。しかし、表1が示すように、北部の3つの町は州人口の

9　ラグロマ氏からの聞き取り。

30％弱を占めるにすぎない。これ
だけではバグアオがエクレオ家に
対抗するには十分ではなかった。
したがって、彼女の勝利は第2の
戦略、すなわち南部のPBMA票
への浸透の成否にかかっていた。
信者のなかにはエクレオ家への強
制的な寄付の支払いに嫌気が差し、
彼らの無能な政治手法に失望する
人びともいたため、この戦略は成
功する可能性があった[10]。

表1　ディナガット州の各町の人口（2010年）

町	人口（%）
バシリサ	33,880（26.7）
カグジャナオ	15,047（11.9）
ディナガット	12,786（10.1）
リブホ	17,567（13.9）
ロレト	8,920（7.0）
サン・ホセ	31,035（24.5）
トゥバホン	7,568（6.0）

出典：National Statistics Office (2013)

　PBMA票に切り込むために、バグアオはエクレオの家族内の対立を利用
することができた。ジェイドは一族の意向に反して2010年の選挙に勝利し
た後、副知事として働いていたが、ジェイドとグレンダの不和は解消されて
いないどころか、むしろ悪化していた。2013年には、ジェイドは知事選に
出馬して母に直接対決を挑むことを決めた。一族の固定票に対抗するために、
彼女は驚くべき手段に出た。バグアオと手を結んだのである。これはジェイ
ドがバグアオの改革的アジェンダに一定の共感をもっていたからでもあるが、
なによりもバグアオ陣営が当時の与党である自由党の支援を受けていたから
である。ジェイドは国からの支援を期待した。バグアオにとっても、ジェイ
ドを味方につけることは有用だった。ジェイドが2010年の副知事選に独立
候補として勝利できたのは、北部と南部の非PBMA票とグレンダの指導に
批判的な一部のPBMA信者の票をうまく獲得したからだった。つまり、
ジェイドの支持者はちょうどバグアオがアプローチしようとしていた層と一
致していたのである。さらに、ジェイドと手を結ぶことにより、バグアオは
PBMAの権威と直接対決するのを回避することができた。これはPBMAの
固定票に食い込むためには重要なことだった。

10　近年では、エクレオ家はPBMA信者の各世帯に選挙運動のために2,000ペソ寄付する
ように要求している。そして、エクレオ家は票の買収のために500ペソを各世帯に配って
いる。バグアオ陣営はこれを冗談で「パトロネージの返金」と呼んでいる。

PBMA 信者の内なる不満がどれだけ深いものだったかを理解するために、マーリー・ラグロマの経歴を知ることは大きな手がかりになる。ラグロマは西ネグロス州のバコロド市に生まれた。彼女の父は農村の闘鶏を監督する公務員だった。彼が 43 歳で大腸がんにかかったとき、バコロド市長が彼にルーベンを紹介した。ルーベンは彼が入院していた病院を訪れ、治療のためにディナガット島に連れて行った。彼がバコロドの病院に戻ってきたとき、彼のがんは奇跡的に治っていた。この経験から彼はルーベンを崇拝するようになり、1981 年に家族を連れてディナガット島に移住することを決意した。彼は 2015 年まで生きた。ラグロマは政治家となり PBMA に奉仕した。彼女はまずサン・ホセ町の町議会議員として働きはじめ、後に北スリガオ州の州議会議員になった。州議会議員に在任中、彼女はディナガットの病院と葬儀業者に財政的支援を与える必要性を強く感じていた。ディナガット島民からの深刻な嘆願の手紙を受け取り、彼女はある日、グレンダに相談した。「あなたの CDF の一部をとっておいて、私たちがディナガットの人びとに医療サービスと薬を提供できるように、200 万でも 300 万でもカラガ地域病院に充ててもらえませんか」。グレンダは答えて、「ダメです、マーリー。そういうことは私の優先事項ではありません」。ラグロマは、エクレオ家が本当に社会福祉に関心がないのだと気がついた[11]。エクレオ家に自分を政治家として育ててくれたという恩義があるため、ラグロマはエクレオ家から離れることに後ろめたさを感じたが、ディナガットの人びとが貧困状態にとめおかれ、尊厳を奪われていることにこれ以上我慢がならなかった。そうして、ラグロマはバグアオ陣営に加わったのである。

　2013 年の選挙結果はやや複雑なものだった。勝敗は PBMA 内の亀裂がどれほど深刻かにかかっていたのだが、この点が選挙結果に直接反映したわけではなかった。**表 2** が示すように、バグアオはエクレオ家の候補者を 2,401 票差で破ったが、ジェイドはグレンダに 1,321 票という僅差で敗れた。2010 年にエクレオ家はどのポストでも安定して 3 万 3,000 票超を得ていたことを考えれば、約 1 万票がバグアオ陣営に流れた。これはディナガットの政治史

11　ラグロマ氏からの聞き取り。

の上では驚くべき変化である。メディアはバグアオを「ドラゴン・スレイヤー」と称賛した。さらに、バグアオはジェイドより2,729票多く得票していた。この原因は、北部の町のバグアオへの強固な支持とPBMAの実質的指導者としてのグレンダの宗教的権威にあったと思われる。

表2　2013年選挙結果

下院議員選（1人区）

候補者	政党	得票数
アルレネ・カカ・バグアオ	自由党	24,206
グウェンドリン・エクレオ	国民党	21,805

知事選

候補者	政党	得票数
グレンダ・エクレオ	国民党	22,798
ジェイド・エクレオ	自由党	21,477

出典：NAMFREL (2013)

　新たな任期がはじまり、バグアオは代理議員時代にしたことを継続し、拡大した。彼女は、人びとの基本的ニーズを満たし、効果的な行政サービスを提供することに注力した。具体的には、①道路②病院③奨学金プログラム④水供給⑤電気供給である。とりわけ、2013年から2015年にかけて20億ペソ以上が道路と橋の建設に充てられた。この金額は、ひとりの国会議員がPDAF制度の下で調達できる額（毎年7,000万ペソ）を大きく超えている。ジャネット・ナポレスを主犯とするPDAF不正流用の大スキャンダルが暴露された影響で、PDAFがアキノ大統領によって廃止され、最高裁に違憲と宣告されてから、予算配分制度はより提案ベースのものとなった[12]。バグアオはこの新しい制度を活用し、精力的に多数の省庁と交渉し、プロジェクトを実現していった。マニラのような都市部には道路や橋の建設需要がほと

12　メンドーサとティンバーマンは、提案ベースの予算配分システムを次のように説明している。
　　PDAFの廃止後、現在国家議員は主として「差し込み」――議員が要求するプロジェクトやプログラムの予算を省庁の予算のなかに組み込むこと――に注力する。最高裁判決にしたがい、これらの差し込みは、予算が可決される前になされなければならない。そうすることにより、議員が自身の選挙区で受注業者を選定する役割を制限し、PDAF制度下で存在した汚職の機会を削減できるだろう。しかし、差し込みはPDAF制度下の歳出予算項目よりも透明性に欠けるかもしれない。効果的なロビー活動を行う国会議員は以前の制度よりも大きな予算を獲得する可能性があるからである（Mendoza & Timberman 2019: 241）。

んどないため、新しい制度の下ではそうした目的に充てられる資金は相対的に開発の遅れている州に配分されるようになった。プロジェクトの実施においてバグアオがエクレオと異なるのは、彼女が自分の支持者を優遇せず、エクレオ家の牙城であるサン・ホセ町にも平等にさまざまなプロジェクトを供給したことである。もうひとつの変化として、パトロネージ政治の日常風景である、政治家がプロジェクトに自分の名前を貼り付けるということを彼女はしなかった。人びとの声を直接反映し、プロジェクトを参加型にすることも、バグアオの政治の重要な要素だった。彼女いわく、

> まだ使える資金が残っていたら、次に何が必要かを彼ら〔ディナガットの一般住民〕に聞く。そうすれば、私たちが政治的な意図ではなく、ニーズに基づいて決定を下しているということが住民にわかるし、バランガイの人口数に対して適切なものにすることができる。水が通っていないバランガイには、水道設備を優先的に供給するべきだ。住民数が多いバランガイには、小さなバランガイの2倍の支援が必要なこともある。私たちはこういうことを議論し、人びとに理解してもらうようにする。ときに彼らは私が国会議員であることを忘れ、決定に対して怒りをぶつけてくる。私はコミュニティのなかで寝て、彼らと夜に話をする。日中は恥ずかしがって話せないこともあるからだ。(Rappler 2019)

2016年の選挙には、バグアオは再選をめざして出馬した。彼女の選挙戦略は以前と同じだったが、ジェイドはもはや彼女の味方ではなかった。ジェイドは、「僅差だったことがすべてを物語っている。ディナガットの人びとは徐々に汚職や不正にまみれた政治を拒否しつつある」(Adorador 2013)と語り、2013年の選挙結果を前向きに評価していたが、2016年には母親に挑戦しようとはしなかった。これは彼女の母が病気だったからだと思われる。しかし、ディナガットの人びとの不満に関するジェイドの分析は妥当であり、この点が以前にも増してバグアオ陣営に有利に働く可能性があった。同陣営のスタッフによれば、内部調査の結果、約40％のPBMA信者がバグアオを

支持していることがわかった[13]。ラグロマも、サン・ホセ町の62％の有権者が密かにバグアオを支持していると見ていた[14]。2013年のバグアオのサン・ホセ町での得票率が35％だったことを考えると、これは大きな変化だった。

　バグアオ陣営は、今回知事選に候補者を立てなかった。前回の選挙と同様、PBMAの偶像的存在と直接対決するのを避け、できるだけ多くのPBMA票をひきつけようとしたのである。第2に、グレンダは重い病を患っていたため、州政府の実質的な権力は副知事に握られていた。だから、バグアオ陣営は副知事選だけに候補者を擁立したのである。

　エクレオ陣営の2016年選挙のキャンペーンは、過去に例がないほどに積極的なものだった。彼らの戦術は2つあった。ひとつは、大規模な票の買収である。エクレオ家は有権者ひとりあたり200ペソを配った。もうひとつは、あからさまな脅迫である。信者の信仰心を利用し、エクレオ家は彼らに、「聖なる師の教えにしたがう正しい選択をしなければ、天国に行くことはできない」と脅しつけた[15]。2013年にはバグアオと手を結んだジェイドは、今回はバグアオを倒すべく下院選に出馬した。エクレオ家にとって、PBMAの若き改革者として人気のあるジェイドは、バグアオの浸透を食い止めるもっとも有望な候補者だった。バグアオによれば、ジェイドは改革的志向をもってはいたものの、その根本的目的はエクレオ家の政治支配を維持し、父の教えに忠実にしたがうことだった。この観点から、ジェイドは伝統的な政治スタイルがもはやこうした目的を追求するのに効果的ではないと考えたのである。彼女がバグアオと手を組んだのは、一族内の対立に利用できる戦術だったからにすぎない。もしバグアオが与党に属していなければ、ジェイドはバグアオに近づかなかっただろう[16]。2016年、エクレオ家はふたたび団結してバグアオに対峙したのである。

　2016年の選挙結果はまたもや複雑なものだった（**表3**）。バグアオは前回を上回る票を得てジェイドを破った。この結果は、バグアオの戦略と政治ス

13　ゴンザレス氏からの聞き取り。
14　ラグロマ氏からの聞き取り。
15　アルレネ・バグアオ氏からの聞き取り。2016年5月13日にサン・ホセ町にて。
16　バグアオ氏からの聞き取り。

表3　2016年選挙結果

下院議員選（1人区）

候補者	政党	得票数
アルレネ・カカ・バグアオ	自由党	26,803
ジェイド・エクレオ	UNA	24,667

知事選

候補者	政党	得票数
グレンダ・エクレオ	UNA	29,202

副知事選

候補者	政党	得票数
ベングレン・エクレオ	UNA	23,520
バビエ・ラガダ	自由党	18,091

出典：アルレネ・バグアオ氏から提供

タイルが王朝政治に立ち向かうのに有効であることを証明した。グレンダは対立候補なしで再選された。問題は副知事選である。バグアオ陣営のバビエ・ラガダはバグアオを大きく下回る票しか得られず、エクレオ家の候補者に敗北したのである。バグアオの指導力は高く評価されていたものの、バグアオ陣営の政治的理念は十分には有権者に浸透していなかったのだと思われる。同陣営のスタッフや支持者はこの結果に失望した。エクレオ家の選挙運動が非常に効果的だったことを認めつつ、バグアオのプロジェクトはディナガットのすべての人に利益をもたらしたのに、なぜ多くの有権者が依然としてエクレオ家を支持するのか、彼らは納得できないでいた。しかし、バグアオは異なった見方をしていた。

　３年間にわたるプロジェクトが私の支持基盤を強化することにつながらなかったのは当たり前だ。プロジェクトに自分の名前を貼り付けなかったんだから。私はただ政府がやるべきことをやっただけ。エクレオがこれまでしてこなかった、基本的な行政サービスを提供しただけ。でも、政府は何をするべきか、よい政治とは何かということについて人びとが意識するようになってきたと感じる。彼らの政治意識は少しずつ高まっている[17]。

17　バグアオ氏からの聞き取り。

バグアオは常々、「国会議員が地元のためにできることは限られている。本当にディナガットを変えるには知事にならなければいけない」と語っていた。2019年、バグアオは知事選に出馬し、約3万票を得て当選した。バグアオが念願の知事職に就けたのは、2012年以来の彼女の新しいスタイルの政治活動を見て、これを支持する有権者が拡大したからに他ならない[18]。新型コロナウイルス感染症のパンデミック以降、バグアオは住民の生活実情にそくした感染症対策に奔走している。

おわりに

　ディナガット州が経験したような政治変化が、他地域でも同時多発的に生じているわけではない。冷静に見て、フィリピン政治のエリート支配は依然として盤石であり、植民地期にルーツをもつ政治構造が根本的に変化するには、長い時間がかかるだろう。この意味で、現時点ではディナガットの事例は例外的なものかもしれない。

　しかし、現代フィリピンの改革勢力がめざしているもの、その戦略はここに象徴されているように思われる。バグアオは次のように語る。

　　私のディナガットでの闘いは、たんにエクレオに対抗するためのものではない。私が下院選に出馬したのは、民主的制度を構築する妨げになっている強大な政治王朝に対峙する必要があると考えたからだ。それが私の政治的理念なのだ。ディナガットの人びとには、私はエクレオと闘っているだけじゃなくて、貧困は当たり前のものではないとみんなに気づいてもらうために闘っていると説明している。私が政治の世界に入ったのは、ディナガット島民の宗教指導者と敵対したいからではなく、彼らの助けになりたいからだと理解してもらうように努力してきた。その結果、人びとは私を信頼できるオルタナティブと見てくれるように

18　2022年5月の選挙において、エクレオ家が副大統領候補のサラ・ドゥテルテと同盟を組み、バグアオ陣営が大統領候補のレニ・ロブレドと連携した結果、バグアオ陣営はエクレオ家に主要ポストをすべて奪われた。これは地方政治に内在する要因よりも、国政レベルにおけるドゥテルテ人気の影響によるものと思われる。

なった。(Rappler 2019)

　民衆の声に耳を傾け、その利益の実現のために地道な努力を重ねる政治家が登場したとき、既存のエリート政治とのコントラストが誰の目にも明らかになる。この作用を梃子に、有権者を組織化し、彼らの要求が政治的意思決定に反映されるように代議制民主主義の質を高めていく。これこそ現代フィリピンの改革勢力の基本戦略である。寡頭制という堅固な岩盤は、形式的民主主義を実質的民主主義に高めていく営為に穿たれていく。2010年代の地方には、このようなエリート支配を揺るがす闘争が展開していたのであり、それは現代フィリピン政治の変化の方向性を見据えるうえで看過してはならない現象である。

［文献］

Adorador, D. V. III, 2013, "Polls Worsen Clan Feud in Dinagat," *Inquirer*, June 1, (https://newsinfo.inquirer.net/418735/polls-worsen-clan-feud-in-dinagat).

Cupin, B., 2018, "Kaka Bag-ao on Speaking Up Against a Supermajority," *Rappler*, March 28, (https://rappler.com/nation/kaka-bag-ao-profile-legislators-philippines).

Fonbuena, C., 2012, "Ruben Ecleo Jr. No Longer Congressman," *Rappler*, June 1, (https://rappler.com/nation/ruben-ecleo-jr-no-longer-congressman).

Mendoza, R. U. and Timberman, D. G., 2019, "Aquino-era Budget and PFM Reforms: Accomplishments and Lessons," R. U. Mendoza and D. G. Timberman eds., *Budget Reform in the Philippines: Making the Budget a Tool for National Transformation*, Anvil, 217–257.

NAMFREL, 2013, "NAMFREL-Validated Results from the COMELEC Transparency Server," (http://www.elections.org.ph/2013/results/index.php).

National Statistics Office, 2013, *2010 Census of Population and Housing, Report No. 2A: Demographic and Housing Characteristics (Non-Sample Variables), Dinagat Islands*, (https://psa.gov.ph/sites/default/files/DINAGAT%20ISLANDS_FINAL%20PDF.pdf).

Pakisama, 2007, "Sumilao Land Struggle," *Focus*, Volume 50, (https://www.hurights.or.jp/archives/focus/section2/2007/12/sumilao-land-struggle.html).

Philippine Statistics Authority, 2016, "Highlights of the Philippine Population 2015 Census of Population," (https://psa.gov.ph/content/highlights -philippine-population-2015-census-population).

Rappler, 2019, "Rappler Talk: Kaka Bag-ao on Slaying the Ecleo Dynasty in Dinagat Islands," *Rappler*, June 4, (https://amp.rappler.com/28-editors-pick/232150-interview

-kaka-bag-ao-slaying-ecleo-dynasty-dinagat-islands).

The Unofficial Website of the Members of the Philippine Benevolent Missionaries Association, n.d., "Information/Frequently Asked Questions (FAQ)," All about PBMA, (https://allaboutpbma.webs.com/informationfaq.htm).

Tupaz, V., 2013a, "Dinagat: The Hands That Heal Hold Power," *Rappler*, May 5, (https://www.rappler.com/nation/politics/elections-2013/28187-dinagat-hands -that-heal-hold-power).

——, 2013b, "Family Feud and Political Sisterhood in Dinagat," *Rappler*, May 9, (https://rappler.com/nation/elections/family-feud-and-political-sisterhood -in-dinagat).

Vitug, M. D., 1995, "Surigao Del Norte: Faith, Hope and Politics," J. F. Lacada ed., *Boss: 5 Case Studies of Local Politics in the Philippines*, Institute for Popular Democracy, 31–64.

——, 2012, *Hour Before Dawn: The Fall and Uncertain Rise of the Philippine Supreme Court*, Cleverheads Publishing.

第 2 章

包摂的成長と再定住の政治

────── 2010 年代におけるマニラの空間再編

藤原 尚樹

新自由主義　負債　権力関係　都市貧困層　都市開発

はじめに

　21 世紀以降、著しい経済成長に伴って、アジア各国では急速な都市開発が生じてきた。それは都市空間の再編だけでなく、多くの貧困層を対象とする再定住政策をも引き起こしてきた。この都市開発と再定住政策の相互作用は、都市開発のための土地収奪とそれによって立ち退かされる人びとに対する社会政策の拡充を伴った（Doshi 2018）。こうした都市政治の進展はそれぞれ異なるものの（Shatkin 2017）、都市空間の再編と再定住政策の実施はアジアにおける共通点となっている。

　スコットは合理化や画一化を鍵概念に、資本主義体制下の都市空間の近代化や社会主義体制下の集団移住を通じた生活改善を批判的に論じた（Scott 1998）。アジアの各都市で進行している都市空間の再編と再定住政策は、そうした諸実践が結合する形で都市とその郊外で空間形成の画一化を進行させているといえるだろう。とりわけ後者の再定住政策は、経済成長が著しいアジアの国々で浸透する「包摂的成長（Inclusive Growth）」の理念のもとでより強化され（Roy 2014）、それは社会政策というよりもむしろ、官民協働事業で推し進められる点でビジネスの性格を強めている。

　本稿の目的は、フィリピンのマニラ首都圏（以下、マニラと略）の都市開発と再定住政策を事例に、その過程でいかなる権力関係の構築が進行しているのかを論じることである。ここでいう権力関係とは権力行使による抑圧や強制を意味するのではなく、むしろ、自由を残しつつ、個別的主体をつくりだし、全体を支配する権力作用を指す。フーコーが論じるように、その権力

形式は個人の健康、福祉、安全、事故からの救済や目標の設定を通じて、日常生活に直接的に関与することで可能となる（フーコー 1996）。

　近年のフィリピンに関する先行研究においても、こうした個人の日常生活と政府のプログラムとを結びつける形で権力関係の分析が蓄積されてきた。たとえば、ベニグノ・アキノ三世政権期（2010－2016）における条件付き現金給付や再定住政策は、日常生活の規律向上や生活習慣の変容と結びつき、従来の相互扶助を基盤とする生活様式から自助に基づく生活様式への変容を引き起こしたと指摘される（関 2017, 2021）。さらに、2010年代にかけて取り組まれた都市農業の国家事業は、貧困層の再定住地においても実施され、それは日常的な住民同士の触れ合いや共通目標の創出につながる一方で、人びとを「善良な市民」へと変容させる新自由主義のテクノロジーとして論じられる（Saguin 2020）。こうした先行研究の議論は、序論で日下が提示する新自由主義の統治性とも符合する。

　本稿では、権力関係の構築をマクロな視点から問い直していく。とりわけアキノ政権期に始まった「5カ年住宅プログラム」や2010年代のフィリピンの政治経済を特徴づける包摂的成長の理念に着目し、都市開発が急速に進展するなかでいかなる権力関係の構築が進行しているのかを考察する。

　以下ではまず、貧困層の再定住政策を引き起こす要因となっているマニラの都市開発の展開とその背景を概観する。次に、2010年代におけるフィリピンの政治経済を規定する包摂的成長の理念が、なぜ必要とされ、どのような背景のもとで顕在化してきたのかを検討する。そのうえで、アキノ政権期の再定住政策を事例に、マニラの急速な都市開発や包摂的成長の理念が浸透するなかでいかなる権力関係の構築が進んでいるのかを論じる。

I　新自由主義時代におけるマニラの都市開発

　1986年までつづいたフェルディナンド・マルコス政権はマニラに文化複合施設などの建築物を建設し、都市空間を利用する形で国民統合や国威発揚を目指した（Lico 2003）。それに対して1990年代以降の都市開発は、民間セクターが主導する都市開発を基調とし、マニラを「世界クラス」の都市へ

と変容させることを目標とした。それは市場原理を基調とする新自由主義に依拠した都市空間の再編を引き起こした（Ortega 2016a, 2016b）。1990年代以降のマニラにおける都市開発の亢進は次の2つの時期に大別される（Ortega 2016b: 82-3）。第1期は1990年代中頃であり、国有地の不動産会社への売却や投資プロジェクトに対する国家の支援によって不動産開発が進展した。だが、1997年のアジア通貨危機の影響を受けてその不動産開発は停滞した。第2期は2004年以降である。その背景には、出稼ぎ労働者や移民たちによる不動産投資の増加がある。彼らの送金は家族の生活費を充当するだけでなく不動産投資にも回され、それは今日までつづくマニラの急速な都市開発を推し進める要因となった。

　こうした不動産開発は新旧の財閥を中心に進められている。2000年から2015年までの不動産開発を分析したカルデナスによれば、1987年に制定されたフィリピン憲法によって土地の所有が原則、フィリピン国籍を有する者に限定されたフィリピンでは、フィリピン資本の財閥が不動産開発やインフラ開発の主要な役割を担うようになった（Cardenas 2020）。そうした財閥による不動産開発やインフラ開発はそれらの建造環境から得られるレントによって莫大な資本蓄積を可能とし、民間セクターに依拠した都市開発をさらに進行させた。

　財閥による不動産開発は同時に、マニラにおけるビジネス特区の開発を伴った。とりわけマニラのビジネス特区の中心地であるマカティは、スペイン系のアヤラ財閥を中心に1950年代から開発されてきたものの、1990年代以降の多国籍企業の進出によって不動産開発が進展した（Garrido 2013）。また、オルティガスのビジネス特区はJGサミットのジョン・ゴコンウェイやシューマート（SM）のヘンリー・シーの華僑系財閥によって開発されてきた（小池 2001）。加えて、1995年に開始された「ボニファシオ・グローバル・シティ（Bonifacio Global City, 以下、BGCと略）」のビジネス特区は現在のマニラの都市開発を象徴する都市空間となっており[1]、それは金融やビジネスの中心地となる一方で、インフォーマルな住居や露店などの生活空間を

1　当初の目的は1997年に香港が中国に返還される際に香港から流出する資本の受け皿となることであった（Cardenas 2020: 246）。

排したものになっている（**図1**、**図2**）。こうしたビジネス特区の開発はマカティやオルティガス、BGCに限らず、マニラの12地区で開発ないしはその計画が進行しており、都市空間の再編とそれに伴う貧困層の立ち退きや排除が急速に生じている（Ortega 2016a）。

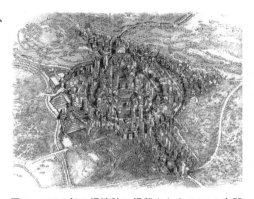

図1　1996年の経済誌に掲載されたBGCの空間表象
出所：Belgosa Business Communications Inc（1996: 57）

　ビジネス特区の開発や不動産開発が進む背景には、1990年代以降に急増した海外出稼ぎ労働者による不動産投資と2000年代以降に台頭したコールセンターなどのビジネス・プロセス・アウトソーシング（Business Process Outsourcing, 以下、BPOと略）産業がある。前者の不動産投資の点で言えば、海外出稼ぎ労働者の不動産投資に

図2　都市開発が進むBGC
出所：筆者撮影（2015年8月30日）

加えて、2000年代後半以降に増加したアメリカに移民として渡っていた人びとの帰国によって、マニラの不動産開発が活況を呈するようになった。とりわけフィリピン人移民の帰国は単に彼らの不動産投資による都市開発を進めるだけでなく、都市空間のセキュリティの強化をも伴った。というのも、アメリカで日々接するフィリピンでの事件報道を通じて人びとはマニラの治安に不安を抱き、その結果、不動産投資をする際にはよりセキュリティが強化された居住環境が求められるようになったからである（Pido 2017）。

　一方で、近年のフィリピン経済を牽引するBPO産業はオフィスや従業員用住居の不動産開発を進め、コールセンターが集積するマニラの都市空間の

再編を引き起こしている[2]。それは単なる不動産開発にとどまらず、コールセンター従業員のライフスタイルを形成するものとなっている。コールセンターで働く人びとは労働者であるとともに消費者である。アメリカのコールセンターで働く人びとは比較的高い給料と引き換えに、時差による深夜勤務の過酷な労働環境に置かれ、彼らはそのストレスのはけ口をショッピングモールでの旺盛な消費や分譲マンションでの生活に求める。その結果、BPO産業の台頭はそうしたライフスタイルを送る人びとの数を増加させるとともに、急速な不動産開発を推し進める要因となった（Padios 2018: 131-56）。加えて、キルバートが指摘するように、フィリピンで台頭したBPO産業はマニラの都市空間を再編するだけでなく、都市空間における二重経済構造をもつくりだしている。というのも、BPO産業が集積するビジネス特区が増加するにつれて、人びとが日常的に消費する経済領域がアメリカ資本を中心とする「ドル経済」の領域とそれ以外の「ペソ経済」とに分極化しているからである（Kleibert 2015: 895）[3]。

　こうした1990年代以降に進展してきた不動産開発やセキュリティの強化、二重経済構造の形成は、マニラの都市空間を貧困層の居住区域と中間層以上のそれとに明白に分離する（Garrido 2019）。しかしながら、マニラの都市開発はマニラを超えてその郊外にも多大な影響を与えている。フィリピン政府はマニラの貧困層を対象とする再定住政策を実施し、その再定住地の多くをマニラ郊外に建設しているからである。以前からこうした再定住政策は実施されてきたものの、近年の再定住政策は、2010年代に浸透した包摂的成

2　コールセンターがマニラに集中する理由は、ビジネス特区の開発に加えて、大学が集中していることやインターネット環境の良好な点、またビジネス特区のセキュリティの強化が挙げられる（Kleibert 2015: 893）。

3　キルバートはこの二重経済構造を、アメリカ資本を代表するスターバックスのコーヒー1杯の価格とフィリピンの1日の法定最低賃金とを比較することで説明している（Kleibert 2015: 895）。たとえばフィリピンでスターバックスのコーヒーが110ペソ〜200ペソ（約270円〜500円）の価格帯で販売されるのに対して、2022年のマニラの非農業部門における1日の法定最低賃金は570ペソ（約1,400円）である。そのため、法定最低賃金やインフォーマル部門の労働に従事する人びとがビジネス特区で増加するスターバックスなどの「ドル経済」の領域で日常的な消費を行うことは困難であり、都市空間の再編によって二重経済構造がつくりだされている。

長のもとでさらに拡充している。

　次に、包摂的成長の理念がフィリピンで浸透した背景を考察したうえで、マニラの都市開発によって引き起こされる再定住政策の展開をみていきたい。

II　包摂的成長の浸透と再定住政策

　1980年代の構造調整プログラムによる途上国の経済改革に対する批判を受けて、1990年代後半以降、世界銀行の開発政策や成長戦略において貧困層に対する社会政策の充実を目指す包摂の言説が増加するようになった。とりわけそのひとつである包摂的成長の言説は、近年、経済成長が著しいアジアで顕在化している。ここでいう包摂的成長とは、マクロ経済改革がもたらす経済成長の恩恵を上から下へと滴り落とすことで貧困の削減を目指すトリクルダウンではなく、経済成長と貧困層への分配との調和を目指し、貧困層に対する職業訓練の提供や社会政策を充実させながら経済成長と貧困削減の両方を達成する理論である。

　そうした包摂的成長のプロジェクトは都市開発の文脈にも組み込まれている。たとえばロイが高度経済成長に入ったインドで進展する「スラムのない都市」を目指す都市開発と包摂的成長との共振を考察したように、インドでは包摂的成長の理念のもとで貧困層の再定住政策が進展している。それは同時に、インフォーマルな住居に暮らす貧困層を地図台帳に記載されたフォーマルな住居へと移動させ、インフォーマルに利用されていた土地を市場経済に取り込む（Roy 2014）。

　アジアで人口に膾炙（かいしゃ）する包摂的成長の言説が各国の開発政策や成長戦略に組み込まれた文脈はそれぞれ異なる。フィリピンでこうした言説が顕在化したのは2010年のアキノ政権以降である。その背景にあるのは、前政権のグロリア・マカパガル・アロヨ政権（2001-2010）が実施した経済改革のもとでフィリピンは順調に経済成長を達成したにもかかわらず、その成長の恩恵が多くの貧困層には行き渡らなかった現実を克服するためであった。

　1980年代から1990年代にかけて東アジアを中心とする国々が経済成長を達成する一方で、フィリピン経済は低調なまま推移した。しかし、2000年

代に入りフィリピン経済は上昇傾向に転じた。2003年から2006年にかけての平均成長率は3.5%に達し、さらに2007年の成長率にいたっては5.4%を記録した。それゆえにフィリピン経済は2000年代以降、海外出稼ぎ労働者の送金やBPO産業の台頭、観光業の隆盛、過熱する不動産開発などを背景に経済成長の軌道に乗ることができた[4]。

　問題は、そうした経済成長の達成が多くの貧困層の状況を改善することには明確な形で結びつかなかったことである。実際、2003年から2006年の平均成長率が3.5%であったのに対して、貧困率は2003年から2006年にかけて30%から32.9%へと悪化に転じた[5]。それは「貧困レベルが1990年代末時点のそれへと後退している」ことを意味した（World Bank 2011: 1）。つまり統計上、2000年代にかけてフィリピンは経済成長を達成したにもかかわらず、それは必ずしも国内の貧困削減に結びつかなかったのである。

　それを背景に、経済成長の恩恵を多くの貧困層に行き渡らせることが重要な課題となった。とりわけ分配の欠如の要因として人的資本や社会福祉事業の利用をめぐる不平等が指摘され、貧困層に対する社会福祉事業に費やされる公的支出の減少が問題視された（World Bank 2011: 8）。こうした課題に対応するため、経済成長と分配や機会の平等を目指す包摂の言説とが結びつけられるようになり、包摂的成長の理念が確立した。それゆえに包摂的成長のもとで、従来どおりのマクロ経済改革による経済成長の達成だけでなく、経済成長が生み出す恩恵を貧困層に幅広く分配することが求められるようになった。

　包摂的成長の理念は、アキノ政権（2010-2016）からロドリゴ・ドゥテルテ政権（2016-2022）にかけて浸透し、2010年代のフィリピンの政治経済を特徴づける。アキノ政権は「フィリピン開発計画2011-2016」第1章の題目で「包摂的成長の追求」を掲げ、包摂的成長の目標は「職を創出し、多

4　1990年代に平均3.1%だった成長率は、2001年から2010年にかけて4.7%へと上昇に転じた。さらに2010年から2013年における平均成長率は6.3%である（Raquiza 2014: 229）。
5　貧困率の統計はそれぞれの計算方法によって誤差が生じるものの、各種の統計で貧困率の上昇がみられると世界銀行の報告書で指摘されているため（World Bank 2011: 1）、ここでは世界銀行の報告書に記載されている貧困率を提示している。

くの人びとを経済や社会の主流に取り込み、大衆の貧困を継続的に減少しつつ、成長を持続させる」ことであると位置づけた（NEDA 2011: 18）。実際、アキノ政権期の経済成長の平均率が6.3%に達するとともに、同政権は条件付き現金給付や後述する住宅政策など貧困層に対する社会政策を幅広く実施した。つづくドゥテルテ政権は「フィリピン開発計画2017-2022」でアキノ政権期の包摂的成長の路線を肯定的に評価し、その路線を継承していくことを目指した（NEDA 2017）。その点で、政治的イデオロギーの相違にかかわらず、2010年代にかけて包摂的成長はフィリピンの開発や成長を目指すうえで重要な理念として確立したといえる。

　この包摂的成長において住宅政策は主要な政策と位置づけることができる（Remo 2017）。アキノ政権はマニラ全土の河川沿いや道路などの危険地帯に居住する人びとを対象とする「5カ年住宅プログラム」や自然災害の被災者に対する住宅政策を全国規模で実施し、ドゥテルテ政権は主要な経済政策である「ビルド（建設）、ビルド、ビルド」のインフラ開発によって立ち退かされる人びとに対して再定住地を提供した。さらにドゥテルテ政権は、国家住宅庁などの住宅政策を担う既存の政府機関に加えて、2019年2月に共和国法第11201号を通じて「人間居住・都市開発省」[6]を新設したり、2021年6月までに貧困層向けの住宅を中心に107万6,277戸を建設したりするなど住宅政策を拡充している[7]。こうした都市計画や住宅政策を実施するうえで、包摂の概念は次の3点を基盤とする。第1に、貧困層の職、生計、金融へのアクセスの増加を目指す経済的包摂であり、第2に、土地、住居、インフラ、基本サービスを提供する空間的包摂、そして第3に、開発のプロセスから周

6　同省は、ドゥテルテ政権が提示した2040年までの長期開発計画を見据えて、2040年までにすべてのフィリピン人への住宅提供を目指す住宅政策の主要な役割を担っている（Kabagani 2021）。

7　ドゥテルテ政権期の人間居住・都市開発省長官のエドゥアルド・ロサリオによれば、フィリピン政府が住宅政策に関するデータを収集し始めた1975年から2021年にかけての歴代政権による住宅建設戸数の年間平均は、フェルディナンド・マルコス政権が1万3,576戸、コラソン・アキノ政権が5万9,948戸、フィデル・ラモス政権が14万7,000戸、ジョセフ・エストラーダ政権が10万8,000戸、グロリア・マカパガル・アロヨ政権が9万6,000戸、ベニグノ・アキノ三世政権が17万4,000戸、ロドリゴ・ドゥテルテ政権が19万5,687戸であるという（Office of the Press Secretary 2021）。

辺化されている人びとの参加や平等を基本原理とする社会的包摂である（World Bank 2017）。

　これまで述べてきたように、2010 年以降、フィリピンでは経済成長の恩恵を貧困層にも分配する包摂的成長が確立し、それは住宅政策の拡充を伴った。次に、アキノ政権期の「5 カ年住宅プログラム」を事例に、こうした包摂的成長や都市開発における包摂的な実践が重視されるなかでいかなる権力関係の構築が進展しているのかを考察する。

III　再定住政策にみる負債の創出

　2011 年、アキノ政権は「5 カ年住宅プログラム」を開始し、マニラの河川沿いや道路などの危険地帯に居住する 10 万 4,219 世帯を再定住政策の対象とした。こうした再定住政策は 1992 年に制定された都市開発住宅法[8]を法的根拠に、河川や道路沿いなどの危険地帯からの再定住を実施している。ただし、再定住政策は社会政策や法律の側面だけを有するわけではない。第 1 にそれは、ビジネスの性格をもつ。近年の再定住政策は官民協働事業の性格を強めており、民間セクターに依拠した住宅供給を展開している（Arcilla 2018; Ortega 2016a, 2016b）[9]。それゆえに、貧困層の住宅提供を目指した社会政策は資本投資と連動するようになるが、その半面、住宅の過剰供給や基準値以下の住宅建設というモラルハザードが生じている（Arcilla 2018）。第 2 に、再定住政策は NGO の支援やワークショップを通じて住民の参加型プロジェクトとして推進される（Alvarez 2019; 関 2021）。アキノ政権による同プログラムは、NGO の支援を受けつつ、対象となった住民同士の協同組合

8　1992 年に制定された都市開発住宅法は政府や民間セクターによる立ち退きの対象となった貧困層に再定住先を確保することを規定した。そのため、同法の制定以降、貧困層に対する住宅政策は現住地での改良ではなく、住居の移転や再定住に重点が置かれるようになった（小玉 2001: 248-52）。

9　日刊インクワイラー紙に取り上げられた「分譲住宅開発協議会」の年次総会では、包摂的成長に言及しつつ、官民協働事業として民間セクターが政府の社会住宅プログラムを支援することでピラミッド型社会の底辺層にいるフィリピン人たちにも成長の恩恵を行き渡らせることができると指摘されている（Buban 2015）。

を通じて危険地帯からの立ち退きを進めた。それは、強制立ち退きでも単なる社会政策の実施でもなく、住民の自発的な意思による立ち退きである。アルヴァレスが指摘するように、再定住政策による立ち退きは河川沿いの危険地帯からの救済とその支援という人びとの善意によって構成された包摂的メカニズムを媒介に展開される（Alvarez 2019）。

図3　マニラ北部に隣接するブラカン州で建設が進む再定住地
出所：筆者撮影（2015 年 3 月 22 日）

　このように多面的な要素で構成された「5 カ年住宅プログラム」は 500 億ペソの予算が投じられ、その後の計画変更を経て、最終的に 10 万 1,210 世帯が再定住の対象となった。そのうち、マニラ首都圏内での再定住先として分譲マンションに 1 万 6,748 戸が計画され、マニラに隣接するブラカン州、リサール州、ラグナ州、カビテ州のマニラ首都圏外の再定住地には 8 万 4,462 戸に上る戸建住宅の建設が計画された。そのため、対象者の多くはマニラ首都圏外への再定住となった（図3）。

　再定住政策は、住宅ローンの返済を伴う。表1はマニラ首都圏内に建設された分譲マンションの階数に応じた月々の返済額とマニラ首都圏外に設けられた戸建住宅の月々の返済額を示している（表1）。分譲マンションの平均価格は 47 万 1,875 ペソで、戸建住宅は 30 万ペソであり、月々の返済額には金利が課される。返済期間はともに最長で 30 年間に設定される。マニラ首都圏内の分譲マンションに再定住する場合、階数ごとに住宅価格は異なり、1 階に居住する場合は最も高額となる。その月々の返済額を例に取れば、1 年目から 5 年目にかけての返済額は 1,000 ペソであるが、入居から 5 年ごとに上昇し、26 年目から 30 年目の月々の返済額は 5,150 ペソになる。一方で、マニラに隣接する 4 州に設けられた再定住先の戸建住宅の価格は、もともと

表1　年度ごとの毎月の住宅返済額（単位：ペソ）

マニラ首都圏内 （分譲マンション）						マニラ首都圏外 （戸建住宅）	
	月々の返済額					月々の返済額	
	5 階	4 階	3 階	2 階	1 階	戸建住宅	
1 − 5 年目	600.00	700.00	800.00	900.00	1,000.00	1 − 4 年目	200.00
6 − 10 年目	1,300.00	1,350.00	1,400.00	1,500.00	1,700.00	5 − 8 年目	590.00
11 − 15 年目	2,000.00	2,100.00	2,200.00	2,500.00	2,700.00	9 − 10 年目	890.00
16 − 20 年目	2,800.00	3,100.00	3,200.00	3,300.00	3,350.00	11 − 14 年目	990.00
21 − 25 年目	3,800.00	4,000.00	4,400.00	4,500.00	4,550.00	15 − 18 年目	1,090.00
26 − 30 年目	4,800.00	4,900.00	5,000.00	5,100.00	5,150.00	19 − 20 年目	1,250.00
最終支払い	5,986.52	5,135.46	8,517.22	2,678.74	6,487.70	21 − 22 年目	1,280.00
						23 − 24 年目	1,310.00
						25 − 30 年目	1,330.00

出所：フィリピン監査委員会（COA 2017）の資料をもとに作成
（注）表の最終支払いは 30 年目の最終月の支払額であり、マニラ首都圏外のそれは 25 − 30 年目と同額のため省略している。

農地だった場所に建設されたこともあり、比較的安価な価格である。1 年目から 4 年目の返済額は 200 ペソであり、25 年目以降も 1,330 ペソである。

　こうした再定住政策が展開されてきたものの、同プログラムの最終年度の 2016 年時点でマニラ首都圏内に準備された住宅は目標（1 万 6,748 戸）の 52% にあたる 8,644 戸にとどまった（COA 2017）[10]。さらに、最終年度までにそこへ再定住できた世帯は 3,656 世帯のみである。こうした背景にあるのは、再定住するまでの明確な期限が設けられなかった点に加えて、入居の際に必要となる住宅購入の申請書、出生証明書、所得証明書、雇用証明書の各書類が提出されなかったことや、多くの人びとがマニラ首都圏内に設けられた再定住先の住宅価格が高額なため、マニラ首都圏外への再定住を望んだからである（COA 2017: 11-3）。とりわけ住宅価格の高騰はその返済を困難にする。2022 年のマニラにおける 1 日の法定最低賃金は 570 ペソであり、年々上昇しているものの、住宅ローンの返済は容易ではない。また、貧困層の多くはインフォーマルな雇用に従事しており、国内の失業率や不完全就業率は依然

10　これに関連する新聞記事として日刊インクワイラー紙の記事（Nonato 2017）も参照。

として高い。さらには、フィリピン経済が直面する慢性的なインフレーションによる物価上昇や月々の光熱費の支払いは住宅ローンの返済に影響を与える。それゆえに、多くの人びとはより安価な住宅価格であるマニラ首都圏外の戸建住宅への再定住を望んだと考えられる。

しかし、マニラ首都圏外に設けられたマニラ郊外の再定住地においても再定住政策の限界が顕在化している。確かにマニラ首都圏内の再定住先と比較してもその価格は安価である。だが、マニラ郊外の再定住地はかつての農地に建設されることが多く、そこでの雇用や医療サービスの不足、水や電気などの欠如が深刻となる。また、職や生業があるマニラと再定住地との往復にかかる交通費の負担やその二重生活にかかる生活費の増大、そしてそれらに起因する家庭内での不和を生じさせる。さらには週末に限定された再定住地での生活は近隣住民との関係性の希薄化を伴う。オルテガが指摘するように、マニラ郊外への再定住政策は貧困層の生活改善を目指したものであるが、こうした再定住後に直面する日常生活の問題は、再定住政策による生活改善が生活困難へ転じる要因となる（Ortega 2020）。さらに、再定住政策の受け皿となってきたマニラの近隣自治体ではすでに受け入れの限界を表明しているところもあり、再定住地が建設される場所はマニラからさらに離れた場所になる。そのため、マニラの急速な都市開発や河川開発に起因する再定住政策による居住分離がつづく限り、再定住地の建設場所はさらに遠隔化し、再定住地での生活困難の問題や住宅の放棄が顕在化する（Fujiwara 2023）。

Ⅳ　負債と権力関係

包摂的成長のひとつとして展開される住宅政策は、貧困層が住宅を取得するための機会を提供する。しかし、その機会は平等に提供されるわけではない。住宅の提供を受けるために必要となる書類の有無や各自の返済能力に応じて選別される。そのため、住宅政策はそれへの包摂と排除とが重層的に折り重なる形で展開され、住宅政策から排除された人びとは経済成長や開発の恩恵からさらに取り残される。

一方で、再定住地に移住した人びとは、再定住地に移動するだけでなく、

そこでの日常生活における規律向上や子どもの通学、納税など従来の生活からの変容が要求される（関 2021; Ortega 2016b: 299）。さらに、住宅ローンの月々の返済が必要となり、負債を媒介にした権力関係のもとに置かれる。確かに家族の構成員がマニラで安定した職に就いていたり、海外就労による送金が見込めたりする場合は住宅ローンの返済スケジュールに応じることは可能であろう。また、マニラの河川沿いなどの危険地帯にあり、インフォーマルかつ不法占拠であった住居が再定住地に移されることで、自然災害のたびに生じる洪水のリスクは軽減され、都市開発に伴う強制立ち退きの脅威はなくなる。しかし、長期間の住宅ローンの返済に加えて、再定住地とマニラを往復する交通費の負担、再定住地での雇用や医療サービスの不足、水や電気などの生活インフラの欠如の問題が生じる。

　再定住政策の背景にあるのは住宅所有（homeownership）という目標へ到達するため、負債の返済に対応するための生計の自己管理や自助努力、自己責任の徹底である。こうした住宅所有の概念は対共産主義政策として第二次大戦後のアメリカの世界秩序を形成するための基盤となり（Kwak 2015）、それはアメリカからの独立後もフィリピンの住宅政策に影響を与えてきた（Pante 2019）。しかし、近年の住宅政策は市場原理を基調とする新自由主義と社会政策の拡充を目指す包摂的成長の理念のもとで、多くの貧困層を住宅政策の対象としながら展開される。それは、全生活領域が債務関係に絡め取られるなかでその負債の返済を忠実に履行しようとする個別的主体をつくりだす負債の生政治となる（土佐 2015）。それゆえに、マニラの都市空間の再編が引き起こす都市空間の近代化と貧困層に対する再定住政策の同時進行は、マニラの都市部とその郊外における空間形成の画一化だけでなく、負債関係のもとで人びとを個別化して全体を支配する不可視化された権力関係の構築を伴いながら進行する。

おわりに

　2010 年代にかけてフィリピンで浸透した包摂的成長の理念は、経済成長の恩恵を貧困層にも幅広く分配することを目的とした。それは、職業訓練の提供や条件付き現金給付、再定住政策などの社会政策を拡充した。本稿で取

り上げた再定住政策では、多くの貧困層を河川沿いなどの危険地帯から移動させ、その過程で住居は合法となった。その一方で、都市開発による強制立ち退きの暴力や再定住先での雇用の不足、水や電気などの生活インフラの欠如に対して都市貧困層組織を中心に再定住地やマニラの立ち退き対象地となった場所での抗議活動が拡大してきた（Arcilla 2022; Dizon 2019）。

　包摂的成長のもとで展開する再定住政策は、貧困層への住宅供給を増加させるとともに、マニラ郊外の土地利用やその所有形態を大きく変えた。マニラ郊外では農地の住宅用地への転用が急速に進んでいる。それは農民の失業や地主による土地の所有形態の再編を引き起こす。こうした再定住政策に起因する社会構造の変動において、マニラ郊外の政治も同様に変化している。再定住政策によって多くの人びとがマニラ郊外へと移動するなかで、国家のより良い統治や政策の変更を要求する民衆政治の枠組みがどのように生成しているのかを、今後、検討していく必要がある。

［文献］

Alvarez, K. M., 2019, "Benevolent Evictions and Cooperative Housing Models in Post-Ondoy Manila," *Radical Housing Journal*, 1 (1): 49-68.

Arcilla, C. A., 2018, "Producing Empty Socialized Housing: Privatizing Gains, Socializing Costs, and Dispossessing the Filipino Poor," *Social Transformations: Journal of the Global South*, 6 (1): 77-105.

──── , 2022, "Disrupting Gentrification: From Barricades and Housing Occupations to an Insurgent Urban Subaltern History in a Southern City," *Antipode*: 1-24.

Belgosa Business Communications Inc, 1996, *Philippine Regional Profiles: Metro Manila 1996*, Belgosa Distribution Inc.

Buban, C. E., 2015. Informal Settlements as New Growth Areas, *Philippine Daily Inquirer*, September 5.

Cardenas, K., 2020, "The Mobility-Oligopoly Nexus in Philippine Property Development," Kelly. P. F. and Aulakh, P. S. eds., *Mobilities of Labour and Capital in Asia*, Cambridge: Cambridge University Press, 233-61.

COA(Commission on Audit), 2017, "In-City Resettlement Housing Program," COA （Retrieved November 5, 2020, https://www.coa.gov.ph/reports/performance-audit-reports/2017-2/in-city-resettlement-housing-program/）.

Dizon, H., 2019, "Philippine Housing Takeover: How the Urban Poor Claimed Their Right to Shelter," *Radical Housing Journal*, 1 (1): 105-29.

Doshi, S., 2018, "The Redevelopmental State: Governing Surplus Life and Land in the 'Urban Age'," *Development and Change*, 50 (3): 679-706.

フーコー，ミシェル，1996,「主体と権力」山田徹郎訳，ヒューバート・L・ドレイフェス・ポール・ラビノウ編『ミシェル・フーコー──構造主義と解釈学を超えて』筑摩書房，287-307.

Fujiwara, N., 2023, "Gentrification and Segregation in the Process of Neoliberal Urbanization of Metro Manila," *Kasarinlan: Philippine Journal of Third World Studies*, 35: Forthcoming.

Garrido, M. Z., 2013, "The Ideology of the Dual City: The Modernist Ethic in the Corporate Development of Makati City, Metro Manila," *International Journal of Urban and Regional Research*, 37(1): 165-185.

──────, 2019, *The Patchwork City: Class, Space, and Politics in Metro Manila*, The University of Chicago Press.

Kabagani, L. J., 2021, Duterte Administration Builds Resilient, Decent Houses, *Philippine News Agency*.（Retrieved November 20, 2022: https://www.pna.gov.ph/articles/1148159）

Kleibert, J. M., 2015, "Islands of Globalisation: Offshore Services and the Changing Spatial Divisions of Labour," *Environment and Planning A: Economy and Space*, 47 (4): 884-902.

小池賢治，2001,「首都圏・カラバルソンの開発と財閥」中西徹・小玉徹・新津晃一編『アジアの大都市4──マニラ』日本評論社，147-171.

小玉徹，2001,「スクオッターと都市社会運動」中西徹・小玉徹・新津晃一編『アジアの大都市4──マニラ』日本評論社，245-264.

Kwak, N. H., 2015, *A World of Homeowners: American Power and the Politics of Housing Aid*, The University of Chicago Press.

Lico, G., 2003, *Edifice Complex: Power, Myth and Marcos State Architecture*, Ateneo de Manila University Press.

NEDA(National Economic Development Authority), 2011, Philippine Development Plan 2011-2016. NEDA.（Retrieved January, 31, 2020, https://nro3.neda.gov.ph/wp-content/uploads/2013/10/Philippine-Development-Plan-2011-2016.pdf）

──────, 2017, Philippine Development Plan 2017-2022, NEDA.（Retrieved January, 31, 2020, https://pdp.neda.gov.ph/wp-content/uploads/2017/01/PDP-2017-2022-10-03-2017.pdf）

Nonato, V. F., 2017, "Only Half of Target Number of Houses for Squatters Built Under Aquino-COA", *Philippine Daily Inquirer*, December, 18.

Office of the Press Secretary, 2021, Duterte Gov't Eyes to Build 1.2 Million Housing Units until 2022, *Office of the Press Secretary*, October 1.（Retrieved November 20, 2022 https://ops.gov.ph/news_releases/duterte-govt-eyes-to-build-1-2-million-housing-units-until-2022/）

Ortega, A. A., 2016a, "Manila's Metropolitan Landscape of Gentrification: Global Urban Development, Accumulation by Dispossession & Neoliberal Warfare against Informality," *Geoforum* 70: 35-50.

———, 2016b, *Neoliberalizing Spaces in the Philippines: Suburbanization, Transnational Migration, and Dispossession*, Lexington Books.

———, 2020, "Exposing Necroburbia: Suburban Relocation, Necropolitics, and Violent Geographies in Manila," *Antipode*, 52 (4): 1175-1195.

Padios, J. M., 2018, *A Nation on the Line: Call Centers as Postcolonial Predicaments in the Philippines*, Duke University Press.

Pante, M. D., 2019, *A Capital City at the Margins: Quezon City and Urbanization in the Twentieth-Century Philippines*, Ateneo de Manila University Press.

Pido, E. J., 2017, *Migrant Returns: Manila, Development, and Transnational Connectivity*, Duke University Press.

Raquiza, A. R., 2014, "Changing Configuration of Philippine Capitalism," *Philippine Political Science Journal*, 35 (2): 225-250.

Remo, A. R., 2017, "Decent Housing Essential to Inclusive Growth," *Philippine Daily Inquirer*, March 11.

Roy, A., 2014, "Slum-Free Cities of the Asian Century: Postcolonial Government and the Project of Inclusive Growth," *Singapore Journal of Tropical Geography*, 35: 136-150.

Saguin, K., 2020, "Cultivating Beneficiary Citizenship in Urban Community Gardens in Metro Manila," *Urban Studies*, 57 (16): 3315-3330.

Scott, J. C., 1998, *Seeing Like a State: How Certain Schemes to Improve the Human Condition Have Failed*, Yale University Press.

関恒樹, 2017, 『「社会的なもの」の人類学――フィリピンのグローバル化と開発にみるつながりの諸相』明石書店.

———, 2021, 「ポスト権威主義体制期フィリピンにおける新たな社会性と都市統治―スラム再定住政策を事例に―」越智郁乃・関恒樹・長坂格・松井生子編『グローバリゼーションとつながりの人類学』七月社, 103-131.

Shatkin, G., 2017, *Cities for Profit: The Real Estate Turn in Asia's Urban Politics*, Cornell University Press.

土佐弘之, 2015, 「負債の生政治――グローバルな債務関係についての一考察」初瀬龍平・松田哲編『人間存在の国際関係論――グローバル化のなかで考える』法政大学出版局, 155-180.

World Bank, 2011, *Philippines: Fostering More Inclusive Growth*, World Bank.（Retrieved, August 1, 2021,https://openknowledge.worldbank.org/handle/10986/27384）

———, 2017, *Philippines Urbanization Review: Forstering Competitive, Sustainable and Inclusive Cities*, World Bank.（Retrived October 13, 2020, https://documents1. worldbank.org/curated/en/963061495807736752/pdf/114088-REVISED-PUBLIC-

Philippines-Urbanization-Review-Full-Report.pdf）

第3章

「レッドテープ」からの脱却

——法制度と執行体制の整備による非属人的制度の模索

宮川 慎司

非属人的制度　行政手続き　投資誘致　雇用創出　貧困

　私の友達は、パスポートを急いで取得しようと旅行会社に行くと、2日間で用意してもらう代わりに特別料金として 1,300 ペソを要求された。その費用を持っていなかった彼女は、24 時間営業という話を聞いていたこともあり、自分でパスポートを取得しようと外務省に行った。あらゆる必要書類を持って外務省へ行ってみると、長蛇の列であったため、彼女は翌日の早朝に行くことを決めた。ちょうど朝 5 時に行って並んだが、購入した航空券の証明書が必要と言われた。翌日にまた戻ると、その証明書は必要ではないと言われたが、別の書類を要求された。彼女はタイトなスケジュールによりチケットの時間が迫っていることに気づき、プライドを飲み込んで「重要な役職にいる」友達に連絡し、手続きを早くするようにお願いした。そうすると、パスポートは 15 分で取得できた[1]。

1988 年 2 月 4 日フィリピン大学教員による投書

　上記の新聞への投書は、フィリピンのパスポートの発行をめぐる非効率な行政手続きを嘆いたものである。本章では、非効率であった行政手続きを改善する試みに注目することで、2010 年代後半のフィリピンに変化をもたらした要因を考察する。

1　Arriola 1988.

はじめに

　ドゥテルテ大統領は任期を通じて高水準の支持率を維持した。その理由について日下による序論では、近代化と経済成長によってフィリピン人が「自由」よりも懲罰的な「規律」を希求するようになったという人々の姿勢の変化から説明されている。その上で、日下は国家の属人的で理不尽な法制度を前提として、包摂的な社会を実現させるための方策として草の根の「つながり」に希望を見出している。

　しかし、日下による序論は2つの点で説明が不十分である。第一は、政権側の視点の不足である。日下による序論では、人々がドゥテルテ政権の政策をどのように受け取ったかという点からの考察がなされているが、政権側がどのように民意を汲み上げて法制度を通じた政策を行っているかについての考察が不足している。日下は、ドゥテルテは法制度に基づいた非属人的な統治よりも、個人的な強権に基づいた属人的な支配を優先し、彼に従う者を包摂する一方で、従わない者に対してはその人権を侵害しながら恣意的に排除すると論じている。この論からは、「法制度ではなく個人的な権力に基づいて、一部の人を犠牲にしながら急進的な改革を断行する」ドゥテルテ像が浮かび上がる。実際、ドゥテルテが大統領に就任した直後、多くのフィリピン政治研究者が同様の懸念を表明した。ドゥテルテは司法や法の執行に関するシステムに対する信用を弱める（Quimpo 2017）、ドゥテルテは自由民主主義的な法の支配を重視することとは対極なポピュリスト的リーダーである（Abao 2018）、法を守る人にしか人権を認めないドゥテルテの政治は、法への説明責任、人権、平等を重視しない（Reyes 2016）、などの論が展開された。それに対して本章では、「法制度を通じて、多数の国民に望まれる改革を行う」という別のドゥテルテ像を描く。確かに、ドゥテルテは麻薬戦争における超法規的殺人に代表される人権侵害を行っており、筆者もそれを擁護する意図は全くない。しかし、ドゥテルテが人々の要望を考慮しながら政治を行ったことにも注目しなければ、大多数がドゥテルテを支持したことを説明することは難しいだろう。

　第二に、第一の点とも関連するが、懲罰的な政策のみからの考察はドゥテルテの高支持率を説明する上で十分ではない。日下の序論において注目され

る反麻薬政策は一つの重要な論点であることは間違いない。しかし、民間世論調査会社ソーシャル・ウェザー・ステーションズによる 2016 年 12 月の調査[2]では、麻薬戦争が直接関係すると考えられる「犯罪対策」に関する政策の満足度は 16 の政策のうち 5 位であったのに対し、1 位となったのは「貧困層への援助」である。もちろん、日下の序論では、懲罰的な政策は単なる犯罪対策を超えて規律を人々に訴えるという、より広範な影響を持つものとして論じられているだろう。しかし、ドゥテルテ政権が支持を受ける理由を考察するには、人々からの支持が厚い政策についても目を向ける必要があるのではないだろうか。

　以上の問題意識から本章では、冒頭の投書に見られたような非効率な行政制度を改善する事例を用いながら、法制度を重視しながら人々が抱く問題の解決に取り組もうとするドゥテルテ像を描く。具体的には、なぜドゥテルテ政権下において行政制度改善に向けた本格的な改革が実行されたか、という問いに取り組む。

　行政制度改善の事例は、ドゥテルテ政権が法制度を重視した点、そして多くの人々の要望が汲み取られた点を示す上で適している。第一に、行政制度改善にむけた法制度はドゥテルテ政権より前に 2 度（1989 年と 2007 年）制定されてきたが、そのいずれも執行が不徹底に終わってきた。それに対してドゥテルテ政権下では、新たな法制度の制定とそれを執行する専門的な省庁が設置された。行政制度改善の動き自体は 1980 年代後半から見られていたが、それを執行する専門省庁の設置は新たな試みであり、執行力強化に向けた大きな改革と言える。第二に、ドゥテルテや法案を審議した議員は、人々が解決すべきと考える雇用の創出や貧困といった社会問題を強く意識しており、この改革は多数の人々の要請に応えたものと言える。その点で、この事例はドゥテルテ政権の支持率の高さの一部を説明しうるだろう。

　本章では行政手続き改善を定めた共和国法 11032 の成立とその執行の背景

2　Social Weather Stations, January 12, 2017, "Fourth Quarter 2016 Social Weather Survey: Net satisfaction rating of the Duterte National Administration stays 'Very Good' at +61," https://www.sws.org.ph/swsmain/artcldisppage/?artcsyscode=ART-20170110095415.

を明らかにする上で、上院と下院の同法をめぐる議会議事録、行政機関による文書、統計資料、世論調査を用いる。

　本章の構成は次の通りである。第一節では、フィリピンにおける煩雑な行政手続きをめぐる状況を概観する。第二節では、行政制度の改善が進められつつある背景を、世界的な政策潮流から整理する。第三節では、行政手続きの効率化を定める法制度が成立し、それが執行される背景を議会議事録や行政文書から分析する。第四節では、この法制度成立の背景に存在するフィリピン社会の状況を、統計資料や世論調査から裏付ける。第五節では、それまでの議論を踏まえてドゥテルテ政権への支持と行政制度改善政策の関連を考察する。

I　フィリピンにおける煩雑な行政手続き

1.レッドテープとフィクサー

　本章が事例として扱う煩雑な行政手続きはレッドテープ（red tape）という言葉で表される。イギリスにおいて法律文書を結ぶものとして赤いリボンが使われており、膨大な法律文書を参照する際に赤いリボンを解いたり結んだりするのに多大な時間が費やされることがその由来である（カウフマン 2015）。レッドテープによる行政手続きの時間的、金銭的コストの高さを背景に、行政機関内部の職員に個人的なつながりを持つフィクサー（fixer）と呼ばれる人々が現れる。彼らは、行政サービスを受けたいと考える顧客から非公式な手数料を受け取ることで、通常よりも迅速な手続きを提供する。フィリピンではフィクサーはパスポートや運転免許証、土地や税金に関する証明の取得において、その存在が指摘されてきた。

　フィリピンにおいてレッドテープとフィクサーが生まれる要因として、官僚制度におけるパトロン―クライアント関係が挙げられる。ハッチクラフト（2007）によると、フィリピンの官僚は部局における上司よりも、自分に仕事を与えたパトロンに対して第一に忠誠を尽くすため、官僚機構の部局長は自分の部下をコントロールする力を欠いている。その結果、フィリピンの官僚機構は部局間に加え、部局内部でも統一性が取れず、膨大な行政手続きが

発生する。ハッチクラフトは、行政機関の手続きに権限を持つ人に対して迅速なサービスを受けるために金銭を支払うこと自体、官僚機構の潤滑油として全否定しない。しかし、長期的には官僚機構の亀裂の拡大や、金銭を受け取らずに職務を行う職員の勤務意欲を低下させることで悪影響を与えうると指摘する。

2．レッドテープの例

　次に、フィリピンにおけるレッドテープの具体例として、各世代の日本人のフィリピン研究者たちが体験したビザに関する手続きから行政制度が改善傾向にあることを示す。

　筆者の大学院時代の恩師である東京大学の中西徹氏が、1985年にマニラ市で行った手続きでは、建物の中をあちこち回ることになり半日がかかった。手続きの中では両手の指すべての指紋を取られ、まるで犯罪者になったような気分を味わったと言う。

　本書の序論を記した日下は、2000年代初頭にマニラ市の入国管理局で行ったビザ手続きの経験を次のように振り返る。それまでビザ手続きのために入国管理局に入る際には半ズボンにサンダルといったラフな格好で問題なかったが、ある時突然「半ズボンはドレスコードに反するため、中に入ってはいけない」と守衛に言われてしまった。途方に暮れていると、貸しズボン・靴屋が「ズボンと靴が必要か？」と声をかけてきた。そこで、誰でも着ることのできる大きなサイズのズボンと、大きな白いスニーカーを200ペソで借りることで、入国管理局の中に入ることができた。

　本書の執筆者の一人である田川は2015年におけるマニラ市でのビザ延長手続きの煩雑さを次のように語る。入国管理局の中では窓口が3つに分かれており、それぞれで手続きを行う必要があった。パスポートのコピーが必要とされていたため、予めコピーをとって持参したが、それは使用できず局内にあるコピー機を使うように言われた。コピーをとることや、その他の手続きに時間がかかり、手続きには朝から夕方までかかった。

　以上のビザ延長手続きの事例から2つの問題の存在が示唆される。第一の問題は、手続きに長時間がかかることである。中西、田川のケースでは煩雑

な手続きによって半日を費やす必要があった。第二の問題は、制度の運用が一貫しておらず、顧客にとって想定外の負担が生じることである。日下のケースでは「ドレスコード」の変化という制度の一貫性のなさによって貸しズボン・靴屋に頼る必要が生じた。田川のケースでは、持参したコピーが使用できず、局内でコピーをとる必要が生じて数時間並ぶ必要が発生した。このように、ビザの手続きはレッドテープの代表格として、フィリピンに長期滞在した経験を持つ研究者たちが語る苦労話の典型である。ただし、この状況は特にマニラにおいて見られた現象であると考えられる。本書の執筆者の一人である白石は 2012 年にミンドロ島においてビザ手続きを行った際は、特に煩雑さを感じなかったと言う。

　しかし、ビザの手続きは 2010 年代後半から改善されつつある。2012 年にマニラ首都圏のショッピングモール内に開設された入国管理局のサテライトオフィスで、筆者がドゥテルテ政権になって間もない 2016 年 8 月に行ったビザ手続きは比較的スムーズであった。そこでは申請から受け取りまでのすべての手続きが一つの窓口で行われ、料金には初めから「エクスプレス料金（Express Fee）」が含まれているため割高であるものの、入国管理局のウェブページに記載のあるもの以外の書類の提出を求められることはなく、手続きは 30 分ほどで完了した。このように、2010 年代後半からはビザ関連の行政制度には改善が見られつつあり、制度の運用に一貫性を欠く属人的な制度から、規則に定められたように制度が運用される非属人的な制度への変化の途上にあると考えられる。

II　レッドテープ削減の世界的潮流

　レッドテープやフィクサーは、1990 年代頃から経済の効率性を損ねるという点で改善すべき対象として議論されるようになった。1990 年代頃から、それまでの新古典派経済学では分析の対象として中心的に扱われてこなかった「制度」の役割を強調した新制度学派経済学（新制度派）が影響力を持つようになった。新制度派の嚆矢であるダグラス・ノースは、制度を「フォーマルな制約（法律、憲法など成文化された制約）」、「インフォーマルな制約

（行為のルール、慣習など成文化されていない制約）」、それらの制約の「執行（司法システム、警察など）」に分け、法制度とその執行の重要性を強調した（ノース 1994: 3）。

　制度の役割を考えるに当たって重要となるのが、ロナルド・コースによって提起された取引費用の概念である。取引費用は、市場取引において交換相手を見つけること、契約を履行させることなど、取引の過程において発生する様々なコストを指す（コース 1992: 9）。ノースは経済的繁栄をもたらす取引は、顔の見える人々の間での取引ではなく、時間的、空間的に離れた取引であると論じる。しかし、そうした取引は複雑であるため取引費用が高くなる。そこで、取引費用を減少させるために所有権などの法制度の確立と、司法制度や警察などの法制度の執行体制の整備が重要となる（North 1984; ノース 1994）。つまり、経済発展において重要な時間的、空間的に離れた取引を円滑に行うために、取引費用を削減する方法として法制度の確立とその執行の強化が重視されるようになったのである。

　新制度派の主張は、世界銀行などの援助機関の方針に取り入れられ、1990年代以降ガバナンス支援という形で途上国において推進されるようになった（Leftwich 2005）。フィリピンにおいても 1998 - 2004 年の中期開発計画から「ガバナンスと制度的発展」の項目が盛り込まれ、これらが政策的な目標として掲げられるようになった。

　法制度への注目を背景に、途上国におけるレッドテープの削減が経済発展を導くと論じたのが、ペルーの在野の経済学者であるヘルナンド・デ・ソト（De Soto 2000; 2002）である。デ・ソトは、途上国において正式な企業登録を行うには膨大な行政手続きが必要となることを示し、貧困層は法制度に登録されたフォーマルな経済活動を行うことが難しいと論じた。法制度外のインフォーマルな経済活動は、取締り当局から逃避する必要があること、取締られるリスクの高さから投資家を引き付けられないことなどにより、その生産性は低いとデ・ソトは論じる。デ・ソトは、生産性が低いインフォーマル経済が国の経済の大部分を占める状況を改善する処方箋として、行政手続きにおけるレッドテープを減少させる「単純化」、問題をよく知る地方政府の権限を強化する「脱集権化」、政府による規制を減少させる「規制緩和」を

提言する。貧困層をフォーマルな経済活動に参加させることで、これまで非効率な経済活動に従事することを余儀なくされていた貧困層はその潜在能力を発揮し、生産力を向上させると論じられた。

　このように、デ・ソトは貧困層の生産性の低さの原因を法制度やその執行の非効率に求め、貧困層の潜在的な生産力の発揮に期待しつつ、彼らの合理性を想定し市場メカニズムに頼った議論を展開した。貧困層に期待しつつ市場主義を堅持するこの議論は、右派と左派の両方から支持を受けた（Gilbert 2002）。

　デ・ソトが提起したレッドテープ削減は世界銀行が発行する『ビジネス環境レポート（Doing Business Report）』によってさらに推進されるようになった。このレポートは2004年度版から2020年度版まで発行され、事業を始める際の手続き、建設許可を得る際の手続き、電力を得る際の手続きといった複数の項目を指標化して順位付けする。初年度版である2004年度版の中には、この指標がデ・ソトの研究に着想を得たものであることが明記されている（World Bank 2004: 17）。ビジネス環境レポートの指標に基づいたランキングは、途上国政府の政策に大きな影響を与えていることが論じられている。ドーシらは、この指標自体には途上国政府の政策に対する強制力はないが、官僚や政治家に対して、彼らの評判や国のプライドを喚起させることで、多くの政府は指標に適合するように政策を変えることを指摘した（Doshi *et al.* 2019）。ドーシらは、世界銀行は融資や技術協力などのそれまでの形ではなく、ランキングによる社会的な圧力によって規制緩和の潮流を世界的に広めていると論じる。このランキングは次節で論じるように、フィリピンのレッドテープ削減に関する法制度とその執行にも大きく影響している。

Ⅲ　フィリピンにおけるレッドテープ削減の背後にある問題意識

　本節では、レッドテープ削減を目指す法制度がどのような背景で成立し、どのように執行されているかを、上院、下院の議事録と行政資料から考察する。レッドテープやフィクサーを取締る法制度として、1989年の共和国法

6713、公務員の行為規則ならびに倫理基準（Code of Conduct and Ethical Standards for Public Officials and Employees）、2007 年の共和国法 9485、反レッドテープ法（Anti-Red Tape Act）と 2018 年の共和国法 11032、ビジネス簡易化法（Ease of Doing Business and Efficient Government Service Delivery Act）の 3 つが挙げられる。これらはその内容は類似しているが、1989 年と 2007 年の法は執行能力が不足し、望まれた結果を得ることがなかった。そこで、強い執行能力を持つ新たな行政機関の設立を伴う形で 2018 年にビジネス簡易化法が制定された。

1. 反レッドテープ法（2007 年）

　1989 年の公務員の行為規則ならびに倫理基準とその実施細則では、公務員のサービス提供の迅速化やレッドテープの削減が定められ、公務員委員会（Civil Service Commission）がこの法の執行に当たった。しかし、その執行は不十分で 2007 年に新たな法制度が制定されることになった。

　アロヨ元大統領は 2001 年の施政方針演説において、行政機関のレッドテープを削減させる方針を宣言し、2007 年に反レッドテープ法が成立した。上院議員のパンフィロ・ラクソンによる反レッドテープ法の法案の発議演説では、レッドテープはフィリピン経済の競争力を弱めると問題視された。特に、海外投資家を呼び込むことの重要性が指摘され、世界銀行によるビジネス環境レポートへの意識もうかがえた。

　　レッドテープは事業や産業をめぐる環境を改善させることや、フィリピン経済の競争力強化におけるシステム的な障害物であり続けており、それは不必要で人を思いとどまらせる手続きによって特徴付けられる。レッドテープは私たちの貴重な時間的、金銭的資源に対して負担をもたらし、政府機関がフィリピン人の利益のための開発計画を行う上で明らかに不適当なものである。

　　世界銀行のビジネス環境レポート 2007 と名づけられた研究の一節を引用すれば、「フィリピンにおいて事業を始めようとする起業家は、手続きを完了するために 11 の個別の手続きを行わなければならず、それ

は平均で 48 日と一人当たり所得の 18.7% のコストが見積もられている。この状況をどのように改革できるだろうか」(Senate 2007: 1379)。

上院議員ラクソンによる上院法案 2589 の発議演説

　反レッドテープ法では、行政機関はその機関で提供するサービス、手続きにかかる日数、手続きに必要な書類や料金などをまとめた市民憲章を作成し、人目につく場所に掲示することが定められた。また、請求のあったサービスを提供するまでの期限日数も設定され、フィクサーの定義や罰則もこの法の中で定められた。この法の執行は公務員委員会が主に担当し、複数の機関がそれを支援する体制がとられ (Civil Service Commission, n.d.)、2008 年に反フィクサー運動 (Fix the fixers)、レッドテープ削減プロジェクト (Project CURE Red Tape) などが行われた。2010 年からは公務員委員会によって成績表調査 (Report Card Survey) が行われ、行政機関による反レッドテープ法の遵守状況が評価されるようになった。

　しかし、上院、下院における審議では、反レッドテープ法の執行が十分ではないとの認識がたびたび表明された。例えば、上院は実業家から反レッドテープ法の執行が不十分であったと指摘されたことを認めている (Senate 2017b)。同法の執行を担った公務員委員会による成績表調査も、その基準に達しないと判定された事例が 1.35% に過ぎないことが疑問視され、評価方法の透明化が求められた (Senate 2017b)。議会のみならず、反レッドテープ法の執行が不十分であるという苦言は新聞などにおいても表明されている。

　　それ〔反レッドテープ法〕とその実施細則が公務員委員会によって定められた際には多くの期待感が存在した。市民憲章はレッドテープを削減し、政府サービスを人々に迅速に提供する魔法の杖のように扱われた。

　　しかし、最初に効率が向上した後、政府機関は「いつもの」状態に戻ってしまった。法の意図を重視するリーダーシップを持つ一握りの機関を除いては、昔と同じようにレッドテープの問題は顕在化するように

なった[3]。

PDI 紙 コラムニスト ラウル・パラブリカ

2. ビジネス簡易化法（2018 年）

ビジネス簡易化法は、執行が不徹底に終わった反レッドテープ法を改正する形で制定された。ドゥテルテ大統領によってビジネス簡易化法制定のイニシアチブが取られ、上院と下院の議員たちが法案作成と審議を行った。

（1）ドゥテルテがビジネス簡易化法を推進する背景

ドゥテルテは大統領任期中の 2016 年から 2021 年までのすべての年度における施政方針演説で、ビジネスの簡易化やレッドテープの削減の必要性に言及した。特に 2019 年度には、サービスの悪さに関して人々から寄せられた苦情の多い行政機関として陸運局、社会保険機構、内国歳入庁、土地登記局、持家促進相互基金を名指しして抜本的な改善が必要であると圧力をかけた。

ドゥテルテがレッドテープ削減を進めようとする背景には、彼がこれまでの政治家としてのキャリアの中でレッドテープ削減に取り組み、実績をあげてきたことがある。ドゥテルテは合計 20 年以上（1988 - 1998 年、2001 - 2010 年、2013 - 2016 年）ダバオ市長を務め、その間ダバオ市は大きな治安改善とそれに伴う経済成長を達成した。1999 年にアジア・ウィーク誌のランキングで住みやすさの指標においてフィリピンで首位、アジア全体で上位 20 位以内に入ったこと、2002 年に貿易産業省などによる調査においてフィリピンの中でビジネスを行う上で最も競争力のある市に選ばれたこと、など様々な実績をあげた[4]。

ドゥテルテはダバオ市長時代に業績をあげた政策をフィリピン全土にも広げようとした。大統領当選前の 2016 年 1 月 13 日にマニラの実業家が集うロータリークラブで行われた演説では、ダバオ市長時代には行政書類は 72 時間以内に発行されていたこと、もし遅れが生じる場合にはその機関はダバオ市長へと説明をすることが定められていたことが語られた。さらに、ドゥテルテは「ダバオ市は私の主張を裏付ける最重要の証拠です」（"Davao City

---

3　Palabrica 2016.
4　ダバオ市長が受賞した賞は Diongson(2015) などにおいて詳しい。

is my Exhibit A”）としてこうした制度を大統領選の公約とすると語った[5]。ドゥテルテは実業家たちにレッドテープ削減をアピールしていることから、レッドテープ削減の動機には、経済の活性化があることが読み取れる。

　さらに、ドゥテルテが大統領任期中の社会経済的な重要事項として挙げた10の社会経済アジェンダ（10 point-socio-economic agenda）の第三項目には「競争力の強化とビジネスの簡易化。この試みは、地方都市（例えばダバオ）にビジネスを引き付けるための有効なモデルを参考にしており、海外直接投資を引き付けるための土地所有を除く外国所有に関する憲法上の制限を緩めることを目指している」とある。レッドテープの削減がダバオ市長時の業績を参考にしていることは、この項目においても確かめられる。

　以上から、ドゥテルテがレッドテープの削減を行った背景には、それがダバオ市長時に成功した政策であること、そしてビジネスを簡易化することで投資を引き付ける狙いがあると言える。

（2）議員がビジネス簡易化法を推進する背景

　次に、ビジネス簡易化法の法案を作り、それを共和国法として成立させた議員たちの2つの問題意識を整理する。第一は、投資が近隣のアセアン諸国に流れることへの懸念である。ビジネス簡易化法の達成目標として、投資家が投資先を決定する上で一つの参照指標となる世界銀行によるビジネス環境指数ランキングが挙げられた。2007年の反レッドテープ法の審議においても同ランキングについて言及されていたが、ビジネス簡易化法の法案の審議では、さらに踏み込んで近隣アセアン諸国と比較した上でのフィリピンの順位の低さが問題視されている。

　　　ビジネス環境レポートの2016年と2017年のランキングに基づくと、フィリピンは2016年の103位から2017年の99位へと4位順位を上げている。しかし、この進歩にもかかわらず、「ビジネスを開始すること」〔ランキングの評価項目の一つ〕に関するランキングは2016年から6位順位を落としている。

5　Ranada 2016.

2017 年のビジネス環境レポートでは、アセアン地域においてフィリピンは 10 か国中 6 位である。シンガポールが地域の中で首位であり、世界でも 2 位に位置している（Senate 2017a: 923-924）。
上院議員ズビリによる上院法案 1311 の発議演説

　ズビリ上院議員は、発議演説においてフィリピンはアセアンの国で 6 位に位置していることを繰り返して言った。それはベトナムよりも低く、おそらくカンボジアよりも低いでしょう。最近 10 年のこの国のランキングの下落を考えると、もしこの国がしっかりまとまらなければ、同様にラオスにも抜かれることを彼は恐れています。（中略）
　アセアン各国には、すべての政府取引に関するレッドテープを防ぐ法が存在し、そうしたビジネスへ注力する政策は、タイやマレーシアでそうであるように国内外の投資を 10 倍にしている、と彼〔ズビリ〕は言っている（Senate 2017c: 1448）。
上院議員ラクソンによる上院法案 1311 に関する質問演説

　第二は、雇用機会不足と貧困という国内の社会問題である。ビジネス簡易化法の法案の起草者である上院議員フアン・ズビリは発議演説において、雇用機会の不足と貧困の解消を課題として挙げ、国内外の投資を呼び込むことでそれらを解決しようとする意図を語った。

　私たちは、地域内の海外直接投資をめぐる闘いに負けつつあり、私たちが切望するものは雇用である。しかし、もし汚職とレッドテープによって国内外両方の投資が不足すれば、私たちは貧困との闘いにも負けることになる。
　国の中で貧困を削減し、包括的な成長を実現する一つの方法は、私たちの市民によって起業家精神のある国家を作ることである、と多くの人が言ってきた。この法は、その目標を達成する上で大きな助けとなるだろう。この法は、私たちの市民がビジネスに挑戦することと、人々に雇用を提供することを促進するだろう。この法は、インフォーマル経済に

いる人々を登録し、フォーマル経済に参加することを促進するだろう
（Senate 2017a: 930）。

上院議員ズビリによる上院法案 1311 の発議演説

（3）ビジネス簡易化法の内容と執行

　このような背景で 2018 年に成立したビジネス簡易化法は、反レッドテー
プ法を改正する形で制定されたため、その内容の多くを引き継いでいる。各
行政機関のサービスの内容を示した市民憲章の作成、サービス提供にかかる
日数の明確化といった点は変化がない。その一方で、手続きの電子化によっ
て政府職員とサービス請求者の接触を減らすこと、情報技術省と協力した中
央ビジネスポータルの設置、地方政府において書類の申請、支払い、書類の
発行まですべての行程をオンラインで行うワンストップショップの設置が新
たに盛り込まれた。

　さらに、この法の執行機関として大統領府の下に新たに反レッドテープ庁
（Anti-Red Tape Authority: ARTA）が設置された。反レッドテープ法の執
行を担当した公務員委員会はその法の執行を主目的とした機関ではなかった
が、ARTA はビジネス簡易化法の執行を担う専門機関として新設された。
ARTA はビジネス環境レポートのランキングを上昇させることも業務とし
て担当しており、ランキング上昇に向けた改革の提案を行うビジネス環境課
が ARTA 内部に設置された。さらに、ARTA 主導で創設されたビジネス環
境委員会において、世界銀行がビジネス環境レポートの作成に当たってどの
ようにデータを集め、評価しているかを分析し、フィリピンでどのような実
践を行えばランキング上昇につながるかを特定する作業が行われている[6]。そ
して、2020 年度のビジネス環境指数のランキングで上位 20％の順位（参加
国・地域は 190 であったので、38 位以内に当たる）を狙うことなど具体的
なランキングの目標もしばしば掲げられている[7]。

　ARTA は通信、建設、電力などの重要なセクターにおける手続き削減す

---

[6]　ARTA のホームページ参照 https://arta.gov.ph/eodb-2021/.

[7]　Philippine News Agency, July 3, 2019, Full Implementation of Ease of Doing Biz Law
to Boost FDI: ARTA, https://www.pna.gov.ph/articles/1073931.

るプログラム（Nehemia program）を行っている。2020年からの新型コロナウイルス感染症の流行後も ARTA が目指したデジタル化を中心とした人と人との接触を減少させる方針と、感染症対策の方針が一致したことで、ARTA の改革は引き続き進められた。

　フィクサーへの対策は、2021年から本格的に行われた。ARTA が掲げる人々の接触を減少させる方針は、フィクサー業を行う行政機関職員とサービス申請者の接触の機会を減少させることで、フィクサーが活動する機会を奪うことにもつながった。ARTA はフィクサーに対する草の根の対策を行い、2か月間に約20人のフィクサーが逮捕された（ARTA 2021）。

　こうしたレッドテープ削減の成果は多くの人々に実感されている。筆者が2020年にマニラ首都圏のカマナバ地区の住民にインタビューを行った際、彼らはドゥテルテ政権下で行政サービスの改善が見られたと口をそろえる。特に、市役所において出生証明書、税金証明書などの書類を得るための時間が短くなり、かつては存在していた市役所の昼休み休憩の時間もなくなったという。また、Ⅰ節で挙げたようにビザの手続きに関してもレッドテープ削減の成果が見られていた。このように、ドゥテルテ政権下のレッドテープ削減は投資家のみならず、一般の人々にとっても生活の利便性を向上させているため、評判は良いと考えられる。

Ⅳ　レッドテープ削減を促した要因

　本節では、2010年代後半からレッドテープ削減に向けての動きが加速した背景として、Ⅲ節で浮かび上がった投資を呼び込む競争という国際要因と雇用機会不足と貧困という国内要因を統計資料や世論調査から裏付ける。国内外の投資を呼び込む上で重要であると考えられたビジネス環境レポートのランキングにおけるアセアン新興国との競争が激化し、レッドテープ対策に本腰を入れなければ、ランキングの順位が下がって新興国に投資が流れてしまうという危惧を議員たちは抱いていた。他方で、フィリピンでは雇用機会不足や貧困といった経済的問題が長らく解決されずに課題とされ続けていた。投資は雇用を創出し、貧困緩和に寄与する重要な要素と考えられたため、

レッドテープの削減は国内問題解決の上で喫緊の課題とみなされるようになったのである。

1. 国際要因：投資を呼び込むための国際的な競争の激化

　ビジネス簡易化法の審議で見られたように、国内外の投資を引き付ける上で重要な指標とされたのが、ビジネス環境ランキングである。**表1**はドゥテルテが大統領に就任した2016年度のアセアン各国（国の規模が小さいシンガポールとブルネイは除く）のビジネス環境ランキングの順位である。フィリピンはアセアン内では中位に位置しているが、GDPに占める海外投資流入額の割合ではランキングで下位に位置するカンボジア、ラオス、ミャンマーの後塵を拝しており、ランキングの順位が悪化することで投資がさらにそれらの国に流れることが危惧されていると考えられる。

　シンガポールとブルネイを除いたアセアン8か国の海外直接投資の流入額のGDPにおける割合の1985年から2019年までの推移を見ると、その傾向は3つのパターンに分けられる。1990年代から投資が集まった国（タイ、ベトナム、マレーシア）、2000年代後半から2010年代にかけて特に投資流入が拡大した国（カンボジア、ミャンマー、ラオス）、1990年代から2019年まで6％を超えたことのない投資流入が停滞した国（フィリピン、インドネシア）である。フィリピンは1986年の民主化革命と、それに続くクーデター未遂という政情不安定により、タイ、ベトナム、マレーシアのように1990年代に投資を呼び込むことができなかった。特に、1989年から1991年はプラザ合意を受けて日本からの資本が東南アジアに移動したが、政情不安定から日本からフィリピンへの投資は増加しなかった（De Dios & Williamson 2013）。政情が安定化

表1　2016年度のアセアン諸国のビジネス環境ランキング（189か国中）

国名	順位
マレーシア	18
タイ	49
ベトナム	90
フィリピン	103
インドネシア	109
カンボジア	127
ラオス	134
ミャンマー	167

出所：World Bank, 2016, Doing Business 2016, https://archive.doingbusiness.org/en/reports/global-reports/doing-business-2016, (Retrieved June 24, 2020)

図1　フィリピンとアセアン新興国に流入した海外直接投資（対 GDP%）

出所：World Bank, Foreign direct investment, net inflows (% of GDP)(Updated October 28, 2021), https://data.worldbank.org/indicator/BX.KLT.DINV.WD.GD.ZS, (Retrieved November 4, 2021).

した 2000 年代も投資は伸びず、カンボジア、ミャンマー、ラオスといった国に投資が流れている。フィリピンとカンボジア、ミャンマー、ラオスの対 GDP 比海外直接投資を比較したものが図1である。

　フィリピンでは 2007 年に反レッドテープ法が成立するなど、長らくレッドテープが課題と認識されていたものの、それへの対策は十分ではなかった。2010 年代になってフィリピンがようやくレッドテープ対策に本腰を入れるようになった背景には、2000 年代後半から 2010 年代におけるカンボジア、ミャンマー、ラオスらの突き上げがあったからであると考えられる。

２．国内要因：社会問題であり続ける雇用創出と貧困緩和

　次に、投資をめぐる国際競争の激化という変化によって、国内問題の観点からもレッドテープ削減が喫緊の課題とされるようになった背景を示す。**表 2** は、民間世論調査機関パルス・アジアによるフィリピンにおいて最も重要と思われる課題（Most Urgent National Concerns）の上位 5 位を 3 年毎に表にしたものである。上位 5 位までの課題の 2000 年から 2018 年までの変遷を見ると、その内容が 20 年間でほとんど変化していないことがわかる。

表2 「フィリピンにおける緊急の課題」の変遷

	1位	2位	3位	4位	5位
2000（3月）	経済回復	インフレ対策	貧困	賃金の低さ	国内平和
2003（8月）	経済回復	インフレ対策	国内平和	賃金の低さ	汚職
2006（2月）	インフレ対策	汚職	賃金の低さ	貧困	経済回復
2013（9月）	汚職	インフレ対策	賃金の低さ	雇用創出	貧困
2015（12月）	インフレ対策	賃金の低さ	貧困	雇用創出	汚職
2018（9月）	インフレ対策	賃金の低さ	貧困	雇用創出	汚職

出所：Pulse Asia(https://pulseasia.ph/, Retrieved September 12, 2021), Most Urgent National Concerns の項目に関する各年版の調査から。

2000年代前半に見られた国内平和の問題の重要度が下がり、2013年度の調査から新たに加わった質問項目である雇用創出の問題が加わったことを除けば、その他の項目は20年間変化がない。その多くは経済的な課題（インフレ対策、賃金の低さ、貧困、雇用創出、経済回復）である。特に2001年から2010年までのアロヨ政権期は「雇用なき成長」といわれ、経済成長が人々の生活水準の向上に寄与していないことが指摘されていた。2000年代以降の人々にとっての中心的な問題は、議会の審議で見られたようにレッドテープ削減により雇用を創出し貧困を緩和するという政治家たちの意図と一致するものである。

　このように国内では雇用創出と貧困削減がかねてから問題とされていたが、十分な解決が見られないままであった。その上、2010年代からは投資を呼び込む国際的競争の圧力の高まりにより、投資を呼び込む積極的な策を講じなければ、雇用と貧困の問題の解決がさらに困難となったのである。

V　考察：レッドテープ削減と政策への満足度との関連

　以上の議論を踏まえて、ドゥテルテ政権への人々の支持と、レッドテープ削減政策の関連を考察することで、ドゥテルテ政権の高い支持率について1つの説明を提示する。政策への人々の満足度は、ソーシャル・ウェザー・ステーションズの「特定の政策に対する国政への満足度（Satisfaction with the National Administration on Specific Issues）」調査において確かめるこ

表3 「特定の政策に対する国政への満足度」の変遷

	貧困層への支援	雇用創出	健全な経済の構築	犯罪対策	インフレ対策
2016（12月）	1位	4位	−	5位	15位
2017（12月）	2位	5位	−	11位	17位
2018（12月）	3位	−	−	9位	17位
2019（12月）	1位	−	5位	8位	16位

出所：Social Weather Stations (https://www.sws.org.ph/swsmain/home/, Retrieved August 18, 2021), Net Satisfaction with the National Administration の項目に関する各年版の調査から。
（注）「−」はその年度では該当する質問項目が調査されなかったことを示す。質問される政策項目は年度によって異なるが、2016‒2019年度は16から18の政策について質問がなされた。

とができる。**表3**は、ドゥテルテ政権期である2016年から2019年まで[8]の調査において、これまで本章が取り上げてきた内容に関係する政策に対する満足度の順位を示したものである。

　これまでの議論を考えるとレッドテープ削減をめぐる改革が目指したものが調査の中で当てはまる項目は、「貧困層への支援」、「雇用創出」、「健全な経済の構築」、である。これらの項目の満足度はいずれも5位以内の上位に位置し、ドゥテルテ政権においてしばしば注目を集める「犯罪対策」の満足度を上回る。ここから、ドゥテルテ政権の支持の高さを考察するには、これまで注目されてきた治安維持のための懲罰的な政策だけでなく、本章が論じてきた経済的な要因についても考慮する必要があることが分かる。ただし、「インフレ対策」の満足度はパルス・アジアの調査（**表2**）からも示唆されたようにいずれの年度においても最下位に近く、より構造的な問題への改革はまだ途上にあると言えるだろう。

結論

　本章では、なぜドゥテルテ政権下において行政制度改善に向けた本格的な改革が実行されたか、という問いに取り組んだ。2010年代後半からレッドテープ削減の試みが本格化した要因は大きく2点挙げられる。第一に、国際

8　2020‒2021年の調査結果はホームページ上には公開されていない。

的な要因として近隣のアセアン諸国に投資が流れないように、ビジネス環境ランキングの向上を目指す必要性の高まりが挙げられる。フィリピンは政情不安から90年代に投資を呼び込む機会を逸しており、2000年代からの海外投資はカンボジア、ラオス、ミャンマーらのアセアンの新興国に流れつつある。これらの国の突き上げにより、フィリピンは2010年代後半に重い腰を上げてレッドテープ対策に乗り出すようになった。第二に、国内的な要因として、雇用創出や貧困緩和に十分な進展が見られてこなかったことが挙げられる。雇用創出や貧困緩和に資すると期待される投資を呼び込む国際競争が激化したことで、フィリピンは国内問題の解決のために、レッドテープ削減に向けた努力をこれまで以上に行わざる得ない状況に置かれるようになった。その結果、レッドテープ削減は投資家だけでなく、多くのフィリピン国民の利便性を向上させ、彼らにとって望ましい結果をもたらしていた。このような経済面の政策は人々からの支持も厚く、ドゥテルテ政権が高支持率を維持した一つの要因として考える必要があるだろう。

　本章は、個人的な権力に基づいて、一部の人々を犠牲にしながら変革を行っているという日下が描くものとは異なるドゥテルテ政権像を示すことを目的とした。本章からは、法制度に基づいて、多数の人々の要望を吸い上げながら社会改革を行うというドゥテルテ像が浮かび上がった。ドゥテルテ政権は、日下の解釈するようなスタンスと本章で示したスタンスの両面を持ち合わせている。ドゥテルテが階層、民族、地域などを横断して多数から支持を受ける理由については、本章で示したドゥテルテ政権像も念頭に置かなければ理解が難しいだろう。

謝辞

　ビザの手続きに関してリアリティある体験談を提供いただいた中西徹氏、日下渉氏、白石奈津子氏、田川夢乃に深く感謝申し上げます。

[参考文献]

Abao, C., 2018, "Engaging Duterte: That Space in between Populism and Pluralism," In Curato, N (Ed.), *A Duterte Reader: Critical Essays on Rodrigo Duterte's Early*

Presidency, (pp. 301-318), Ateneo de Manila University Press.

コース・ロナルド著, 宮沢健一・後藤晃・藤垣芳文訳, 1992,『企業・市場・法』東洋経済新報社.

De Dios, E. and Williamson J., 2013, *Deviant Behavior: A Century of Philippine Industrialization*, UP School of Economics Discussion Papers No. 2013-03.

De Soto, H., 2000, *The Mystery of Capital: Why Capitalism Succeeds in the West and Fails Everywhere Else*, Basic Books.

———, H., 2002, *The Other Path: The Economic Answer to Terrorism*, Basic Books.

Doshi, R., Kelly, J., and Simmons, S., 2019, "The Power of Ranking: The Ease of Doing Business Indicator and Global Regulatory Behavior," *International Organization*, 73, 611-643.

Gilbert, A., 2002, "On the Mystery of Capital and the Myths of Hernando de Soto: What Difference does Legal Title Make?," *International Development Planning Review*, 24(1): 1-19.

ハッチクラフト・ポール著, 2007,「発展を妨げる汚職」, カーン・ムスターク, サンダラム・ジョモ編, 中村文隆・武田巧・堀金由美監訳,『レント、レント・シーキング、経済開発——新しい政治経済学の視点から』出版研, pp. 267-320.

カウフマン・ハーバート著, 今村都南雄訳, 2015,『官僚はなぜ規制したがるのか——レッド・テープの理由と実態』勁草書房.

Leftwich, A., 2005, "Politics in Command: Development Studies and the Rediscovery of Social Science," *New Political Economy*, 10(4): 573-607.

North, D., 1984, "Government and the Cost of Exchange in History," *The Journal of Economic History*, 44(2): 255-264.

ノース・ダグラス著, 竹下公視訳, 1994.『制度・制度変化・経済成果』晃洋書房.

Quimpo, N., 2017, "Dutert's 'War on Drugs': The Securitization of Illegal Drugs and the Return of National Boss Rule," In Curato, N. (Ed.), *A Duterte Reader: Critical Essays on Rodrigo Duterte's Early Presidency*, (pp. 145-166), Ateneo de Manila University Press.

Reyes, A., 2016, "The Spectacle of Violence in Duterte's 'War on Drugs,'" *Journal of Current Southeast Asian Affairs*, 35(3): 111-137.

World Bank, 2004, *Doing Business in 2004*, World Bank.

［行政文書］

ARTA, 2021, Statement of ARTA secretary Jeremiah B. Belgica on the National Bureau of Investigation's Arrest of Vaccination Fixers. https://arta.gov.ph/official-statements/statement-of-arta-secretary-jeremiah-b-belgica-on-the-national-bureau-of-investigations-arrest-of-vaccination-fixers/,(Retrieved April 8, 2022).

Civil Service Commission, n.d., *ARTA, A Decade of Improving Public Service Delivery*, Civil Service Commission.

Senate, 2007 (February 5). *Senate Journal Session No 62*.

————, 2017a (February 7). *Senate Journal, Session No.59.*

————, 2017b (March 7). *Record of Senate, Session No.71.*

————, 2017c (May 10). *Senate Journal, Session No.80.*

［署名新聞記事］

Arriola, C., 1988, "Facing Red Tape." *Philippine Daily Inquirer*, February 4, 1988.

Diongson, R., 2015, "Davao City Awards & Recognitions," *Davao Eagle,* January 19, 2015, https://www.davaoeagle.com/2015/01/davao-city-awards-recognitions/, (Retrieved November 10, 2022).

Palabrica, R., 2016, "Bureaucratic Red Tape," *Inquirer.net,* July 18, 2016, https://business.inquirer.net/211995/bureaucratic-red-tape, (Retrived April 8, 2022).

Ranada, P., 2016, "Duterte to Businessmen: Davao City is My Exhibit A," *Rappler,* January 14, 2016, https://www.rappler.com/nation/elections/119074-rodrigo-duterte-davao-city-exhibit-a/, (Retrieved September 25).

第4章

発展する胴元国家、生き残る違法賭博

——ドゥテルテ時代の賭博政策をめぐる人々と政治

師田 史子

制度　汚職　違法賭博　土着の道義性

はじめに

　本章は、ドゥテルテ政権の違法賭博政策を概観しながら、フィリピン社会の賭博をめぐる環境が 2010 年代においていかに変容したのか、はたまたしなかったのかを、人びとの賭博に関する言説や実践を通して検討する。フィリピンでは、アメリカ植民地期に選挙政治が導入されたのと時を同じくして、地方政治家や地方警察官が庇護する違法賭博が興隆し、コスト高な選挙政治を支える潤沢な政治資金源として社会に存続してきた（師田 2020）。特に違法数字くじは、一攫千金を夢見る大衆からの熱狂的人気と、売人を末端としフィナンサーを頂点とする精緻なピラミッド型組織による効率的な運営によって、フィリピンの日常風景の一部となった（McCoy 2009）。歴代政権はこの違法数字くじを撲滅すべく、公営賭博の充実や厳格な取り締まりを試みたものの、運営者と地方政治家、警察が構築する強固な既得権益のネットワークと社会的需要に対して、どの政策も成果をあげることはできなかった。挙句の果てには、エストラーダを筆頭に大統領権力やそのクローニーが違法賭博と癒着し、私腹を肥やす始末であった。

　100 年以上にわたって国家が撲滅することのできなかった違法数字くじ市場に変革の風を吹かせたのが、ドゥテルテ政権であった。詳細は後述するが、ドゥテルテ政権は全国の違法数字くじを合法化し国家の管理下に置くことに、ある程度成功した。この事態は、日下が序論で指摘した「腐ったシステム」の変革——非公式な人間関係が公式の法制度を侵食し、人びとの短絡的な利益にはなっても、腐敗、非合理性、非効率性を含み、長期的には公的サービ

スを蝕む土着の秩序の脱構築——の最たる例であろう（日下 序論）。そして
この日下の見方に則れば、違法賭博の取り締まり厳格化といったドゥテルテ
政権による規律的統治は、新自由主義的な価値観を内面化したフィリピン国
民自身が希求することで実現したと解釈できる。では、もしそうであるなら
ば、賭博をめぐる制度的変革は実際に、市井の人びとの賭博実践に対しても
変容をもたらしたのだろうか。国家による制度のテコ入れと、それを末端で
受容する人びとの価値観の、ズレを含んだ共鳴現象を明らかにするのが本章
の目的である。

　以下ではまず、腐敗を許さない政策方針のもとでドゥテルテによる「プラ
グマティック」な制度構築がいかに達成されたのかを論じる。そのうえで、
違法数字くじの合法化転換がいかにフィリピン社会に受け止められているの
か、ミンダナオにおける賭博実践を例に考察する。

I　2010年代の違法賭博政策

1. 国家と違法賭博の蜜月関係からクリーンな政権による潮目の転換へ

　2000年代は、違法数字くじと大統領権力が邂逅し、両者の蜜月関係の構
築が加速した、腐敗の10年であった。違法数字くじ運営者たちからエスト
ラーダへ送られた献金は少なくとも2億2,000万ペソに達し、違法数字くじ
権益は大統領の掌中に収められんとした。続くアロヨも、常に違法数字くじ
との黒い繋がりの疑惑が付きまとった。

　違法賭博と国家の腐敗がピークに達した2000年代を経て2010年に政権を
握ったのが、「汚職がなくなれば貧困もなくなる」をスローガンに掲げたベ
ニグノ・アキノⅢであった。アキノ政権はまず、違法数字くじの代替版とし
てアロヨ政権が試験的に実施していたスモール・タウン・ロッタリー（Small
Town Lottery, 以下、STLと略）を中止した。STLとは、そもそもはコラ
ソン・アキノ政権期の1987年に公営富くじを管轄するフィリピン慈善富く
じ事務所（Philippines Charity Sweepstakes Office, 以下、PCSOと略）が開
始した公営数字くじである。当時の政権は、ルソンの「フエテン（*jueteng*）」
やビサヤの「マシアオ（*masiao*）」などフィリピン各地域で微妙に異なる違

法数字くじのルールに準じた合法数字くじの促進によって違法数字くじの撲滅を狙った。しかし、STL の運営権が違法運営の隠れ蓑として用いられたり、利益が地方政治家や警察に流入したりするなど、違法運営の旧態依然とした秩序を浄化することができず、1990 年に運営停止した（*Philippine Graphic,* December 18, 1995）。この合法数字くじを再び違法賭博対策に持ち出したのがアロヨ政権だったが、またしても STL は違法数字くじ市場を縮小させるどころか、違法運営の隠れ蓑として売り上げの多くを国家ではなく既得権益者に収めることとなった（Inquirer. net, November 24, 2015）。

アキノ政権は STL に代わる公営数字くじの創出に当たり、前政権の二の舞にならないよう、腐敗の発生しない制度構築のために議論を尽くした。しかし、政権の厳しい審査によって PCSO の制度草案は毎回棄却され、結局、新たな違法数字くじ撲滅のアクションを起こすことはかなわなかった。

汚職撲滅という政権の頑なな姿勢ゆえに抜本的な改革は進展しなかったものの、アキノによる慎重な賭博政策は、エストラーダ、アロヨと 12 年もの間継続してきた違法賭博と国家権力との不健全な関係性を清算し違法賭博市場にメスを入れるのに十分な土壌を次期政権に用意したという点で、重要な役目を果たしたといえる。

2．ドゥテルテ政権期──国家の胴元化

2016 年に政権を握ったロドリゴ・ドゥテルテ大統領といえば、人権度外視の麻薬戦争の断行が悪名高い。麻薬撲滅の次の目標としてドゥテルテは、「社会の脅威と腐敗の原因になり、人びととの勤労、忍耐、倹約の価値観を損なわせる」違法賭博の撲滅を宣言した（Inquirer. net, February 10, 2017）。また、前政権期には PCSO が違法賭博シンジケートに利用され、その損益は年間 70 億ペソにも達していたと公表した。「（PCSO の腐敗した職員が）公営ロトとフエテンの両方をコントロールしている」として、ドゥテルテは政府組織内部の腐敗を撲滅するためにも PSCO の組織改革の必要性を訴えた（Inquirer. net, September 16, 2016）。

彼の掲げた違法賭博撲滅は、各政権で頓挫してきた STL を全国的に促進することで進展を見せた。ポイントは STL の運営の在り方にある。ドゥテ

ルテは、従来の違法数字くじ運営者に STL の運営権を譲渡し、PCSO 傘下の合法的な組合（Authorized Agent Corporations, 以下、AACs と略）としてシンジケートを再編成することで STL からの収益の一部を納税させる制度を構築した。運営権を得た運営者には、推定月間小売売上高（Presumptive Monthly Retail Receipt, 以下、PMRR と略）の PCSO への毎月の支払い義務を設けた。違法数字くじを営んでいた運営者たちの既得権益を完全に奪い取るのではなく、合法的な運営権利を付与し闇経済であった違法数字くじの市場をフォーマルな経済の中に位置づけなおすことで、違法数字くじの撲滅と同時に税収の拡大を図ったのである。この政策により PSCO の 2018 年度収益は前年度比 20% 増を果たし、中でも STL の収益は 66% も増加した（Manila Times, February 6, 2019）。

　STL の促進は、PCSO による雇用創出プロジェクトの最たるものでもあった。PCSO のゼネラルマネージャーは、2016 年に 11 万 2,391 人だった STL 関連労働従事者は 1 年で 120% 増加し計 27 万 4,135 人に達していると述べた上で、「STL によってフエテンが合法化されれば、労働者たちはもう警察官とかくれんぼをする必要はない。彼らは今、（雇用の）尊厳を手に入れたのである」と STL 促進の正当性を語った（Inquirer. net, November 18, 2017）[1]。

　違法数字くじは、国家に利益を吸い上げられることなく運営できる「違法性」が運営者や運営を庇護する権力者に莫大な富をもたらしてきたからこそ、100 年以上にわたって国家の管理を逃れ続けてきた。その違法数字くじ運営者たちが STL という合法賭博への鞍替えを受け入れた背景には、国家の管理下での合法運営を選択する合理的理由がそろったことが挙げられる。まず、就任当初ドゥテルテは超法規的な手段をいとわずに違法賭博を撲滅させるという強硬姿勢を示すことで、違法運営継続のデメリットを突き付けた。反対に、法的手続きに則って PCSO の組合になれば、生業の安全は国家に保障され利益も安定することをシンジケートに知らしめた。生業を暴力的に阻害

1　2016 年に改訂された実施規則には STL 労働者の賃金や給与が規定されていないが、ゼネラルマネージャーによると、売人は配当金の一部分配に加え、7,000 ペソから 8,000 ペソを得ており、PhilHealth（公的医療保険）と Social Security System（社会保障制度）に加入しているという（Inquirer. net, November 18, 2017）。

されうるリスクと比べれば、国家に「テラ銭」を支払うことは大きな損失にはならない。国家の傘下に入ることで違法数字くじ運営者たちが獲得するメリットの提示と、国家と賭博運営者双方が利益を保有できる関係性の展開は、歴代の諸政権とは一線を画す戦略であった。

　また、STL 転換政策の目的は違法運営の換骨奪胎に留まらず、国営賭博の推進という側面が隠されながらも含まれていた。かつて違法数字くじの運営がなかった地域にも STL のフランチャイズ権が振り分けられ、その販路は拡大の一途をたどった[2]。「税金を払えば死ぬまでギャンブルしても構わない」（Mindanews, August 24, 2016）という発言からも、ドゥテルテの賭博政策とは国内の賭博の削減ではなく、違法な営みを合法化し国家の直接的な規制の下に再配置する目論みであったことがうかがえる。旧違法運営シンジケートは合法運営に転換することで既存の販路を維持するだけでなく、国家による数字くじ促進の恩恵にも授かった。

　こうした違法賭博政策の順調な進展には、「規律を求める（中間層を中心とした）国民」と「違法数字くじの既得権益所有者」双方に誠実さを保つ姿勢が有効に作用した。まず、ドゥテルテはクリーンな合法数字くじ運営の実現に労を惜しまぬ態度を示した。2018 年に中央ルソンのフエテン運営者ロドルフォ・ピネダによるダミー企業の STL 運営疑惑が浮上し、その後 PCSO 内部による大規模汚職や退役軍人、警官への贈賄が絡んだ AACs の脱税が発覚すると、2019 年 7 月 26 日、政府は 3 万店舗を超える全国の STL を一斉に停止した（Inquirer. net, July 27, 2019）。ドゥテルテは、「裁判所までをも含めたすべてが大規模な腐敗に加担している」（Gulf News, July 29, 2019）と訴え、「汚職をなくし、将来的にも生じないシステムを構築し、STL 運営のグレーゾーンがなくなるまで」、STL の運営を停止すると発表した。再開にはおよそ 1 ヶ月を要した。再開に当たって、PCSO へのデポジットの支払いを ACCs に義務化し、不正発覚の場合にはデポジットと運営権

2　例えば、フエテンや他の賭博が存在していなかったオーロラ州にも STL が導入され、教会や地方政治家、住民が反対運動を起こした。「(STL は) 単なるフエテンだ。人びとが農業や漁業で一生懸命稼いだ金を吸い上げようとしている。賭博文化を創り出そうとしている」と州知事は強く反対の意を示した（Inquirer. net, June 1, 2017）。

を没収するという、汚職に対する具体的な対抗策を講じた（Inquirer. net, August 23, 2019）。集権化した合法数字くじ運営内部の腐敗に対し迅速かつ厳格に対応し、違法行為を徹底的に排除する行動力を顕示することで、国家による賭博利益の適正利用、ひいては国家による数字くじ運営の必要性──賭博利益が税金として国家に寄与する重要性──を間接的に国民へ訴えかけた。

　長い歴史を経て築き上げられた違法数字くじの社会秩序に対しても、ドゥテルテはプラグマティックな態度を示した。多くの違法運営ネットワークがSTLの合法運営に転換したものの、違法性が生み出す利益を独占しようとするシンジケートも残存した。この状況を鑑みてドゥテルテは違法数字くじ産業の強靱な仕組みを「一番成功しているネットワークだ」と評した。そして、多くの貧困層が違法数字くじの売人として生計を立てている事実[3]を踏まえた上で、売人の代替となる生計手段を提供できるようになるまで弾圧の手を緩めるという見解を示した（Inquirer. net, June 26, 2019）。「フエテンは違法だ。許されない」とし、将来的な撲滅を目標としながらも「もし（フエテンの売人以外の）仕事が見つからなければ、薬物売買がその代わりになる」事態を危惧し、暴力的な弾圧には乗り出さないと述べた（Inquirer. net, June 28, 2018）。麻薬と賭博を天秤にかけ、より小さな悪である違法数字くじの存在意義を半ば認めたとも読みとれる。連綿と構築されてきた違法数字くじの秩序と、その秩序を拠り所として生存を維持してきた人びとに対し、漸次的かつ現実的な対処を模索する姿勢は、賭博運営を統括するにふさわしい庇護者としてのドゥテルテ自身の素質を示すことにも繋がった。

　数字くじに限らず、カジノやオンラインカジノに対しても、ドゥテルテは「嫌悪」を表明こそすれ、税金として国益に寄与するのであれば容認すると

3　2019年のSTL運営全国一斉停止は、およそ70万人のSTL売人とその家族に影響を及ぼしたという。停止期間中の収入源が立たれた売人の中には「シャブを売るよりはましだ」といってフエテンの売人に戻っているとの報道もなされた（Inquirer. net, August 2, 2019）。生存維持の手段として数字くじ販売の仕事を必要としている人口は大きく、国家や運営シンジケートの都合に振り回される彼らの生業は合法であれ違法であれ不安定である。注1にて言及したSTL売人の社会保障の整備は、原が批判的序論で指摘した公助による福祉制度拡充の例に当てはまるだろうが、実効性があったとは言い難い。

いう方向性を保った（Inquirer. net, August 25, 2016）。中国人の運営する違法オンラインカジノへの強制捜査や、汚職を働いたPagcor（フィリピン娯楽ゲーム公社）職員の解雇など、賭博と政治の腐敗関係には厳格な対応を取りつつ、合法賭博の拡大を黙認した（Inquirer. net, November 29, 2016, December 5, 2016; Philstar Global, May 21, 2018）。

　以上のように、ドゥテルテ政権は、賭博市場全体の規制と賭博運営の制度化を推し進めてきた。これは、歴代の政権がなし得なかった「国家の賭博胴元化」、つまり国内のあらゆる賭博——富裕層におけるカジノから大衆における違法数字くじまで——から、国家が「テラ銭」を確保するシステムへと向かう、強力な歩みであったといえる。この胴元化の進展には、ドゥテルテ自身の義賊的性格（*cf.* 日下 2018）だけでなく、プラグマティックな制度構築とその遂行が大いに寄与した。ドゥテルテは、国家に税収として寄与する汚職のない合法数字くじ運営を目指すことで国民に「誠実さ」を示すとともに、既存の数字くじ運営の秩序に大きく介入することなく合法運営を促進することで、自らがシンジケートの庇護者に成り代わろうとした。こうしたバランス感覚に基づいた制度構築によって、ドゥテルテ政権の数字くじ合法化政策は一定の成功を見せた。

II　賭博政策の実際的影響

　ドゥテルテ政権による違法数字くじのSTLへの鞍替えは、国家が数字くじ市場の胴元になるという制度上の大転換であった。では次に、この制度的大転換が賭博をめぐる社会に与えた実際的影響について、ミンダナオの人びとの事例から考えていきたい。以下で紹介する事例は主に、ミンダナオ中部の地方都市K市と稲作農村R町、ミンダナオ第2の都市ディゴス市にほど近いS町、ミンダナオ南部の漁村B村における現地調査から得たものである。

1．ミンダナオの数字くじ事情概観——ドゥテルテ政権以前
　ルソン島のフエテンを筆頭に、フィリピン各地で各シンジケートが大衆の娯楽として違法数字くじを運営し巨大な闇経済を築き上げてきた中、ミンダ

ナオでは「ラストトゥー（*last two*)」がその地位を担っていた。ラスト
トゥーとは、PCSO の抽せんする公式数字くじの下 2 桁あるいは 3 桁を当て
る賭博である。調査地において、ラストトゥーは、老若男女問わず幅広い層
の人びとに日々購入されていた。ラストトゥーを実施販売する組織的なネッ
トワークが各地に張りめぐらされており、そのネットワークの最末端である
売人が人びとの生活圏内のどこにでもいるという点や、数字 2 桁を選ぶだけ
というルールの簡単さ、5 ペソから賭けられる手軽さが、人気を博す理由で
あった。「ギャンブル王（gambling lord)」と称されるフィナンサーを頂点
として、売人（*tayador*)が人びとから賭け金を収集し、その金をピラミッ
ドの中間に位置する取りまとめ役（centralizer）を通してやり取りするのが
伝統的な運営の仕組みであった。以下はある売人の例である。

【事例 1】売人ダニーの仕事
　　ダニー（50 歳代男性）は、マリタ町（西ダバオ州の州都）出身のム
　スリムで、現在は妻の実家のある B 村に暮らしている。当時、糖尿病
　で足を痛めたために本職である漁業に出られず、その間は B 村でラス
　トトゥーの集金をしていた。集金した中で当せん者がいればその配当金
　の 30% がダニーの収入になる。集めた賭け金は B 村の中心部にある雑
　貨屋にもっていく。自分が売ったくじの中から当せん者が出た場合も、
　雑貨屋にその配当金をもらいにいく。自分の売っているラストトゥーの
　フィナンサーがどこの誰なのか、ダニーは詳しく知らない。（2015/8/12、
　B 村）

　　末端の売人の収益は地域や組織によって異なっていたが、B 村で 2015 年
に売人をしていたダニーの場合は、基本的には日々のくじの売り上げから得
られる数%の利益を稼ぎとし、臨時収入として自分が売ったくじの配当金の
30% の金額を得ていた。ダニーのような売人は看板こそ掲げていないものの、
地域住民はどこでラストトゥーが購入できるのか、誰がラストトゥーを売っ
ているのかを正確に把握しているため、買いたいときに売人のもとへ赴いた
り、逆に売人が常連客のもとに赴いたりしていた。売人は購入者が賭けた数

字と金額、日付、売人のサインを手書きした紙を購入者に渡し、当せん者は
その紙を売人に提示し、配当金を受け取っていた。

　また、2015年から2016年にかけて売人をしていた20歳代女性は、以下
のように語った。「（フィナンサーは）警察には月5万ペソの賄賂を渡してい
たらしい……お金があればラストトゥーは誰でも運営できる……ミンダナオ
全体でくじを売っている大規模なラストトゥー運営者が警察に渡す賄賂は私
たちの比じゃない、豚の丸焼きをあげたりもしていた」（2018/10/13、S町）。
当時、運営は村レベルの小規模なものから島全体を商圏とする大規模なもの
までさまざまであった。ドゥテルテ政権以前は、ラストトゥー運営への参入
は、配当金などの資本金が用意できれば夫婦や家族単位でなせるほどに容易
なものであり、さらに警察権力からの庇護を受けるに足る賄賂が用意できれ
ば、運営組織を拡大させることも不可能ではなかった。

2. 急速に進む合法化——ミンダナオにおける数字くじの現状

　2017年以降、ドゥテルテによる賭博規制の強化はミンダナオにも迅速に
適用され、上述のような違法運営は大きく方向転換を強いられた。2018年
初頭から、調査地各地ではPCSOのマークと「公認販売代理店」という赤
文字を掲げた黄色く目立つSTL売店が幹線道路沿いに点々と建ち始めた。
この時期に、従来の大規模ラストトゥー運営者が地域ごとのAACsに再編
され、組合としてSTLのフランチャイズ権を得て納税をする仕組みが確立
したようであった。

　2018年8月には、各調査地のラストトゥー売人のほとんどが、黄色い売
店に立つSTLの売人へと転身していた。フィナンサーから売人まで、運営
を実際に担う人員は何も変わらず、看板を掲げずにくじを売っていた「違
法」な業務形態が、納税の義務を請け負うことで公式の看板を掲げることの
できる「合法」な業務形態へとがらりと変貌を遂げた。

　STLへの転換は、くじ販売と運営のデジタル化を進展させた。従来、紙
切れに手書きで記されていた購入数字のレシートは、地域を管轄する組合名
が書かれたレシートになり、順次電子機器によって印字されたバーコード付
きのレシートへと変わった。この電子機器はスマートフォンにレシート印刷

機を搭載したようなもので、どの数字にいくら賭けるのかを入力しレシートを出力するほか、販売地域内の各数字の売り上げ状況などを売人が一目で確認できるよう情報を集約する機能をもつ。売人はこの機械を用いて、どの数字が売り切れなのかを顧客に即座に伝えることができる。

こうした合法化に伴う数字くじ市場の近代化は顕著である。売店が立ち並ぶことで、購入者は以前にもましてくじ購入が容易になった。販売ネットワークのデジタル化によって、運営者はより合理的、効率的に売り上げを管理することが可能になった。数字くじの合法化は、国家による制度構築の近代化だけでなく、賭博運営の手法の近代化を推し進めることにも一役買った。

しかし、2桁あるいは3桁の数字に賭けるというルールや抽せん頻度など、従来のラストトゥーの富くじとしての性質に大きな変化はみられなかった。ラストトゥーの人気の源である単純なルールと低額な賭け金、頻繁な抽せん回数という特徴がほとんど変化を加えられず保たれることで、合法化に伴う購入者数の低下を防いでいた。さらに、オッズや売人の顔ぶれにも変化がほとんどないため、新たな違法運営者が参入し競合する余地も極めて少ないように見受けられた。

一方、調査地における購入者たちの日々のくじ購入はというと、支障をきたしている様子はなかった。彼らの認識は、STLへの急激な転換劇はラストトゥー運営者が納税をするか否かの差でしかないという冷静なものであった。「違法でも合法でも（購入する）私たちには何も関係ない。STLに変わったのは国が税金を取りたいからでしょう」（50歳代女性、2018/8/29、K市）、「今のSTLは違法が合法になっただけ、隠れなくなっただけ。メイヤーもポリスも賄賂ではなく税金という形で金をもらっている。チャリティーになるという理由でドゥテルテが緩くしただけ。今でも既得権益は変わらない」（50歳代男性、2020/12/28、K市）という発言の通り、購入者たちの間でも、今回の合法化によって国家が意図しているものは賭博から税金を取り管理下に置くことであるとの理解がなされていた。

また、合法化政策は国民に利益が分配される仕組みだと評価する者もいた。以下はK市で不動産業を営む男性（50歳代）の発言である。「ドゥテルテは、国民のためにならないことはしない。ドゥテルテがダバオ市長だった時、ダ

バオには市長に近い存在のラストトゥーのフィナンサーがいたんだ。でも、彼らのしのぎは多くの人びとを食わしていた。何より、その仕組みを変えるほうが、無駄な金がかかった。だからドゥテルテは、イリーガルなままにしておいたんだ。ドゥテルテは、（賭博の利益が）人びとのためにならないと許さない。STL に俺たちが賭けるのも、間接的に（弱者のために）税金を払ってるのと同じだよ」(2019/12/27)。この男性は、違法か合法かはドゥテルテの関心外であり、国民の利益に繋がるか否かが賭博運営の是非を分かつと解釈し、合法化政策を支持していた。賭博の良し悪しについては、人のためになるかどうかという基準を満たすことが肝要であって、ラストトゥーの法的位置づけが変更されることには何ら重きを置いていないようだった。弱者の助けになる事業であれば法制度の枠組みを度外視するという、仁義を優先するドゥテルテの義賊的な姿に、賛同の意を表する人びとも多かった。

3．規律、管理の強化と人びとの反応—— STL 転換過渡期

　以上のようにミンダナオの違法数字くじは、表面的には、合法数字くじ STL へ劇的に転換した。では、こうした環境変化はいかにもたらされたのか。今まで野放しになっていた違法賭博に公権力が触手を伸ばした結果、人びとがどのような反応を示したのかについて、STL 転換過渡期の事例から明らかにする。なお、以下の事例では、人びとが意図的に「STL」と呼称した場合を除いて、STL 転換後の数字くじも「ラストトゥー」と表記する。調査地では、STL として売買されている数字くじも含め、2 桁の数字に賭ける数字くじは依然として、総じてラストトゥーと呼ばれているためである。

　ドゥテルテが政権を握った 2016 年以降、各調査地における違法運営は苦難の状況にあった。大統領の掲げる「違法賭博撲滅運動」は、「警察による取り締まりの厳格化」という目に見える形で、ミンダナオの地方社会の日常にも影響を与えた。今までは何の危機感も抱くことなく日常のルーティンとしてラストトゥーを購入していた人びとの間で、公権力への「恐れ」が見受けられるようになったのである。ラストトゥーだけでなく、他の違法賭博に興じる人びとにも同様の事態がうかがえた。

【事例2】 ラストトゥーはない

　R町ではラストトゥーにみんな賭けているのかと筆者が聞くと、ロイ（20歳代男性）は、「ここの人達は、ラストトゥーはしないよ。ポリスが厳しいし、何よりドゥテルテが怖いからね」と返答する。（2017/8/12、R町）

【事例3】 真夜中のハンタック

　朝4時すぎ、K市中心部を通るハイウェイ脇で、「*hari, patay*（表、裏）」という声を響かせながらハンタック（コイン賭博）をする人びとを見たとニック（50歳代男性）がいう。「彼らは夜遅くから始めて早朝まで賭けるんだ。日中はポリスにつかまってしまうからね。タゴタゴ（*tago tago*、隠れる）だよ」という。（2017/9/13、K市）

　「ポリスが怖い」という彼らの発言は、ドゥテルテの厳格さへの恐れに起因している。調査地の人びとの間で、大統領就任以降のドゥテルテは「ストリクト」、厳格だという表象が頻繁になされていた。ダバオ市長時代の治安改善政策など目を見張る彼の活躍と成果が肌で感じられたミンダナオ地方では、ドゥテルテは圧倒的な人気を博していた。各調査地も例外ではなく、人びとはドゥテルテにその厳格さをもって、常態化したフィリピン社会の腐敗を改革することを期待していた。

　そんな彼の厳格さを日常生活で実感する出来事の一つが、警察の違法賭博取り締まり強化だった。事例2のR町では、ドゥテルテ以前、ラストトゥーは公然と実施されていた。事例3におけるハンタックも、ドゥテルテ以降、幾度か警察に検挙されたために、夜な夜な隠れて行われていた。調査地において、警察は見せかけではなく実際に違法賭博の取り締まりを厳格化し、以前は注力していなかった賭博行為の管理に権力を行使するようになった。

　警察という日常的に接する機会のある身近な存在が違法行為に対して実際的に権力をふるうようになったこと、その背景にドゥテルテの厳格性が想起されることで、人びとは当たり前のように続けてきた賭博が「違法」行為であることを認識しだした。結果、権力を恐れるがゆえに中止したり、警察に

隠れて続けたりといった行動変容がもたらされていた。他方で、違法であること、警察がその権力を行使しうることを認識した上で、その権力を飼いならすような態度も確認された。

【事例4】警察へのわいろ

　R町ではラストトゥーは禁止らしい、K市ではラストトゥーは禁止じゃないのか、と尋ねると、「禁止ではない」とニックがいう。曰く、「フィナンサー達はポリスに毎週300ペソを払えばいい。この村では、公立高校の隣の家の主人が売人として、依然としてラストトゥーを売っている。でも、ポリスにお金を払わないフィナンサーは逮捕されてしまう。実際に9月14日は市中心部のラストトゥーの売人が逮捕されたから、タヤ（taya、賭け）はなかった」（2017/9/14、K市M村）

　ニックの村においても違法賭博の認識は高まっていたものの、人びとはラストトゥーが売られていれば、それを購入することに何も罪悪感を抱いていないようだった。警察権力が出資者から金銭を授受し続ける限りラストトゥーの運営には庇護が与えられている、という安心感をもたらす事実を皆が共有していた点が理由の一つとして挙げられるだろう。警察への賄賂を怠ることで売人が逮捕されたという話も、贈賄の実態の信憑性を高める結果となっていた。事例4のK市内のラストトゥー運営に警察が直接かかわっていたのか、真偽は確かめられていない。しかし、噂としてそのような事態が広まっているだけで、購入者も末端の売人も権力を恐れる必要性から解放されていた。

　さて、事例4における売人の逮捕は市街地での出来事であり、人びとも「賄賂を怠ったから仕方がない」と噂話程度に一蹴していた。しかし、そこに身近な人物が関連すると事態は一変した。

【事例5】町内のラストトゥー売人が捕まる

　ロイは「ない」といったものの、実はR町にも依然としてラストトゥーの売買はあった。しかし、R町のラストトゥーの売人が2017年

9月13日に逮捕されてしまった。彼女は保育所の先生であった。私服警官が子どもをおとりとして遣い、彼女のもとにくじを買いに行かせたところで足がついたのだという。彼女のフィナンサーはR町に住んでいるにもかかわらず一時保釈金を払ってくれず、彼女は20万ペソとも噂される金額を自腹で払ったという。公務員である先生の仕事はクビになり、さらに借金もできてしまった。

　長年売人をしていた女性が捕まった理由として町で噂されていたのは、R町にポリスが新しく任命されたからだという話である。新任のポリスは町にまだコネクションがなく、賄賂や人脈を築いていなかったために、今回のような逮捕者が出てしまったのだと人びとは分析する。

　この逮捕劇は一大ニュースとして町中を駆けめぐった。個人宅で隠れて行われているトンギット（トランプゲーム）に対してもポリスからの警告がなされた。村の管轄の下で時間制限を設けて行われているビンゴも、警告は受けていないものの、参加者たちがおびえてしまい、開催されなくなった。（2017/9/14、R町）

　町に根付き賄賂を受け取ることでラストトゥーを見逃してくれていた警官から新任の警官に変わり、庇護を失ったことで売人は逮捕されてしまったと人びとは推理していた。注目すべきは、「違法行為に加担していたのだから当然の帰結である」という論理で売人を責める発言をする者は一人もいなかったという点だ。むしろ人びとは、何もわかっていない新任警官の横暴であると非難したり、ラストトゥーの仕組みの中で末端に位置し脆弱な立場にある女性に対して、上司である出資者が救いの手を差し伸べずトカゲのしっぽ切りをしたことに憤慨したりした。人びとは、違法賭博に与していた売人に対してではなく、連綿と続いた町の秩序を改変した新任警官と、パトロンとしての義務を放棄した出資者の無慈悲な行為に、「正しくなさ」（*dili maturong*）を見出していた[4]。

4　これは、「日常的な接触と交渉の生み出す親密な関係がスラムを紡ぎ出し、生存という道徳を支柱として善悪の混濁する状況を維持してきた」という第6章の西尾（p.170）の考察と重なる。

以上が、ドゥテルテ政権による違法賭博撲滅強化期、STL 転換の過渡期に調査地で観察された、取り締まり厳格化に伴う人びとの対応である。法の定めで警察が行使するようになった権力は、確かに自らを脅かす危険として認識されていた。人びとはこの権力に対して、従う、隠れる、飼いならす、恐れる、あるいは恐れないといった複層的な態度で応じ、権力に脅かされながらも一部では賭博を続けた。

　しかし、事例はほんの一部だが、各調査地ではこの期間において、法が定める合法／違法の境界線が、人びとの賭博参与に大きな変容を促すような影響を与えていないようであった。警察権力への恐れは露呈したものの、「違法賭博に興じる」ことが、すなわち「悪しき行為」であるという等式が人びとの間で必ずしも成立するには至らなかったということだ。むしろ、法を順守する警官による正当な取り締まりは、「違法」だが日常の一端と化している賭博の営みと秩序を破壊する行為として、人びとの怒りを生起させていた。

4. 違法運営の崩壊と維持──STL 転換以降の様子

　さて、上述のような売人の逮捕劇や警察の圧力強化を経て、調査地の K 市や R 町では STL への転換が進展した。2018 年の調査時には、贈賄をしていた両地域の違法運営者は STL の公式組合への加入に至り、売人は STL を売り、人びとは STL を購入するようになった。従来までのラストトゥーの営みは、看板を合法賭博に変えて地域内で維持された。

　反して、ラストトゥーの売買が STL の売買へと単純に転換されなかった地域もある。本節では、STL が各地に安定供給されるようになった 2019 年以降の事例から、合法化が一筋縄ではいかない実態を簡単に述べる。

　まず、他の調査地に比して地理的にも社会的にもミンダナオの周縁に位置する B 村である。辺境の村であっても、2015 年の調査時には事例 1 のようにラストトゥーの売人は村内におり、売人や雑貨店を介して容易にくじを購入できていた。しかし、2019 年 10 月の調査時には、「ラストトゥーはもう村では買えなくなった。捕まってしまうから。フィエスタ（祭り）の闘鶏も闘馬もなくなった、取り締まりが厳しくなった」（80 歳代男性）。STL 転換期における運営者の組合再編の際に、村内での違法数字くじ売買は消滅し、

寒村であるB村にSTLの売店が建てられることもなかったのである。「村にはまだ組合が入ってきていないから、STLがない」（40歳代男性）という。

村内でくじ売買が不可能になったため、先の80歳代男性は、以前まで日課としていたラストトゥー購入を辞めざるを得なかったという。STLの売店は、B村より栄えた隣村には確認された。しかし、B村からは徒歩で1時間ほどかかり、村の人びと、特に高齢者が頻繁に賭けられる状況ではなかった。B村は、STLへの転換によって違法な数字くじ売買が禁止され、STLの売買が開始されることもないという事態に陥った。以前までのラストトゥーの営みがぱったりと消失した。

違法数字くじが忽然と姿を消した地域もあれば、STLと競合しながらしぶとく違法運営を続ける事例もあった。それがS町における例である。S町では、2019年の調査時、STLの売店が各地に建っており、STL販売機を携える公式の売人からくじを直接購入したりスマートフォンのテキストメッセージで購入を依頼したりする光景が当たり前になっていた。そのような状況下にて、違法なラストトゥーの売買も確認された。

【事例6】ラストトゥーの違法運営

「俺の今の仕事はこれだ」といって、ジャンレイ（40歳代男性）がスマートフォンの画面を見せてきた。数字が複数書かれたテキストメッセージであった。ジャンレイは現在、違法なラストトゥーの売人のまとめ役である。本格的に運営が始まったのは2020年1月31日だという。「まだ売人は12人だけど、今後運営を拡大していく。S町には売人はまだいなくて、ディゴスに4人、山間部の隣町に2人、他の山にもいる。顔を見たことのある人もいるけど、テキストや電話だけで、知らない人もいる。あんまり顔を知られるのはよくない。フィナンサーがばれて捕まってしまうかもしれないからね。でもここら辺に住んでいる人達は知り合いだし、ポリスにチクる心配もないから大丈夫」とジャンレイは語る。

フィナンサーは、ジャンレイの家の斜め向かいの豪邸に住むジャンジャン（30歳代男性）だという。ジャンレイ曰く、「ジャンジャンが副

業で始めたんだ。ジャンジャンのお父さんはSTLの組合に入っている
マネージャーで、雇ってる売人は100人以上いる。毎月30万ペソの利
益が上がるらしい。売人は1日300ペソの固定給にしているって。ジャ
ンジャンが始めたのはイリーガルのラストトゥーだ。お父さんとは別の
収入源が欲しくなったんだって。ジャンジャンのお父さんはいろいろな
人とコネのある「ビッグ・マン（dakong tao）」だから、簡単に捕まる
ことはないよ。政治家とも知り合いだし。イリーガルの運営は売り上げ
の20%が売人の収入になるんだ。だからみんな頑張って「賭けるかー、
賭けるかー」って呼びかけて売り歩くんだよ。俺たちのラストトゥーは、
1日1万2,000から1万5,000ペソの売り上げになる。1日で10万ペソ
に達したこともあったよ」。

　この配当金の設定がラストトゥー運営のキモであるとジャンレイは教
えてくれる。「STLは10ペソの賭けで配当金が700ペソだけど、イリー
ガルなら自由に設定できる。俺たちのラストトゥーは720ペソに設定し
てるんだ。みんなが賭けたいと思う金額を配当しないといけない」。

　売り上げ表を見せながら「日本で見せる分には何も問題ないけど、こ
こでばれたらまずいから、フィリピンでは見せないでね」とジャンレイ
は付言する。（2020/2/6、S町）

　S町では、なんとも大胆に違法運営が行われていた。しかし、S町内でく
じを売りさばくのではなく、人口が少なくSTL売り場の少ない山間部や、
逆に人口が多くSTLと競合しやすい都市部に売人を雇い、拠点をS町に置
く形で運営していたという点からは慎重さも読み取れる。ジャンレイが売り
上げ表をフィリピン国内では見せびらかさないよう釘を刺したのも、警察に
捕まらないための一応の用心であった。

　この事例からは、ジャンジャンの違法運営を可能にしていた条件が2点指
摘できる。第一に、警察権力に目を付けられることのない環境がすでにある
こと。出資者のジャンジャンは、警察や政治家と繋がりのあるS町の権力
者でSTLの運営権も有している父親の力を借り、その影に隠れることで違
法運営に着手していた。第二に、STLと競合しうる環境を整えること。ジャ

ンジャンによる運営の仕組みは、合法な数字くじの売人になり固定給を得る
よりも、自助努力によって高額な収入が得られる可能性のある労働環境を売
人に用意していた。また、STL よりも高額な配当金を設定することで、違
法なラストトゥーの購入を人びとが選択しうるインセンティブを作っていた。

おわりに

　違法数字くじを目に見える形で合法化させたという点で、2010 年代の違
法賭博政策は確かに従来の制度に大きな変革をもたらした。違法賭博取り締
まりは調査地において粛々と厳格に進展したし、ドゥテルテによる「腐った
システム」の抜本的変革は、序論で日下が論じたように、賭博管理の文脈に
おいても人びとの支持を得ていた。

　しかし、制度の変容と国家による規律管理の強化は、賭博運営組織に対し
ては大きな方向転換を迫ったものの、大衆の賭博実践に劇的な変容をもたら
したかというと必ずしもそうではなかった。公権力が行使される実態を認識
し、日常が脅かされながらも、賭博に興じる人びとは合法であれ違法であれ、
最終的には供給される賭博に興じ続けた。違法賭博を取り締まる警察に対す
る彼らの怒りは、法的な合法性ではなく道義的な正しさという、国家権力と
は別次元の価値基準によって賭博実践が人びとの社会倫理の中に埋め込まれ
てきた実態を反映している。

　ドゥテルテ政権によるプラグマティックな制度構築をもってしても、違法
運営への抜け道を完全にふさぐことはできなかったという事実は強調してお
かなければならない。事例 6 のような STL の合法性を隠れ蓑とした違法数
字くじの運営は、筆者の調査地のみならずフィリピン各地で確認されている。
この形態はドゥテルテ政権時代以前から違法賭博運営者が採用してきた方法
である。大統領選挙が近づいた 2021 年 1 月にはラグナ州で 19 人の違法
STL 売人が逮捕され、同年 5 月にもセブ市で STL の違法売買の一斉検挙が
報じられた（Inquirer. net, January 24, 2021, May 18, 2021）。現 PCSO 議長
は、手ぬるい法施行によって違法数字くじが温存されていると認めている
（Inquirer. net, August 30, 2022）。

　違法賭博の利潤を欲する人びとが存在する限り、それを可能にする「腐っ

愛読者カード

このたびは小社の本をお買い上げ頂き、ありがとうございます。今後の企画の参考とさせて頂きますのでお手数ですが、ご記入の上お送り下さい。

書 名

本書についてのご感想をお聞かせ下さい。また、今後の出版物についてのご意見などを、お寄せ下さい。

◎購読注文書◎   ご注文日   年   月   日

書　　　名	冊　数

代金は本の発送の際、振替用紙を同封いたしますのでそちらにてお支払いください。
なおご注文は TEL03-3263-3813 FAX03-3239-8272
また、花伝社オンラインショップ https://kadensha.thebase.in/
でも受け付けております。（送料無料）

郵 便 は が き

１０１−８７９１

５０７

料金受取人払郵便

神田局
承認

7148

差出有効期間
2024年10月
31日まで

東京都千代田区西神田
2-5-11 出版輸送ビル2F

㈱ 花 伝 社 行

|‖|ı|·|ı‖ı|‖‖|ıⅡ|ı·‖·ı|·ı|·ı|·ı|·ı|·‖·ı|·‖|

ふりがな お名前		
	お電話	
ご住所（〒　　　） （送り先）		

◎新しい読者をご紹介ください。

ふりがな お名前		
	お電話	
ご住所（〒　　　） （送り先）		

たシステム」は社会に生き続ける。そしてこの構造を末端で支えるのは、合法／違法の枠組みにとらわれることなく連綿と数字くじを売り、賭け続ける、市井の人びとである。

[参考文献]

日下渉，2018，「国家を盗った義賊——ドゥテルテの道徳政治」外山文子・日下渉・伊賀司・見市建編『21世紀東南アジアの強権政治——「ストロングマン」時代の到来』明石書店，109-147.

師田史子，2020，「フィリピンにおける賭博の規制・管理の過去と現在：違法数字くじをめぐる政策の変遷」『アジア・アフリカ地域研究』20(1): 1-31.

McCoy, A. W., 2009, *Policing America's Empire: The United States, the Philippines, and the Rise of the Surveillance State*, University of Wisconsin Press.

[雑誌]

Philippine Graphic, December 18, 1995, "Corrupting High Society".

[オンライン新聞記事]

Gulf News, July 29, 2019, "Philippines: Illegal Numbers Game Nets $1.4 Billion Annually", (https://gulfnews.com/world/philippines-illegal-numbers-game-nets-14-billion-annually-1.1564381995821).

Inquirer.net, November 24, 2015, "PCSO: STL Operators Owe P2.9B in Taxes", (https://newsinfo.Inquirer..net/741809/pcso-stl-operators-owe-p2-9b-in-taxes).

————, August 25, 2016, "Duterte: Online Gambling May Return if Firms Pay Correct Taxes; Outlets are Located Far from Churches, Schools", (https://newsinfo.Inquirer..net/809534/duterte-online-gambling-may-return-if).

————, September 16, 2016, "Duterte: Corruption in PCSO under Aquino Term Cost Gov't P7B a Year", (https://newsinfo.Inquirer..net/816065/duterte-corruption-in-pcso-under-aquino-term-cost-govt-p7b-a-year).

————, November 29, 2016, "BI to Deport 1,318 Overstaying Chinese in Illegal Online Gambling", (https://globalnation.Inquirer..net/150240/bi-deport-1318-overstaying-chinese-illegal-online-gambling).

————, December 5, 2016, "Jack Lam has left PH", (https://newsinfo.Inquirer..net/850649/jack-lam-has-left-ph).

————, February 10, 2017, "Duterte Orders 'Intense Fight' vs Illegal Gambling", (http://newsinfo.Inquirer..net/870200/duterte-orders-intense-fight-vs-illegal-gambling).

————, June 1, 2017, "Aurora gambling-free no more". (https://newsinfo.Inquirer..net/901493/aurora-gambling-free-no-more).

─────, November 18, 2017, "STL Biggest Employer in Gaming Sector, PCSO Exec says", (https://newsinfo.Inquirer..net/945858/stl-biggest-employer-in-gaming-sector-pcso-exec-says).

─────, June 28, 2018, "Duterte Says Illegal Drug Trade May Worsen if Jueteng is Stopped", (https://newsinfo.Inquirer..net/1005275/duterte-says-illegal-drug-trade-may-worsen-if-jueteng-is-stopped).

─────, June 26, 2019, "Duterte Prefers 'Jueteng,' Says It's Lesser Evil Compared to Drugs", (https://newsinfo.Inquirer..net/1134491/duterte-prefers-jueteng-says-its-lesser-evil-compared-to-drugs).

─────, July 27, 2019, "Duterte Stops All PCSO Gaming Activities Including Lotto, STL", (https://newsinfo.Inquirer..net/1146834/duterte-stops-all-gaming-activities-including-lotto-stl).

─────, August 2, 2019, "Jobless STL Collectors Mull Return to 'Jueteng'", (https://newsinfo.inquirer.net/1149022/jobless-stl-collectors-mull-return-to-jueteng).

─────, August 23, 2019, "Duterte Lifts STL Suspension", (https://newsinfo.Inquirer..net/1156652/duterte-lifts-stl-suspension).

─────, January 24, 2021, "19 Suspected Illegal STL Bet Collectors Nabbed in Laguna", (https://newsinfo.inquirer.net/1387635/19-suspected-illegal-stl-bet-collectors-nabbed-in-laguna#ixzz79icYiIPx).

─────, May 18, 2021, "Cebu City Starts Crackdown on Illegal STL", (https://newsinfo.inquirer.net/1433332/cebu-city-starts-crackdown-on-illegal-stl).

─────, August 30, 2022, "What Gives 'Jueteng' the Edge over STL? Lax Enforcement of Law, PCSO Exec Says", (https://newsinfo.inquirer.net/1655521/jueteng-remains-despite-stl-pcso-exec-says-law-enforcement-is-bad).

Manila Times, February 6, 2019, "PCSO Hits P63.56 Billion Revenue for 2018", (https://www.manilatimes.net/pcso-hits-p63-56-billion-revenue-for-2018/507343/).

Mindanews. August 24, 2016 "Duterte to Use Gambling Funds for Medicines", (http://www.mindanews.com/top-stories/2016/08/duterte-to-use-gambling-funds-for-medicines/).

Philstar Global, May 21, 2018, "Gaming Officials Face Ax, (https://www.philstar.com/headlines/2018/05/21/1817174/gaming-officials-face-ax).

第5章

スペクタクル化する「マンゴーの島」

——ギマラス島における産地再編の光と影

中窪 啓介

keyword

商品作物　高付加価値食品　農業経営　ポスト緑の革命時代

はじめに

　今日、アジアをはじめとする新興国では、国民所得の上昇や都市化にともなって食生活が多様化し、野菜、果実、酪製品、肉類、魚介類といった高付加価値食品（High Value Food, 以下、HVF と略）の需要と生産が拡大している（Briones & Felipe 2013）。世界市場においても、HVF は先進国・新興国での食生活の変化、輸送技術の発達、スーパーマーケットの普及などを背景に新興国からの輸出量が増大しており（Watts & Goodman 1997）、特に 1995 年の WTO 発足以降は二国間・多国間で地域貿易協定の締結が相次いで、輸出向けの生産や国際的な取引が一層盛んになった（竇剣 2019）。

　HVF の生産は政策的にも促進されている。新興国の農業政策は 1980 年代以降、構造調整計画の受け入れや GATT ／ WTO 農業交渉を通じて新自由主義的な性格を強めてきた。このもとで比較優位性が低い自給作物などは切り捨てられ、これにかわって、自由市場において競争・存続が可能で民間からの投資や外貨獲得が期待される、輸出向け HVF などを対象とした振興策がとられるようになった（Friedmann 2005）。また、HVF の生産振興は農村の貧困削減や生計向上の面でも重視されてきた。HVF は高価格で販売されるという特性に加えて、高い土地生産性を持ち、労働集約的で規模の経済が働きにくく、農業の近代化を求める特性がある。これらは農村の零細・貧困層に対して生産者としての市場競争力や、農場内外での雇用と所得向上の機会をもたらすものと捉えられている（World Bank 2008）。

　以上の趨勢を背景として、フィリピンを含む中所得国では新しい農業経営

が成長している。清水（2019）によると、そうした経営は、戦略面では HVF の生産、構造面では家族経営による土地や労働力などの外部資源の活用、協同組合などの中間組織の利用という傾向的特徴を持ち[1]、経営内容を高度化させている。この点と関連して、「ポスト緑の革命」時代[2]を迎えた今日の東南アジア農村でも、都市市場への包摂が進む中で、農家の農外就労の増加と兼業化という動きに加えて、一部の農家による農業のさらなる商品経済化の動きがあることが指摘されている（北原 2000）。

　しかし他方において、HVF の生産やその振興策は、必ずしも産地、生産者に肯定的な影響を与えないことが解明されてきた。例えば、HVF の生産が拡大する一方で、小規模生産者は所得が向上せず、基礎食料の生産から追い立てられる事例（Conroy *et al.* 1996）、輸出に求められる厳格な予定を満たしつつ、変わりやすい生産計画にともなうリスクを減らすために、農園で不安定な雇用形態がとられる事例（Barrientos & Kritzinger 2004）、バリューチェーンを応用した開発戦略が、小規模生産者の生計の複雑さを無視し、単一の貧困削減の道筋を押し付ける傾向を示す事例（Neilson & Shonk 2014）などが報告されている。HVF が産地、生産者にもたらす社会経済的な帰結やその評価には、差異が認められるのである。

　以上を踏まえて、本章ではフィリピンの主要な HVF であるマンゴーを取り上げ、その積極的な振興が図られてきたギマラス島（州）の産地を対象に選定する。その上で、2000 年代末以降にみられるスペクタクル化に向かう産地再編の動きと、比較的新しい農業経営の実態を中心にして、産地と農業経営の両レベルで当該産業の展開と帰結を捉える。これにより、今日のフィリピン農業・農村の一端を解明したい。なお、本章は主に 2009 ～ 2013 年に実施した集中的な現地調査、その後の短期間の現地調査とオンラインでの聞き取り調査によるものである。

1　他の特徴として、戦略面では経営規模の拡大、機能面では生産以外の経営管理機能の重視が挙げられる（清水 2019）。
2　1960 年代～ 70 年代の「緑の革命」時代には、穀物の自給達成に向けて農業の技術革新による増産が開発主義的に進められた。これ対して、今日はそうした開発後の「ポスト緑の革命」時代と捉えられる（北原 2000）。

I　フィリピンにおけるマンゴーの生産動向と振興策

1. 果実全般とマンゴーの生産動向

　フィリピン農業の特徴として、HVF である果実の生産が盛んなことが挙げられる。農業粗生産額に占める果実粗生産額の割合は 1980 年に 25 ％を超え、それ以降はほぼ 25 ～ 30 ％の間で推移してきた。これに対して、東南アジアの中でフィリピンに次いで果実の割合が高いタイは、同時期に 11 ～ 15 ％、東南アジア全体では概ね 10 ～ 12 ％の水準にとどまっている（FAOSTAT）。

　図 1 から果実粗生産額の推移をみると、統計で捉えられる 1961 年以降、フィリピンは概ね東南アジアの中で首位を維持してきた。その最大の品目はバナナであり、1970 年代からの対日輸出の急激な発展（鶴見 1982）や、1990 年代からの中国などへの輸出先の多角化（石井・パレデス 2020）が、果実粗生産額の著しい伸長を導いてきた。ただし、2009 年からバナナ生産は伸びに歯止めがかかり、2014 年以降は台風被害やパナマ病の被害などを背景に大きく後退している。こうした中で果実粗生産額は低迷し、農業粗生産額に占める割合も 2014 年には 23 ％まで縮小した。これに対して、インドネシア、タイ、ベトナムが 2000 年頃から台頭しており、今日ではインドネシアがフィリピンの果実粗生産額を

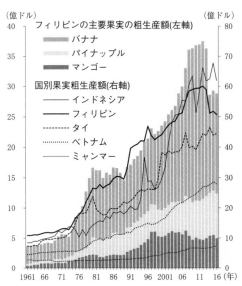

図 1　東南アジアの主要果実生産国における果実粗生産額の推移（1961 ～ 2016 年）
注：料理用バナナの「プランテーンなど」は「フィリピンの主要果実の粗生産額」から除外した。
出所：FAOSTAT より作成

上回るようになっている。

　マンゴーに関しては、フィリピンの果実粗生産額・輸出額においてバナナ、パイナップルに次ぐ地位にある。生産量の8割以上はカラバオ種と呼ばれる、追熟すると果皮が黄色になる品種が占めている。マンゴーは国民所得の向上を背景に、国民1人あたり年間消費量が大きく増加し[3]、国内市場で需要が拡大している。輸出市場においては、生鮮マンゴーの輸出量は生産量の数％に過ぎないが、2010年頃からドライマンゴーを中心とする加工品の輸出額が生鮮品を大きく上回る形で増加し、原料用の需要が拡大している。マンゴーは輸出において、生鮮品からより高付加価値な加工品への重要なアップグレードを経験しているという（Fernandez-Stark *et al.* 2017）。ただし、原料用の販売価格は生食用よりも安価であるため、加工業者＝輸出業者の収益が増加しても、生産段階で収益が増加するとは限らない点に注意したい[4]。

　フィリピンのマンゴー生産の拡大過程をみると、2つの画期が認められる。1つ目は1970年代初頭であり、花成促進の効果が高い農薬が発見されたことで、商業生産に求められる大量かつ安定的、計画的、周年的、省力的な生産が可能となった[5]。2つ目は1990年

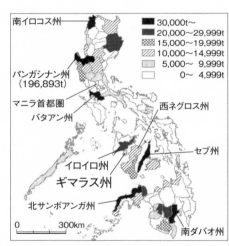

図2　マンゴーの州別年平均生産量（2014～2018年）
出所：OpenSTATより作成

南イロコス州
30,000t～
20,000～29,999t
15,000～19,999t
10,000～14,999t
5,000～ 9,999t
0～ 4,999t
パンガシナン州（196,893t）
マニラ首都圏
バタアン州
西ネグロス州
セブ州
イロイロ州
ギマラス州
北サンボアンガ州
0　　　300km
南ダバオ州

3　2008-09年の3.172kgから2015-16年の3.889kgまで約23％も増加した（OpenSTAT）。
4　2010年のギマラス島の現地調査では、産地商人による生食用の販売価格は原料用の販売価格の1.4～1.5倍程であった。
5　マンゴーはフィリピンの多くの地域で自然開花・結実が難しく、従来は花成促進のために1週間ほど樹を燻煙し続ける方法がとられていた。これは労力と日数、多くの薪炭材を要するが大量の開花・結実は期待できなかった。一方、1970年頃に開発された、希釈した硝酸カリウムの農薬を樹に散布する花成促進法は、着花の程度や均質性が高く、必要な労

代初頭であり、経済の民主化を経て、ラモス政権（1992〜1998年）下で新自由主義的な農業政策とHVFの振興策が本格化した。次の小節では、この近年の画期である農業政策の展開に焦点をあてたい。

なお、マンゴーの国内生産量は2007年の102万tをピークとして2017〜2021年には70万t台前半まで低下している。これは主に国内の首位産地であるパンガシナン州（**図2**）での台風被害と虫害の影響であり（中窪 2020）、同州は2000〜2008年には国内生産量の37〜41％を占めていたが、2018〜2021年には17％まで急落したのである。

2. 高付加価値作物振興策の台頭

フィリピン農業省の農業政策は、大半が商品部門別の主幹プログラムを通して実施されており、近年ではコメ、トウモロコシ、高付加価値作物（High Value Crop, 以下、HVCと略）、畜産物、水産物、有機産品の開発プログラムが設けられている（OECD 2017）。これらのうち、基礎食料のコメとトウモロコシ以外が概ねHVFに該当し、マンゴーは高付加価値作物開発プログラムの主要な対象品目である。

フィリピンでこうしたプログラムが設けられ、同時にHVCの生産振興が本格化した契機は、ラモス政権のもとで展開した一連の新自由主義的な農業政策にある。同政権は1995年のWTOへの加盟とその農業協定の批准を契機として、第一次産業に規制緩和、民営化、輸出向け生産の戦略を適用し（Krinks 2002）、アキノ政権で緩慢であった農業部門の自由化を加速させた（Bello et al. 2014）。当時の農業テクノクラートは、WTO加盟と農業自由化によって、コメとトウモロコシの生産は縮小し、フィリピンで比較優位性があるHVCの生産が促されると想定していたという（Bello *et al.* 2004）。

まずラモス政権は、WTO加盟を念頭に置いて農業政策大綱の「中期農業開発計画」（1993〜1998年）を策定した。同計画では、新自由主義的な「選

力は少なく、オフシーズンの雨季にも果実を生産しうる。また散布から110〜120日後に収穫できるため、計画的な生産が可能となった。ただし、花成促進剤の散布に加えて、大量収穫後の樹勢回復のための施肥や、燻煙での殺虫・除虫にかわる農薬散布などが必要になり、生産コストは従来よりも高い（Vitug *et al.* 1988）。

択と集中」の原理に則って、優先品目と各々の生産適地を選定し、それらに
支援を集中することで、世界と競争しうる商品の生産や農民の所得増大を目
指した。設けられた4つの商品部門別プログラムの1つに「主要商品作物開
発プログラム」があり[6]、国内市場向けに限らない果実や野菜などの商品作物
が開発対象とされた。

　1995年には「高付加価値作物開発法」が制定され、同法を運用する「ギ
ントン・アニ高付加価値商品作物プログラム」（1997 ～ 1998年）が策定さ
れた。「高付加価値商品作物」とは、コメ、トウモロコシ、ココナツ、サト
ウキビといった「伝統的作物」よりも投資収益が優位なHVCの品目を指し、
マンゴーはこれに該当する。同プログラムでは政府が民間部門の投資を妨げ
ず、政府補助金を最低限に留める、市場志向の支援の方針を採用した。それ
によって当該品目への民間部門の投資を拡大させ、経済成長や農民の所得向
上などに対する投資の寄与を増大させようとした。

　同プログラムは、ラモス政権後も高付加価値作物開発プログラムとして発
展的に引き継がれてきた。すなわち、従来の方針である特定品目・地域への
支援の選択的集中、市場志向と民間部門主導の原理が踏襲されつつ、1997
年に制定された「農漁業近代化法」に基づいて、生産・流通の近代化、政策
過程の地方分権化、貧困削減などが目指されてきたのである。同プログラム
に加えて、2013年から世界銀行と農業省が農民の生計向上に向けて進めて
きた一大事業の「フィリピン農村開発計画」でも、その下位計画の「州産品
投資計画」においてHVFは主要な対象品目とされていることを付言したい。

II　「マンゴーの島」の誕生

1. 準州時代の生産の普及

　ギマラス島はフィリピン中部の西ビサヤ地方に属し、パナイ島とネグロス
島の間に位置する、南北約30km、東西約20km、陸域面積約605k㎡の小島で
ある（図2）。島の東西の対岸には、西ビサヤ地方の二大都市であるバコロ

6　そのほかは、「穀物生産強化プログラム」「中期畜産業開発プログラム」「漁業管理開発
プログラム」である。

ド市とイロイロ市を臨み、両市との交通は盛んである。特にイロイロ市との間は船便が頻繁にあり、パン・ボートで約20分で行き来できる。

ギマラス島はかつてパナイ島のイロイロ州の準州であったが、1992年に一島単独で州に昇格した。人口・世帯センサスによると、2020年における州の人口は18万7,842人、世帯数は4万7,476世帯である。都市人口とその割合は2万6,760人、14.2%にとどまるが、2010年の7,501人、4.6%から大きく拡大した。州昇格前は顕著であった貧困問題も、昇格後はインフラ整備と著しい経済発展を背景に改善しつつある[7]。

島では1969年にマンゴーの大規模な育苗機関が設立されて以来、これを核としてマンゴー産業の開発が進められてきた。同機関は農業省の植物産業局（Bureau of Plant Industry, 以下、BPIと略）の地方所長が「マンゴーの島」を構想し建設を発案したものであった[8]。さらに1970年代初頭に計画された農業省の「五カ年マンゴー開発プログラム」で、ギマラス島は対岸の主要産地イロイロ州への苗木供給地に位置づけられた[9]。これらを背景にして、同機関は施設の拡充が図られ、機能面でも育苗や苗木の普及に加えて、技術普及や研究開発なども担うようになった[10]。マンゴー産業の開発が図られる中で生産は大きく拡大し[11]、ギマラス島は「マンゴーの島」という異名を得た（PPDO 1983）。同時に、品種開発などを背景にして、ギマラス産マンゴーは品質への名声を向上させていった（Department of Agriculture 1988）。

7　1991年のギマラス準州の貧困世帯率は当時の統計基準で75%以上と非常に高く（ギマラス州政府提供資料による）、1995年以降の政府の「社会改革アジェンダ」でも州は20の最貧困地域の1つとされた。しかし、近年の貧困世帯率の推移をみると、2006年の19.7%から2018年の6.8%まで低下している。これは同期間のフィリピンにおける21.0%から12.1%への変化を上回る改善である。

8　同機関の後身の国立マンゴー研究開発所に関するBPI発行のリーフレットによる。

9　同プログラムにより、全国で7つのマンゴー産地と6つの苗木供給地の振興が定められた（BPI 1973）。

10　国立マンゴー研究開発所の職員への聞き取りと、BPI発行の同機関に関するリーフレットによる。

11　島内のマンゴーの成木数は1970年の5,311本から1990年頃の5万2,250本へと増加し、生産者数も1972年の約400人から1990年頃には4,273人まで増大した（NFAC 1971; Hardman 1994）。

1980 年代半ばまでには、数百 ha の規模でマンゴーを栽培する 3 つのプランテーションも形成された。これらは国内の大手アグリビジネスの子会社などが開園したもので、そのうち 1 つは高糖度のマンゴーの産地であるという理由で開園場所にギマラス島を選定したという。一方、島の生産者の大半を占めるのは小規模経営であり、マンゴー樹の所有数が 10 本以下の生産者の割合は 1990 年頃には 96.4％にも及んだ（Hardman 1994）。こうした小規模経営の支援に向けて、1970 年代〜 80 年代には農業省のプログラムによる生産販売組合の組織や、組合への資金援助・融資も図られた[12]。マンゴー生産の普及事業は、早くから貧困層の生計向上も目的としていたのである。以上のように、ギマラス島のマンゴー産地は形成過程で、多数の個別的な小規模経営と少数のプランテーション経営の 2 つに特徴づけられるようになった。

2. 州昇格後の初代州知事による振興

　1992 年にギマラス州が誕生して以降、ラモス政権の農政に後押しされて、マンゴー産業は量的・質的に大きな発展を遂げていく。そのキーパーソンとなった人物は、ラモス大統領が初代州知事に任命したエミリー・ロペスである。彼女の義父のフェルナンド・ロペスは、パナイ島やネグロス島を基盤として糖業で財を成したロペス財閥の出身であり、キリノ政権とマルコス政権では副大統領、ラモス政権では大統領のアドバイザーを務めた。彼女自身はミュンヘン大学で学び、帰国後はファッションモデルをしたり不動産業を営んだりしたが、これらを辞めてイロイロ州下院議員の夫の活動を手伝い、同州で NPO 活動にも取り組んだ。

　ロペス州知事はこうした出自と経歴、あるいは政治家としての非伝統的なイメージを活かして、在任期間の 1992 〜 1998 年に内外のさまざまな政府・非政府・国際機関から支援を取り付けた。その 1 つにラモス政権の「主要商品作物開発プログラム」があり、同プログラムでギマラス島はマンゴーの主要産地として振興対象に選定された。ギマラス島での事業は 1994 〜 1998 年を対象期間とし、669 万ドルの予算で、1 万 4,000ha に 100 万本のマンゴー

12　組合に関しては、補助金の交付時を除くと生産者の参加が得られず、販売や融資の機能もほとんどなかったという（Hardman 1994）。

樹を定植するという大規模な計画であった。事業開始の前年には、島で育苗や研究を担ってきた上記の機関が「国立マンゴー研究開発所」(National Mango Research and Development Center, 以下、NMRDC と略) として再編され、事業の苗木供給や技術普及などを支えた。ロペス州知事はこうした事業の推進に合わせて、島民に「マンゴーの木を植えて子どもを大学に行かせよう」と呼びかけ、地域の生計向上や内外での産地の地位向上に向けてマンゴー生産の普及を図った。また、彼女が州知事在任中にギマラス島で開始された農業省の「小島嶼農業支援サービスプログラム」や Save the Children Foundation の支援事業などでも、NMRDC と共同でマンゴーの苗木配布や技術指導による生産振興が進められ、同時に、マンゴー産業の社会経済的側面に関する大規模な統計調査・学術調査も実施されて振興策の推進に活かされた。

　こうした量的拡大以外にも、州昇格後にマンゴー産業は従来と異なる展開をみせた。ロペス州知事はビーチリゾートなどの観光開発を重視し、マンゴーを中心にして地域のプロモーションを積極的に図ったのである。州知事は当時、誕生したてのギマラス州のアイコンとも言える存在であり、様々なメディアの取材に応じて全国に「マンゴーの島」を宣伝した。特にそうしたプロモーションで目玉となったのが、1993 年から毎年開催されてきたマンゴーの祭典「マンガハン・フェスティバル」である。地域の特産品を用いた祭典は今日では国内の各地でみられるが、当時は珍しいものであった。そのため、このイベントは全国的に知られて、開催期間中は各地から多くの観光客が訪れた。これにともなって、ギマラス産マンゴーの名声も全国の消費者の間に広まり、その生産者価格は他地域産よりも高い水準となった。

　1993 年には対米・豪輸出を見据えて、ギマラス島は島外からのマンゴーの果実・種苗の移入が禁じられる特別隔離地区に指定された。フィリピン産マンゴーは 1980 年代末にゾウムシ類の寄生が疑われて両国への輸出が停止していたが、ギマラス島はその生態調査によって無発生地域に認定されたからである。植物検疫上の問題であったミバエ類に関しても、蒸熱処理による殺虫効果が確かめられ、同時に、ギマラス島でその根絶事業が進められた。これらの対策を経て、ギマラス島は国内で唯一、対米・豪輸出が可能な地域

となった。両国へ輸出された 2001 ～ 2007 年に島のマンゴー産業は最盛期を迎え、生産量は大きく拡大した。この時期には各プランテーションが盛んに輸出事業に取り組み、国内の主要なアグリビジネスもマンゴーの調達のために、各農園から集荷する担当者や集荷・選果所を島内に設けたり、マンゴー樹を借りた契約生産を行ったりした。こうした輸出事業の活性化は、ロペス州知事時代の輸出振興を目的とした害虫対策によって実現したものである。

　以上のように、ロペス州知事が取り組んだマンゴー産業の振興や地域開発は一定の成果を上げた。しかし、それらは基本的に、有力家系の州知事が持つ特異な人的ネットワークを通じて地域に多くの支援・資源を引き込むことで実現した成果と言える。そのため、他の地域や事例に必ずしも適用できないし、州知事交代後の地域のマンゴー産業が自律的・持続的なものになるとは限らないのである。

Ⅲ　スペクタクル化に向かう産地再編

1. 産地の内的・外的問題への直面

　2000 年代末以降、ギマラス島のマンゴー産地はさまざまな内的・外的な問題に直面するようになり、その中で再編が進んできた。まず上述の対米・豪輸出は、輸出業者が事業コストに見合った量のマンゴーを調達できず、2007 年を最後として停止された。十分な調達が叶わなかった背景には、天候不順により生産量が確保できなかったこと、輸出向けの品質を満たすマンゴーの割合が限られていたこと、悪路の多い島内に多くの小規模な農園が分散しており集荷が困難であったことが挙げられる。また、島から蒸熱処理施設のあるマニラ首都圏までの高い輸送費は、事業コストを引き上げる要因となった。輸出事業の停止によって、島のマンゴー生産量は著しく減少した。

　さらに、1988 年から緩慢に進められてきた包括的農地改革プログラムとその延長措置によって、プランテーションの土地接収が問題となった。上記の主要な 3 つのプランテーションのうち 2 つは、土地接収やそれをめぐる訴訟によって実質的に操業を停止した。一方、もう 1 つのプランテーションは、

農地改革の対象とならない牧草地として認定されたことなどから[13]、約200haもの土地が接収を免除された。しかし、その親会社はマンゴー生産では収益の確保が困難であると考えて、輸出事業終了後の2008年から出資を停止しており、プランテーションを運営する子会社の独自資金で小規模な操業しかできない状況となった。

ギマラス産マンゴーの名声が危ぶまれる状況も生じている。第1に、ギマラス産は世界で「最も甘いマンゴー」を謳っていたが、サンバレス州のマンゴーの系統がより高糖度であることが示された（Cruz 2006）。同州はルソン島の有名産地であり、ギマラス島と同様に、特産品のマンゴーの祭典「サンバレス・マンゴー・フェスティバル」を1999年から毎年開催している。サンバレス産マンゴーは、ギマラス産の市場での優位性にとって脅威なのである。第2に、島の産地商人への聞き取りによると、ギマラス産の品質を損なう慣行も認められた。生産段階では、高価格での販売機会があれば、果実が未熟で糖度が低くなろうとも、適正な収穫時期より早くに収穫され出荷されることがあり、流通段階では、ギマラス産の名声の高まりにつけ込もうとする商人によって、他産地のマンゴーがギマラス産と偽装されて高値で販売されることがあるという。

以上の問題に加えて、近年では果実の生産自体も、気候変動や病虫害の発生の増加によって不安定な状況にある。

2. ブランド推進体制の構築とスペクタクル化の進展

ギマラス産マンゴーは産地が諸問題に直面する状況下で、ブランド価値の維持・向上に向けた推進体制の構築が図られるようになった。まず国の知的財産局は2012年からWTOの地理的表示保護制度[14]の整備を進めており、その中でギマラス産生鮮マンゴーを登録品目の最初の候補群に含め、2017

---

[13] ただし、その土地は実質的には牧草地ではなく農地である。大規模なマンゴー農園では、取り繕うようにしてマンゴー樹に1匹の牛が繋がれている光景をしばしば見かける。
[14] フィリピン知的財産法改正法案では、地理的表示保護とは「その商品の特定の品質、評判その他の特性が本質的にその地理的出所または人的要素もしくはその両方に帰する場合に、ある領域、地域または地方に由来するものとして商品を特定する表示をいう」（工業所有権情報・研修館 2018）。

年に登録した。同制度は WTO 加盟国に確立が求められるものであり、途上国でも HVF などで登録が始まりつつある。登録品目には生産のプロセスを含む一定の品質基準が定められ、それによって模倣品や粗悪品を排除することが可能となる。また、トレードマークの付与などを通じて海外市場でも商品の真正性を証明でき、同時に海外へのブランドの PR にもなるため、輸出振興に資するものと言える。実際に、ギマラス島では地理的表示の検討に入った頃から、輸出に向けて各国の関係主体との交渉が活性化した。

　州政府は地理的表示保護制度の動きと協調しながら、マンゴーの生産・流通関係者に対して高糖度の果実の生産・収穫・販売を課す条例[15]を施行するようになった。その手続きは、花成促進から販売までの各段階における主体・日時・場所・果実数・販売などの届け出と証明書の運用、収穫後の果実の糖度検査と温湯処理などから成る[16]。この規定に違反した者は告訴されるか、違反回数に応じた科料が課される。こうして州政府はギマラス産マンゴーの供給を管理・組織し、その「最も甘いマンゴー」としての品質とブランド価値の維持、地理的表示に基づく輸出振興を図ろうとしている。さらに同条例の射程には、近年、政策的に注力し多様化させてきた観光業の振興[17]も含まれる（Sacramento & Cuizon 2020）。観光客にとってマンゴーは、ギマラス島を訪れる主要な目的となっており、その高品質性の維持が求められるからである。

　筆者の調査期間中には、産地商人が同条例に基づく果実検査で糖度基準を満たせず、農園から買い付けたマンゴーを没収されることがあった。特に、観光客が集まるマンガハン・フェスティバルでは、販売・提供されるマンゴーの品質検査が厳格になされていた。しかし、取り締まりの対象となりがちな産地商人は必ずしも豊かではなく、時に 10 万ペソ[18]を超えるマンゴー

15　これは 2010 年に制定された条例 2010 - 03 と、その改正条例にあたる条例 2011 - 003、条例 2017 - 003 である。
16　青果店を営む産地商人によると、こうした条例に定められた手続きに加えて、行政官が週に数回店を訪れて果実の糖度を検査するという。
17　ギマラス島では海浜レジャー、アグロエコツーリズム、コミュニティーベースドツーリズムなどの振興が認められる。
18　調査期間中に 1 ペソは概ね 2 円強であった。

の買付を後払いで行っている。そのため、マンゴーの没収による損失は経営の致命傷ともなるのである[19]。

　以上のようなギマラス産マンゴーのブランド推進体制の構築は、供給過程に携わる各主体の組織化・連携化とともに進められている。その核となる中間組織が「ギマラス・マンゴー生産者開発協同組合」である。先行研究（Sacramento & Geges 2020）によると、同組合は州で唯一のマンゴー産業に特化した生産者協同組合として、2007年に50人のマンゴー生産者、商人、後述するフィナンサー兼スプレーマンで結成された。その目標は、マンゴーの栽培技術の普及、共同販売、行政支援サービスへのアクセスを促進し、さらにマンゴー生産の従事者による定着した組織を形成することにある。組合は結成後、資金不足や組合員の不活発な参加に悩まされてきたが、上述の地理的表示保護制度の登録がなされた2017年に州政府が支援し組織の再編が図られた。再編後はマンゴー産業の振興とともにそれを通じたアグロエコツーリズムの発展に向けて、各省庁、州政府、世界銀行から直接的・間接的な支援を受けつつ[20]、パートナーである支援機関、NMRDCの後身機関、食品製造・小売業者などと連携して事業を進めている[21]。

　一方、ブランドのプロモーションの点では、マンガハン・フェスティバルの大規模化、スペクタクル化が挙げられる。フェスティバルはハイライト期間が延長されていき、2010年では7日間であったが2019年には12日間となった。プログラムも充実し、マンゴーが食べ放題となる「Mango Eat All You Can」、各バランガイが参加するパレードなどに加えて、近年ではさまざまなステージイベントやスポーツ競技が開催されている。コスチュームや作り物が凝ったダンス劇も催されるようになり、その各団体が「マンガハ

19　例えば、産地商人の買取相手が収穫日を偽って届け出ていたために収穫された果実の糖度が低い場合でも、産地商人は損失を被ることになる。

20　ギマラス州政府の予算報告には「ギマラス・マンゴーの生産支援」の名目で2017年75万ペソ、2019年175万ペソが執行されたことが記載されている。

21　同組合は再編前よりも参加状況が改善し、活動的な組合員を70人有するとは言え、依然として組合員数は限られている。その要因として、地域の生産者にとって組合員に求められる組合費の拠出が難しい点、参加の直接的なメリットが認められない点、島の周辺部では交通・情報のアクセスが乏しい点が考えられる。

ン・フェスティバル」というテーマでマニラ首都圏のダンスコンテスト「Aliwan Fiesta」などへ出場し、上位入賞して注目を集めている。ダンス劇の壮麗なイメージは、フェスティバル自体の宣伝や紹介記事などに登場し、その支配的な表象となっているのである。

このように、ギマラス島のマンゴー産地は再編期に、フェスティバルやダンス劇、ギマラス島の宣伝などにおいて繁栄が表象されスペクタクル化してきた。そのスペクタクルの情動的な体験は、上記のブランド推進体制によるマンゴーの高品質性とブランド価値によって物質面・表象面で支えられ強化されている。それでは、こうしたスペクタクルな表象はマンゴー生産の経営実態をどれほど反映し、経営に何かの影響を与えているのであろうか。この点について、次節で詳しく捉えよう。

Ⅳ　マンゴー生産における経営の実態

1.「裏庭生産者」と「商業的生産者」

マンゴー生産の経営実態をみるにあたって、まず本節では生産者のマンゴー樹の所有状況と、経営規模に応じた顕著な特徴について述べたい。**表1**は、ギマラス州農政局が把握する「登録マンゴー生産者」[22]のマンゴー樹の

表1　マンゴー樹所有本数別でみたギマラス島の登録マンゴー生産者の数と総所有本数

| 所有本数別生産者階層 | 生産者数（人） | | | | 総所有本数（本） | | | |
		うち実生樹		うち接木樹			うち実生樹		うち接木樹
1～4本	1,338	(44.5%)	1,391	(52.0%)	149	(21.9%)	3,145	(2.3%)	3,208	(11.2%)	371	(0.3%)
5～10本	855	(28.4%)	783	(29.3%)	167	(24.6%)	6,048	(4.4%)	5,417	(19.0%)	1,283	(1.2%)
11～20本	327	(10.9%)	268	(10.0%)	91	(13.4%)	4,858	(3.5%)	4,046	(14.2%)	1,364	(1.2%)
21～40本	180	(6.0%)	123	(4.6%)	70	(10.3%)	5,249	(3.8%)	3,512	(12.3%)	2,146	(2.0%)
41～100本	154	(5.1%)	78	(2.9%)	87	(12.8%)	9,813	(7.1%)	4,852	(17.0%)	5,643	(5.2%)
101～200本	70	(2.3%)	17	(0.6%)	46	(6.8%)	9,646	(7.0%)	2,373	(8.3%)	7,007	(6.4%)
201～400本	47	(1.6%)	8	(0.3%)	44	(6.5%)	12,988	(9.4%)	2,245	(7.9%)	12,853	(11.8%)
401～1,000本	29	(1.0%)	5	(0.2%)	17	(2.5%)	16,615	(12.1%)	2,867	(10.1%)	11,409	(10.4%)
1,001本以上	10	(0.3%)	0	(0.0%)	8	(1.2%)	69,445	(50.4%)	0	(0.0%)	67,211	(61.5%)
合計	3,010	(100.0%)	2,673	(100.0%)	679	(100.0%)	137,807	(100.0%)	28,520	(100.0%)	109,287	(100.0%)

出所：2010年3月にギマラス州農政局から入手した登録マンゴー生産者のリストより作成

22　「登録マンゴー生産者」は、対米輸出時に出荷の計画や予想を立てるために登録された生産者である。そのリストは更新が続けられ、2009年時点ではギマラス島の約40％の生産者が掲載されている。

所有状況を示している。マンゴー生産者は零細経営が主体であり、行政など
が「裏庭生産者」と呼ぶ所有本数が 20 本以下の者が 83.7％を占め、21 本以
上の「商業的生産者」は 16.3％にとどまる。さらに、この登録マンゴー生産
者以外は大半が裏庭生産者であると考えられるため、2009 年のギマラス州
の生産者 7,482 人に対し商業的生産者は 1 割に満たないと考えられる。ただ
し総所有本数の点では、表中の商業的生産者は 12 万 3,756 本を所有しており、
これは同年の州のマンゴー樹 25 万 43 本の 49.5％にあたる[23]。少数の生産者
が圧倒的多数のマンゴー樹を有しており、とりわけ所有本数上位 5 位の登録
マンゴー生産者は各々 4 万 2,329 本、7,790 本、5,040 本、3,320 本、2,724 本
をも所有している。

　マンゴー生産は経営の大小で景観に特徴的な違いがある。裏庭生産者は樹
高数十ｍにも生長する実生樹を裏庭、農園、傾斜地などで栽培することが多
い（**写真 1**）。これに対して、概ね商業的生産者は 5 〜 6 ｍ程度に矮化され
た接木樹を、大農園で等間隔に整然と並べて栽培している（**写真 2**）。裏庭
生産者にとって、実生樹は接木樹よりも土地生産性が高い点、病害虫や暴風
への耐性が高い点、種子が無料で定植にコストがかからない点などに魅力が
あるという。ただし、実生樹は高木になるため、果実の袋がけや収穫などの
農作業を樹上で行わなければならない。これに対して、接木樹は苗木を購

写真 1　小規模経営の実生樹栽培
出所：筆者撮影

写真 2　プランテーション経営の接木樹栽培
出所：筆者撮影

23　ギマラス州農政局提供資料による。

入[24]する必要はあるものの、矮化されているため農作業は地上で能率的に行える[25]。また、枝の広がりを管理することにより、合理的で作業のしやすい農園設計が可能である。こうしたことから、農作業を賃労働に頼り、計画的生産を志向するプランテーションなどの商業的生産者は、接木樹を選んでいるのである[26]。

　流通経路に関しては、裏庭生産者や中規模の商業的生産者のマンゴーは、主に産地商人を介して島内で卸売・小売されたり、バコロド市やイロイロ市など近隣都市の商人へ卸売されたりする。近隣都市の商人が、生産者のもとに買い付けに来ることもあるという。産地商人へ販売された後、遠方のマニラ首都圏やセブ州へはさらに卸売商人などを介して届けられ、海外へはマニラ首都圏の輸出業者を経て輸出されてきた。島内の加工業者に対しても、産地商人を通じた販売や生産者自身での販売が認められる。他方、商業的生産者のうち特に大規模なプランテーション経営は、現在では操業を停止・縮小しているが、以前は付加価値の高い輸出・加工事業に主眼を置いていた[27]。

２．契約生産の慣行とその背景

　マンゴーはフィリピンの多くの地域で大量の自然開花が難しいため、花成促進剤が用いられている。花成促進剤をマンゴー樹に散布した後、開花・着果・果実肥大を経て 110 ～ 120 日で収穫される。この間に、殺虫剤の散布、

24　マンゴーの接木苗は、ギマラス島では NMRDC で数十ペソ／本で販売されている。
25　接木樹の場合、地上からの収穫のために、先端に籠が付いた長竿が用いられる。この籠には、果実を枝から引きちぎり籠に落とすための爪がある。
26　プランテーションは地域の雇用創出が期待されるが、ギマラス島最大のプランテーションの最盛期であっても、周辺の村からの労働者の雇用は1日約50人にとどまった。その給与は主に最低賃金並み金額の日払いで、なおかつバナナのように周年的に収穫しないため雇用に季節性がある。こうしたことから、マンゴー・プランテーションの雇用創出効果は大きくないと考えられるのである。一方、島の主要なプランテーションのうち1つは、農園に併設した工場でマンゴーを加工し、1990 年代初頭に約 300 人の従業員を雇用していた記録がある（Caday 1997）。
27　輸出事業では、品質条件の厳しい日本やアメリカにはマニラ首都圏の蒸熱処理施設を経て輸出され、蒸熱処理が求められないシンガポール、香港などへはイロイロ市から直接輸出された。また、注 26 に示した工場を併設するプランテーションは、マンゴーの加工品をアメリカやオーストラリアに輸出していた（Caday 1997）。

果実被覆、収穫などの作業が行われる。

　こうした果実生産において、フィリピンの中小規模経営ではマンゴー樹所有者（＝マンゴー生産者）自身による生産だけでなく、他者との契約に基づく生産の慣行が広く認められる。すなわち、マンゴー樹所有者に対して他世帯の者が契約を持ちかけ、その樹を借りて果実を生産し販売している。彼らはギマラス島では「フィナンサー」と呼ばれており、花成促進から果実の販売までを取り仕切り、この間に生じる資材費や労賃などの全費用を負担する。フィナンサーはこうした負担の見返りとして販売収益の多くを得ている。またギマラス島では、フィナンサーは数人程度で構成される「スプレーマン」と協働することが多い。スプレーマンは実地などで得た栽培の知識・技術をもとに農薬散布や栽培管理を司り、しばしばフィナンサーとともに収穫時期や販売先などの意思決定も行う。単純に捉えれば、フィナンサーは投資担当、スプレーマンは技術担当であり、両者で生産・販売の意思決定にあたっている。もし前者がマンゴーの果実生産の知識・技術を持っていれば、後者を兼ねたり、その一員となったりすることもある。以上の3者間の収益配分は、多くの場合、果実の販売収益から果実被覆と収穫の各費用のみを減じ、残りの金額の1/4をマンゴー樹所有者の取り分とし、3/4をフィナンサーとスプレーマンで折半するものである[28]。他の配分方法もみられるが、ほぼすべての場合で、マンゴー樹所有者は小さな取り分しか得ていない。

　契約生産の慣行が存在し、かつフィナンサーが優位である背景として、地域にマンゴーの遊休樹が大量に存在し樹の希少性が低いことがある。マンゴーは種苗が無料か安価で入手でき、樹の生長にもコストはかからない。しかし、果実を生産するには、結実に必要な花成促進剤をはじめ、殺虫・殺菌剤、果実被覆の資材、果実被覆や収穫時の労働力などの購入が求められ、たとえ数本の樹でも約5,000ペソは要する。多くの貧困なマンゴー樹所有者はこうした資金を捻出できず、かつ低利の融資を地域内で利用することも難し

28　この場合、3者の配分率は各々25％、37.5％、37.5％となる。仮にA氏がマンゴー樹所有者、B氏がフィナンサー兼スプレーマン、C氏とD氏がスプレーマンという構成で利益配当を考えた場合、A氏が25％、B氏が37.5％と12.5％、C氏とD氏が12.5％の利益を得ることになる。

いため、果実を生産していないのである。例えば、筆者が調査した島内の1村では、貧困率の高さゆえに果実生産が不活発であり、この傾向は世帯1人あたり所得が低くなるにつれてより顕著となった。同村ではロペス州知事の在任時から、政府やNGOが貧困削減に向けて収益性の高いマンゴー生産を導入してきたにもかかわらず、結果的に開発の利益を得たのは主に所得上位層で、貧困削減の効果は十分に認められなかったのである（中窪 2018）。

　翻って、ギマラス島におけるマンゴーの契約生産の歴史をみると、1972年からフィナンサーを営んできた者も存在した。しかし、とりわけマンガハン・フェスティバルが始まって以降、地域の主な花成促進法が燻煙から花成促進剤の散布へ転換し、フィナンサーによる契約生産が普及したという。この時期に普及した要因として、ギマラス産の名声・需要・価格が高まったことや、花成促進法の転換でより多くの資金が必要となったことが挙げられる。一方、近年ではフィナンサーや果実生産を行うマンゴー樹所有者の一部に、これまでと異なる新しい主体が現れている。以下では、この比較的新しい経営主体を含めて果実生産の経営事例を捉えたい。

3．果実生産の経営事例

　まず、果実生産の経営事例のうち、地域の主要なフィナンサーの事例をみてみよう。W氏（50代・男）は居住村ではじめて他世帯のマンゴー生産へ投資した先駆者である。氏は地域の農産物をイロイロ市とバコロド市で販売する産地商人であったが、1989年からマンゴー関連の事業に生計を絞った。毎年複数の世帯の生産に投資するとともに、マンゴーの卸売業も営み、村の中心的な販路となってきた。こうした実績を背景に、ギマラス産マンゴーの対米・豪輸出期には輸出業者の集荷担当に選ばれ、業者から融資を受けながら周辺地域でマンゴーの契約生産・集荷を行い、大きな利益を得た。しかしながら、2008年に多額の損失を出したため、以降は投資規模を縮小して、借入をしながら契約生産の投資を継続している。

　農村部で副業的にマンゴーの自家生産や契約生産に従事するフィナンサーもいる。E氏（50代・女）は居住村で小さなサリサリストア（よろずや）とコメの産地商人を営み、夫と息子1人が自作でカンショやココナツなどの

生産と畜産を行っている。現在の月の所得は、サリサリストアが約2,000ペソ、コメ商売が約1,200ペソ、農業が約3,000ペソであり、フィリピンの農村世帯で一般的である定期的な送金の受け取りはしていない。マンゴーの果実生産は、国内で船員をしていた息子からの送金を元手にして、2002年に夫が自身の樹で開始した。以降、毎年約5,000ペソを生産に投じてきたが、生産を止める2011年まで利益が出たことはなかった。天候不順と病虫害が原因となり、十分な収穫が得られなかったという。2012年には、E氏が自世帯のマンゴー樹に3,000ペソ、他世帯の樹に1万1,000ペソを投じたが、これも期待した収穫量を大きく下回った。赤字を出しながらも生産を続ける理由は、夫がスプレーマンをして大きく儲けてきた経験があること、マンゴーは1度でも適正な収穫があれば十分な利益が得られることにあるという。

　フィナンサーの中には、移民労働者が帰国してからマンゴーの果実生産を始めた事例がしばしばみられた。J氏（30代・男）は居住村内では比較的豊かな世帯であり、水田約40haを経営し、兄弟姉妹10人のほとんどが海外で働いてきた。自身もサウジアラビアで工場のエンジニアとして8年間勤め、2009年にギマラス島に帰郷した。同年には海外での稼ぎを元手に、約4万7,000ペソをマンゴー樹24本での果実生産に投資したが、天候が災いして2カゴ（約100kg）しか収穫できなかった。翌年には父と共同で10本の樹に約4万ペソを投資したが、収穫量は予定していた4tの半分にも満たず、自身と父の取り分は合計約2万5,000ペソにとどまった。これまで投資した3回の果実生産はすべて赤字であったが、次年も少なくとも50本の樹での契約生産を予定している。氏がフィナンサーとなった理由は、古くから父がマンゴー生産に投資しており、他に投資の知識がなかったためであるという。

　最後に、ギマラス島外からの投資の事例を取り上げよう。M氏（40代・女）はイロイロ市に在住する裁判官である。島のマンゴー農園は、2000年頃に10haを70万ペソで購入したものである。近年では島の地価が上昇しているため、2010年現在に購入すれば倍の支払いが必要であろうと述べる。農園は包括的農地改革プログラムの対象外となる緩傾斜地を選び、約700本の接木樹をNMRDCから購入して定植した。M氏がマンゴーを生産する理由は、第1に、夫婦とも農業を好み、生産が楽しみだからである。聞き取り

当日の収穫も、さまざまな種類のランチを用意したり、収穫作業の写真を撮ったりして、ピクニック風情であった。理由の２つ目は、十分な収穫をして島民を経済的に助けたいからである。一方、これまでの果実生産の実績は、過去３年間は毎年約20万ペソを自家生産に投資し損失が続いたものの、今年は生産に成功したという。今後は生産量を拡大し、輸出業者と取引する意向も持っている。また、害虫が嫌うレモングラスを育てて、殺虫剤を用いない農業を実践することも計画している。

　総じて以上の事例から、マンゴーの果実生産はコストが高く、不安定であることがわかる。NMRDC によると、特に近年では気候変動や病虫害の多発を背景に、適正な農薬投入や栽培方法、あるいは総合的病害虫管理の能力がなくては十分な収益を上げることは難しいという。こうしたことから、マンゴー生産はプランテーション経営を主とするバナナ生産とは違って、中小規模経営とそこからの集荷が中心となっている。アグリビジネスはマンゴーの不安的な生産にともなう高いコストやリスクを、それらの中小規模経営に肩代わりさせ収奪しているのである（中窪 2022）。

　それにもかかわらず、マンゴーの果実生産は住民にとって大きな利益を得る可能性があること、労働量は比較的少なく生産に成功すれば「寝て暮らせる」こと、他に地域で利益率や労働効率の高い部門が少ないことなどから、投資先に選ぶ者は少なくない。また「近代部門」のような就労の障壁がなく、経験知次第で生産が成功するようにも思われる。そのため、自身への十分な人的資本投資ができなかったり、農外就労が見込める年齢を超えていたりしてギマラス島に留まる者にとっては、農村で「豊かさの夢」を叶えられる限られた投資機会となっているのである。このようにマンゴー生産では、HVF 生産で称賛される起業家精神と投機的な射幸心とは紙一重と言えよう。

　一方、今日ではギマラス島外での農外就労が盛んになる中で、出稼ぎ労働者が帰郷後にフィナンサーを始める事例や、島内の世帯が送金を元手に生産を行う事例、島から近隣都市に移住した者が実家のマンゴー農園での生産に投資する事例などがある。そうした域外の農外の職で獲得された資金は、マンゴー生産の高いコストに見合う額と言える。ここから、「ポスト緑の革命」時代に特徴的な農家の農外就労によって、商品経済化した農業生産が支

えられ活性化していることがわかる。

　また、ギマラス島外の出身者が新たに島内のマンゴー生産へ投資したり、マンゴー農園を取得したりする事例が増えており、州政府も島外からの土地購入や投資の窓口となるオフィスを構えるようになった。周辺都市の経済成長に加えて、ギマラス島の「マンゴーの島」やリゾート観光地としてのスペクタクルな表象が、域外からの投資を促す要因となっているのである。またフィリピン国内でも、都市化や所得向上のもとで、「田園」などの農村的なるものやアグリツーリズムの需要が高まりつつある。しかしながら、マンゴー産業の繁栄の表象と、その不安定な経営の実態とはますます乖離しており、こうした比較的新しい農業経営には、損失を被る可能性が十分理解されていないようにも考えられる。

おわりに

　本章ではギマラス島のマンゴー産地を対象に、今日のスペクタクル化に向かう産地再編の動きと、比較的新しい農業経営の実態を中心に、当該産業の展開と帰結を捉えた。おわりに、本章の冒頭で清水（2019）を引用して示した、中所得国の新しい農業経営の構造にみられる①家族経営による外部資源の活用、②中間組織の利用という傾向的特徴に基づいて、今日の世界的潮流から本章の事例の経営における新しさを検討しよう。

　まず、外部資源の活用という点では、「フィナンサー」はマンゴー樹とその土地を所有者から借りることで果実生産を実現していた。フィナンサー自身がマンゴー樹を所有していれば自家生産も可能であるが、それだけでは生産規模の拡大に限界があり、マンゴーの場合は葉が成熟した樹を選ばなければ花成促進剤を散布しても十分な効果が得られない。なお、フィナンサーに樹を貸すマンゴー樹所有者（＝マンゴー生産者）は、外部資源を活用しているというよりは、投資されるのを待っている受動的な存在であった。一方、マンゴー生産では専門的な知識・技術を要するため、フィナンサーはこれを担う「スプレーマン」と協働していた。ただし、彼らは農学に通じた専門家ではなく、NMRDCの技術講習を受けたり、親族・知人に栽培方法を教わったりしただけである。そのため、近年の環境変化に対応できる確かな知識・

技術を持っているとは言い難く、生産は不安定であった。労働力に関しては、フィナンサーの世帯内だけでなく世帯外からも調達されていた。マンゴー生産の場合は、果実被覆や収穫などのスポット的な作業があるのみで、それほど多くの労働力を要しない。また、途上国農村では生存維持経済の解体が進んできたとは言え（森田 1995）、ギマラス島はある程度余剰労働力を養うことが可能な地域であり、マンゴー生産に必要な程度の労働力の調達は容易と考えられる。

　新しい農業経営にみられる中間組織の利用については、ギマラス島では生産に携わる各主体が参加する協同組合が設立された。島には他にもマンゴー産業の関係主体が関わる組合が２つあるが、それらはマンゴー以外の産品も含む農業・食品製造業一般の従事者の組合である。そうした点で、清水（2019）が論じるように、公共性の強さや目標の包括性に特徴がある従来の中間組織ではなく、運営の目的と利用者の費用・便益が明確な新しい中間組織と言える。とりわけ地理的表示保護制度への登録時には、組合は再編されて、行政や販売先・取扱先の企業と連携した事業の推進や生産・販売の対応を図るようになり、ギマラス産マンゴーのブランド推進体制において一つの要を担うようになった。ただし、組合員の参加は再編前より改善したとは言え、依然として組合員数は限られている。それゆえ、中間組織の利用という点での新しい経営は、現れつつある段階と言える。

　以上のようなフィリピンの新しい農業経営に関する議論は、Bello *et al.*（2014）の農村の「new face」に関する論考の一部などに指摘があるが、まだ断片的であり、今後、HVF 生産などの経営についてのより包括的で地域比較的な調査に基づいて発展させる必要がある。その際に、農村が都市の農外部門との結びつきを強める「ポスト緑の革命」時代にあっては、地域労働市場や送金経済などの視点からの分析が求められる。同時に、フィリピンでもショッピングモールやスーパーマーケットが主導する農産物流通の変革が生じつつあり、バリューチェーン・アプローチに基づく近年の農政がそれを後押ししていると思われる。こうした現代的流通に対応した経営や組織の展開について注視していかなければならない。

［文献］

Barrientos, S. and Kritzinger, A., 2004, "Squaring the Circle: Global Production and the Informalization of Work in South African Fruit Exports," *Journal of International Development*, 16(1): 81-92.

Bello, W., Cardenas, K., Cruz, J. P., Fabros, A., Manahan, M. A., Militante, C., Purugganan, J., and Chavez, J. J., 2014, *State of Fragmentation: The Philippines in Transition*, Focus on the Global South and Friedrich Ebert Stiftung.

Bello, W., Docena, H., de Guzman, M., and Malig, M. L., 2004, *The Anti-Development State: The Political Economy of Permanent Crisis in the Philippines*, University of the Philippines Diliman and Focus on the Global South.

BPI [Bureau of Plant Industry]., 1973, *Five-year Mango Development Program*, BPI.

Briones, R. and Felipe, J., 2013, *Agriculture and Structural Transformation in Developing Asia: Review and Outlook*, Asian Development Bank Institute.

Caday, O. R., 1997, *The Contribution of the Mango Industry to the Local Economy of Guimaras, Philippines*, unpublished master thesis, University of the Philippines.

Conroy, M. E., Murray, D. L., and Rosset, P. M., 1996, *A Cautionary Tale: Failed U.S. Policy in Central America*, Lynne Rienner Publishers.

Cruz, R. T., 2006, "Sweet Elena Mango," *BAR Digest*, 8(2): 15-16.

Department of Agriculture., 1988, *Mango Industry in Western Visayas*, Department of Agriculture.

Fernandez-Stark, K., Couto, V., and Gereffi, G., 2017, "The Philippines in the Mango Global Value Chain," http://industry.gov.ph/wp-content/uploads/2017/08/The-Philippines-in-the-Mango-Global-Value-Chain.pdf [last accessed 10 September 2020].

Friedmann, H., 2005, "From Colonialism to Green Capitalism: Social Movements and the Emergence of Food Regimes," Frederick H. Buttel and Philip D. McMichael eds., *New Directions in the Sociology of Global Development*, Emerald, 227-264.

Hardman, J. R. P., 1994, *Economic, Production, Marketing, and Export Considerations of Growing Mangos on the Island of Guimaras, Philippines*, Queensland Department of Primary Industries.

寳劔久俊, 2019, 「世界農業の趨勢と中所得国農業の変容」清水達也編『途上国における農業経営の変革』アジア経済研究所, 19-49.

石井正子／アレッサ・パレデス, 2020, 「フィリピンでバナナはどう作られているのか」石井正子編『甘いバナナの苦い現実』コモンズ, 69-148.

北原淳, 2000, 「東南アジアの農業と農村」北原淳・西口清勝・藤田和子・米倉昭夫『東南アジアの経済』世界思想社, 165-208.

工業所有権情報・研修館, 2018,「フィリピンにおける地理的表示に関する施行規則の策定検討状況」https://www.globalipdb.inpit.go.jp/trend/15670/ [last accessed 19 January 2023].

Krinks, P., 2002, *The Economy of the Philippines: Elites, Inequalities and Economic*

Restructuring, Routledge.

森田桐郎編，1995，『世界経済論——《世界システム》アプローチ』ミネルヴァ書房.

中窪啓介，2018，「フィリピン・ギマラス島における「裏庭生産者」のマンゴー経営——所得階層との関係で」『人文論究』68(1): 259-285.

中窪啓介，2020，「フィリピン・パンガシナン州におけるマンゴーの請負生産にもとづく供給態勢」『農村研究』132: 31-44.

中窪啓介，2022，「例会記録（2022年1月〜3月）サプライチェーンを通じた収奪と資本−自然の共生産をめぐって——発展途上国の農山村を中心に」『経済地理学年報』68(2): 168.

Neilson, J. and Shonk, F., 2014, "Chained to Development? Livelihoods and Global Value Chains in the Coffee-Producing Toraja Region of Indonesia," *Australian Geographer*, 45(3): 269-288.

NFAC [National Food and Agriculture Council]., 1971, *Fruits and Vegetables Marketing Program*, NFAC.

OECD., 2017, *Agricultural Policies in the Philippines*, OECD Publishing.

PPDO [Provincial Planning and Development Office]., 1983, *Guimaras Today 1966-1983*, PPDO.

Sacramento, N. J. J. E. and Cuizon, A, C, B, D., 2020, "The Philippine Mango Industry Governance, Prospects, and Recommendations: The Case of Guimaras Province," *Thammasat Review*, 23(2): 232–260.

Sacramento, N. J. J. E. and Geges, D. B., 2020, "Producers' Cooperative in Agro-ecotourism Development: The Case of the Guimaras Mango Growers and Producers Development Cooperative (GMGPDC) in Guimaras, Philippines," *Journal of Human Ecology*, 9(1): 93-113.

清水達也，2019，「途上国における新しい農業経営の姿」清水達也編『途上国における農業経営の変革』アジア経済研究所，223-232.

鶴見良行，1982，『バナナと日本人——フィリピン農園と食卓のあいだ』岩波書店.

Vitug, V., Victoriano, R. O., Epino, R. M., and Consumido, D eds., 1988, *Agribusiness Opportunities: A Practical How-to Book on Livelihood and Agricultural Business Ventures*, World Media Groove.

Watts, M. and Goodman, D., 1997, "Agrarian Questions: Global Appetite, Local Metabolism: Nature, Culture, and Industry in fin-de-siècle Agro-Food Systems," David Goodman and Michael J. Watts eds., *Globalizing Food: Agrarian Questions and Global Restructuring*, Routledge, 1-23.

World Bank., 2008, World Development Report 2008: Agriculture for Development, IBRD

［付記］
本研究はJSPS科研費 JP21K13159 の助成を受けたものである。

第 2 部

ままならないインティマシー

第6章

再編される親密性
——生政治と死政治に引き裂かれる人々

西尾 善太

キーワード: 親密性　自己犠牲　共助の商品化　麻薬戦争　OFW

はじめに

　　ある晩、友人（40代・男性）と酒を飲んでいると、かれは「薬物の
売人はウイルスみたいなものだ。殺さないと家族にも伝染する」と語気
を強め、怒っていた。私は「だからといって殺さなくてもいいのではな
いか」といった。お前にはわからないのかという顔をしながらガンッと
ショットグラスをテーブルに振り下ろした。
　　　　マニラ首都圏ケソン市、2018年8月24日のフィールドノートより

　2016年から本格化した私のフィールドワークは、ドゥテルテ政権による
麻薬戦争の影と共にあった。フィリピン社会に潜在する残酷な暴力が噴出し
て止まることなく拡がっていくように感じられた。ガムテープで顔面を覆わ
れ、社会秩序を脅かす悪魔として非人間化された遺体が路上に転がった。人
と会うことが「誰を知っているか、誰とつながっているか」という関係性の
確認とその限りない広がりとしてイメージされる社会において、かれらは顔
と名を奪われ、人のつながりから切り離されていた。それは、これまでの
フィリピン研究が描いてきた互酬性や共同体規範を通して貧しい人の生存の
権利や生存倫理の保障、弱き者たちが手を取り合って助け合うイメージとは
かけ離れた姿であった。一体この暴力はどこから生じたのだろうか。
　2010年代のフィリピンは私にとって戸惑いと混乱の連続であった。それは、
序論で日下が示した「人びとのつながりで貧困を生き延びる社会」の希薄化、

あるいは溶解といった変化であり、一方、原が指摘する公助による教育、雇用、医療など社会福祉制度の充足といった変化であった。前者は国家による人々の殺害として、後者は国家による人々に対する生存の保障として全く異なるフィリピン像を示していた。この二面性は、個人による自助と国家による公助という二つの領域で相反する変化が同時に生じていることを意味する。日下は新自由主義による社会の変化を悲観的に見つつ、それでも最後に共助に希望を見出す。そのいささか懐古主義的な見方に対し、原は公助の拡充による社会民主主義路線に期待を寄せているが、麻薬戦争で2万人以上もの犠牲者を出した暴力の存在を見なかったことにしている。本章では、両者のあいだで十分に検討されていない「共助の再編」こそがいまのフィリピン社会を特徴づけているのだと指摘したい。つまり、共助として位置づけられる人々のあいだの親密な関係性の再編に着目しなければ、2010年代のフィリピンの変化を捉えることはできない。

　本章は、国家による政策や公助が、かつて生存と抵抗の足場であった共助を囲い込み、暴力や排他性として現れてきたことを論じる。なかでも、海外出稼ぎ労働者と麻薬戦争の二つの事例は、親密な共助の再編を考えるうえで示唆に富んでいる。この二つの事例は、2010年代のフィリピン社会に大きな影響を与え、さらにそれぞれの事例が親密性の複雑な作用によって生じた。この二つの事例に向けて本章では、まず共助と呼ばれる親密な関係性が人々の生存といかに結びついてきたのかを整理し、そうした関係のあり方や実践自体が商品化している点を検討する。この点を踏まえた上で、親密性によって海外出稼ぎ労働者がいかに隷属的主体へと再編されるのか、一方で、親密性が国家による麻薬戦争においていかに動員されたのかを論じる。本章の結論部では、共助の再編が2010年代のフィリピンにおいて生に値する者への社会福祉（生政治）と値しない者への暴力（死政治）というキメラ的統治をもたらしていると指摘する。

　緻密なフィールドワークに基づく田川、飯田、吉澤、久保の論考に先立つ本章の役割は、共助を支えてきた親密な関係性の再編に関する現代フィリピンの見取り図を提示することにある。そのため、本章が取る視角は、決して一枚岩で語ることができない親密性をかなり大雑把にまとめ上げ、排他性が

極端に現れた事例に着目している。この視角からこぼれ落ちた多くの点は、第2部の四つの論考においてフィールドワークの具体的経験から再び批判的に検討されている。田川は、「親密性の労働」とまとめられるなかでも、具体的な労働の所作に注目することで親密性の複雑な現れ方と働きかけを捉え、親密性概念で等閑視される重要な差異を明確化している。飯田は共助を支えるイデオロギーの商品化と公助の充足の不十分さとの狭間で労働者の身体が傷つけられていく事例に着目している。一方で、吉澤と久保は、親密な関係性による主体化や排除に対するオルタナティブな視角を提示する。

I　フィリピンにおける親密な関係性

　新自由主義的政策は、人々の生を保障する公共サービスを効率性の尺度から民営化し商品化するものとして論じられる傾向にある。社会学者 L. ヴァカンの議論を参照すると、大きく分けると新自由主義の議論は二つのアプローチが主流となっている。一つは規制緩和、民営化、国家の公共セクターからの引き上げを三位一体とする市場支配モデル、もう一方は、新自由主義と共に波及した市場化、監査、自己責任などを内面化する主体の再構築に着目する統治性の議論である（Wacquant 2012）。たとえば、前者は、都市における新自由主義的政策の展開について、規制緩和による公的セクターの民営化や社会福祉に対する予算の削減の影響などに着目する。後者は、社会福祉制度などのセーフティネットが喪失したことで、人々がより良い賃金を求めて移動し単純労働の担い手となり、さまざまなリスクを負いながら新たな規律を主体化していく過程を論じる。社会学者 Z. バウマンは、このような社会状況が進展する様について個人的生活と集団的政治行動をつなぐ関係や絆が融解し、どのように生きるかという「範型と形式をつくる重い任務は個人の双肩にかかり、つくるのに失敗した場合も、責任は個人だけに帰させられる。そして、いま、相互依存の範型と形式が溶解される順番をむかえている」と指摘する（Bauman 2000=2001: 11）。
　しかし、西洋を念頭に置く上述の社会診断はフィリピンの状況を十分に捉えてはいない。フィリピンの先行研究は「ネオリベラルな統治性の浸透とと

もに顕在化し活性化する、インフォーマルかつ親密なつながり」や「つながりは、近い／遠いと表現されるように断絶されるものではない」と親密な関係性が人々のあいだに息づく様子を描写している（関 2017: 299; 細田 2019: 321）。新自由主義的な自己責任や自己決定を強調するリスク社会論にかんしても、フィリピン地方都市の無職者を調査した東は共同体や親密圏の集団的な分配を通して不安定性やリスクに対処する関係性がセーフティネットとして働くことを明らかにしている（東 2014: 256）。多くのフィリピン人が出稼ぎ労働者として海外で就労するように、グローバリゼーションによって流動性が高まるなかでも、親密な関係性を通して人々の生存が維持されているといえるだろう。

　西洋諸国とフィリピンのあいだに横たわる差異は何に由来しているのか。その一つは、個人の総和から形成される総体としての社会という西洋的な「個人と社会」の理解にある。かつてイギリスのマーガレット・サッチャー元首相は「社会などというものはない。あるのは個々の男女と家族である」と発言した（Ingold 1996: 53）。これの意味するところは、もう社会なんてないのだからすべては個人が背負わなければならないということだ。サッチャリズムにみられる新自由主義的性質を考えれば、社会福祉などの喪失は何にも保護されない剥き出しの人間を産むという発想に行き着く。しかし、個々人を支える総体としての「社会」なる存在は、フィリピンにおいてこれまで生じたことがなかった。仮に社会がなくても人は「剥き出しの個人」になるわけではなく、多様な関係性によって結びついてきた。

　ここでいう多様な関係性は「人びとのつながりで貧困を生き延びる社会」を持続してきた原動力である。関係性をつくり、維持し、管理し、変容させる交渉が人々の生存と生活に不可分に結びついてきた。こうした関係性は、東南アジア研究を代表する政治学者 J. スコットのモラルエコノミーによく現れている（Scott 1976=1999）。かれは、東南アジアの農民についてパトロンとクライアント間における互酬性倫理と生存維持倫理という二つの道徳原理を論じた。互酬性倫理とは、パトロンが小作農（クライアント）に対して相応の社会的責務を負い、小作農の自発的協力に依存する関係を支える道徳である。生存維持倫理とは、共同体のすべてのメンバーはその地域の資源が

許す限り生が保障され、その権利を持つことを指している。パトロンと小作間の関係性がまさに人々の生存を維持・決定・交渉させる。道徳とは、生存を蝶番とした義務と権利の総体を指している。スコットの共同体像は、近代的社会福祉制度の不在においていかに人々が生きてきたか、その関係性の原則となる道徳の重要性を描き出した。この道徳に基づいた互酬的関係は共同体を保持し、親族関係や儀礼親族によって強化される。現代フィリピンにおいても家族を中心とする親密なつながりや親密な階層性としてのパトロン・クライアント関係が相互依存性と互酬性のネットワークを生み出してきた（関 2017）。

道徳と密接に結びついた関係性の広がりは、原のいう「共助」としてフィリピン社会の生存を維持・再生産してきた。いわば、フィリピンにおいて生きるために必要な基盤として存続してきたのである。この共助は、生存に最も高い価値を置く。そのため、それが合法かどうかという法的判断よりも、道義が通っているかという道徳が重視される。日下がマニラにおける露天商の事例から論じたように、生存の道徳に基づいた共助は、賄賂などによって交渉することで公式の秩序を関係のなかに取り込んできたのである（日下 2013）。紐帯の喪失が自己責任や自己選択へと駆り立てる新自由主義の精神とはかけ離れたフィリピンである。しかし、一方で、こうした人を生かす親密性や共同性こそが新自由主義とのあいだで共犯関係を結んでいる。

II　商品化する共助

農村やスラムにみられる貧困地域では、親密な関係性が生存を支えてきた。しかし、原も指摘するように共助は重要だが、さまざまな問題と深く結びついている。とりわけ、近年のフィリピン経済は、人々の親密な関係性をサービスとして商品化することで急成長している。E. ボリスと S. パレーニャスによれば、「現代のグローバル資本主義の最も顕著な特徴の一つは、社会生活に浸透している親密性の商品化」の進展である（Boris and Parreñas 2010: 1）。個人主義の名のもとに、新自由主義は労働組合の抑制、社会事業の縮小、社会民主主義政策の喪失という結果をもたらす。これは日本を含む

先進国で生じている事柄だ。では、介護や看護といった福祉を実際に担うのは誰か。それはフィリピン人のような人々であろう。つまり、先進国での新自由主義による脱福祉国家化は、フィリピン経済を取り囲むグローバルな状況となり、フィリピン人に大きな影響を与えているのだ。かつて多くの女性は婚姻関係のなかで夫による扶養の引き換えとしてケアや再生産などの親密な労働を担ってきた。しかし、こうした親密な労働は、先進国におけるケアの需要の高まりによって不可欠なサービスとして求められ、市場で売買されることでその価値を高めている。フィリピン社会では、農村や貧困層出身者が富裕層の家庭に住み込みで働くことは広く受け入れてられてきたが、1980年代に始まるフィリピン経済の「女性化」とは、こうした親密な労働をグローバルな商品にすることで加速した結果であった（Tadiar 2004）。

　親密な労働は、社会的再生産のための身体的・感情的相互作用を伴う仕事と定義される。そのため、看護師や介護福祉士、また家事労働者だけに限定されるものではない。詳細は田川（第7章）の論稿を参照していただきたいが、2000年代以降、フィリピン経済の主要な産業に成長したIT-BPO産業も親密性を商品化している。人類学者J. パディオスは、コールセンターが新たな感情的関係性を要求し生み出すポスト工業化社会の労働形態であると指摘する。かのじょは、フィリピンの感情的、情動的、コミュニケーション的労働がトランスナショナルなアメリカ資本にますます取り込まれていることを説得的に論じる。とりわけ、関係的な資質を表すことばとして「他人への思いやりとケア」を意味する「マラサキット（*Malasakit*）」という概念に注目する。企業は、他者の痛み（*Sakit*）に敏感であることを指すこの規範概念をコールセンター事業全体の精神的支柱として位置づけた。優れたエージェントとは、遠く離れた顧客のクレームに対して共感を持って対応するマラサキットを備えた人材である。それだけでなく、フィリピンの現地管理職の女性は「職場とは家族のようであり、アメリカの管理職はみんなの父親のようなものだ」と説明する。休暇中にもかかわらず仕事をする理由をかのじょは「会社をまるで家族のように思うマラサキットの感情、つまり保護的関心のため」だと述べた（Padios 2018: 61-2）。企業と資本による倫理的、政治的、文化的かつ物質的な互恵性に基づく価値の積極的な取り込みは、過酷

で過剰な労働に対する半ば強制的かつ自発的な同意を引き出し、企業文化の強化を生み出す。これは日本でもやりがい搾取的な労働にみられるものであろう。

　親密性をサービスとして、また親密性をフィリピン人労働者の本質として求められるのは女性だけではない。一般的に男らしいイメージで捉えられる船乗りについても親密な労働が求められる。世界全体の海運業の15%に相当する約150万人のフィリピン人船員は、世界の海運業労働者を、ひいてはグローバル経済を陰から支える人材である。人類学者K.ファハルドによれば、海上での労働は、その過酷さだけでなく感情の管理も求められる（Fajardo 2011）。海運業における人種的ヒエラルキーは、現代のフィリピン人船員に人種的・階級的女性化を経験させ、感情管理の必要を迫っている。上司であるノルウェー人はフィリピン人船員を身体的に弱く、女らしく、怠慢で、無責任と評し、またかれらが食事や掃除といった船内の再生産労働に従事することもそうした評価をもたらしてしまう（Fajardo 2011: 13）。しかし、フィリピンの男らしさの規範とは、侮蔑に対する怒りや憤りを表に出さず耐え、管理することだと教え込まれる。その際、海運業はフィリピン人労働者の男らしさの規範を用いて再生産労働や感情管理を強いている。グローバルな物流は、こうしたフィリピン人船員のジェンダー規範を調整することで持続的に発展しているのだ。近年の民族誌的研究は、親密性や共同性、ジェンダー規範がグローバル経済と取り結ぶあやうい関係を主題化してきた。

　このように親密性とフィリピン人労働者のあり方は、グローバル経済と切り離し難く結びついているのである。たとえば、2021年の一年間、わたしは経済連携協定プログラムのフィリピン人に介護福祉士国家試験の勉強を教えていた。すでに看護師の免許を持つかれらにとって最も理解困難な箇所が公助、共助、自助という日本のケア区分であった。自律性や自発性を根幹に置く日本の介護看護のあり方は、共助にどっぷり浸かってきたフィリピン人にとって全く異なる様式であった。かれらにとって老人の買い物やホームヘルパーといったサービスをなぜ国家が提供するのか納得できず、足腰が弱いお年寄りなら「ご近所さんが街に行ったついでに買って帰ればいいじゃない」という。親密なフィリピン的感覚は、施設のお年寄りにとっても日本人

とは異なる血の通ったケアとして経験される。日本の介護福祉施設では、フィリピン的親密なケアをいかに公助の文脈に活用するか現場と教育を通して施している。共助こそがフィリピン社会の生存基盤だったと述べたが、この基盤は貧しく生き抜くのも困難な共同体や家族だけでなく、商品化されることで富裕層・中間層の生活にとって、またグローバル経済にとっての基盤ともなっている（Tadiar 2016）。

Ⅲ　自己犠牲という規範と労働者の主体化

　こうして親密な労働が商品化され輸出される時、かれらの主体も再編されていく。「自己犠牲」を意味するサクリピショ（*Sakripisyo*）と「新しい英雄」を意味するバゴン・バヤニ（*Bagong Bayani*）の言説は、とりわけ主体の構築に強く作用する。この二つの言説は、海外フィリピン人労働者を国家建設に駆り立てる道徳的規範であり、かれらを使いやすい柔軟な労働者につくり変え、定期的に送金する従順で責任ある人間へ躾ける（Rodriguez 2002）。フィリピンの歴史において自己犠牲は、社会的承認と切り離すことができない。たとえば、英雄ホセ・リサール、独裁政権に抗して殉教したベニグノ・アキノ・ジュニアなど、自己犠牲の精神はフィリピンにおける共感と共苦を奮い立たせるナショナリズムの支柱であった（Ileto 1979）。しかし、支配や圧政に抵抗する基盤となる道徳的規範は、不平等や搾取と結びついた経済体制とそれを支える労働者を生み出す装置にもなっている。

　親密性を核とする労働の多くは、身体的・精神的ストレスを伴う。日本を含む先進国において担い手が不足している介護福祉士・看護師・船員といった職種、飯田（8章）が論じる日本のフィリピン人農業従事者は、肉体・精神的にも非常に削られるものであろう。人々は、海外出稼ぎの向かう先には輝かしい未来よりもキツく辛くてあぶない労働が待ち構えていることをよく知っている。にもかかわらず、人々はそれを受け入れ、この労働条件は変わることなく、また国家も送り出した国民を保護しない状況を放置し続けている。なぜだろうか。不平等で搾取的な状況を平然と肯定し美徳化する自己犠牲の言説が社会的承認と結びついているからだ。

「国家による労働者の送り出しは、かれらが苦しむということの意味について一定の考えを育む」ことに依拠すると人類学者 J. バウティスタは指摘する（Bautista 2015: 9）。国家は、国民に対して労働の苦しみが正当であることを納得させなければならない。2000 年代に新自由主義的政策を推進したグロリア・アロヨ元大統領は、さきの船員を「新たな英雄」、さらにコールセンターの労働者も「バゴン・バヤニ」と呼んだ（Serquiña Jr. 2016）。英雄視される労働者とは、自己を犠牲にしてキツイ労働に耐える輸出品質の規律を備えた存在である。「新たな英雄」という言説は、リサールやアキノのような自己を捨て国家や社会に尽くした人物を想起させ、呼びかけられた者に責任と義務の感覚を呼び起こす。フィリピン人労働者の受難は「より大きな利益を追求するための不幸だが必要なコストとして言説的にパッケージ化される。国家は、（苦しみと死などの）危険が現実に残っていても、苦しむ人々への同情と共感的連帯を喚起することで、海外就労の崇高さをさらに高め再確認」させるのである（Bautista 2015: 10）。

　自己犠牲の物語はさまざまなかたちで人々のあいだに循環している。文学研究者 C. ピオコスは、この問題に対して家事労働者を題材とする小説や映画から物語の作用を検討している（Piocos III 2021）。フィリピンの映像プロダクションは、1990 年代初頭から国境を越えた労働を扱う何十本もの商業映画を制作し、フィリピン人移民女性について楽観主義の幻想を映し出すことで自己犠牲の言説を強化してきた。1980 年代にはすでにフィリピン人移民や旅人についての映画が散発的に公開されていたが、1990 年代には、移民女性、特に虐待や搾取の餌食となる契約家事労働者の悲劇的な運命を描いた映画が制作された。これらの映画は「ディアスポラが国内／国外のフィリピン人の日常生活に与える影響をドラマ化・視覚化することに主眼を置いており、その物語の可能性と映画の収益は、痛み、危険、トラウマに投じ」られている（Piocos III 2021: 110; Campos 2014: 628）。視聴者は映画の主人公が経験する痛みや苦しみを敬虔な殉教者のような道徳的主体と受け止め、共感し、涙を流すのである。そして、かれらはその苦しみこそがより良き未来を予感させ約束する必要な経験としてみなす。移民経験における自己犠牲の物語は、リスクや危険を否定することなく、むしろより良い生活を約束する

ものなのである。

　映画による自己犠牲の精神とステレオタイプな英雄像の循環を国家も積極的に利用してきた。1980年代にコラソン・アキノ元大統領が呼びかけたように、息子であるベニグノ・アキノ3世前大統領も「人生の苦難を喜んで受け入れる」ことを学び、「イエス・キリストが永遠に生きるチャンスを与えるために激しい苦しみに直面したように、我々の犠牲は大多数の人々に恩恵をもたらす前向きな貢献となる」と呼びかけた（Sabillo 2014）。労働者の輸出政策は、犠牲という言説をとおすことで一時的で不安定であっても発展と近代化への願望を保持させ、出稼ぎ者の経済的楽観主義として苦しみの受け入れと和解を引き出しているのである。つまり、自己犠牲は労働者自身を苦しめるが、同時にその苦しみこそが自身に価値とより良い未来を与えるものだと確信させるのである。

　自己犠牲と英雄の言説から生み出されるフィリピン人労働者の主体性は、日下がいうような自己規律的な主体とはやや異なっている。労働者は母／父、娘／息子、妻／夫として家族のより良い未来のために労苦と自己犠牲を引き受ける。かれらは親密な家族や親族の関係と期待のなかで規範を身につけ、それによって国家／親族からの承認を得るのである。同時に、この二つの言説は、フィリピン国家が提供できない出稼ぎ先での社会保障を不問にする効果を持っている。つまり、この効果とは、従順な労働者の生産と海外にいる労働者の保護コスト削減という国家にとって有益なものだ。しかし、親密性と結びついた主体化のプロセスこそ、現代フィリピンに大きな影を生み出している。自己犠牲などの規範を身につけなかった人々は承認されず、人間の範囲から除外されてしまう。自己犠牲や労苦は、人間を価値づけ、評価する重要な物差しとなっているのだ。

Ⅳ　価値ある生と価値のない生

　冒頭で触れた薬物中毒者への容赦のない切り捨ては、上述の労働者の主体化と裏と表の関係にある。国家は親密性を商品化し、また親密性の核となる道徳的規範への介入や操作によって従順な主体像をつくり出しており、その

過程において価値ある生を再生産する公的な社会福祉制度を徐々に整えている。そのため、自己犠牲という規範は社会における居場所を与える承認の可否に結びついている。自己犠牲の物語が循環するほど、誰に価値があり、誰に価値がないのかという線引きが急速に引かれていく。麻薬戦争と移民労働者という事例は、親密性がかつての生存の基盤から国家によって再編されて排他性を帯びる様子を如実に示している。

　関によれば、近年の福祉制度は新自由主義的な主体を生み出す装置として働いている。かれは、福祉制度が生産的で安全で効率的な社会を支える主体を生み出し、生かす権力が進展していると指摘する（関 2017: 14）。福祉制度とは「命令や統制によってではなく、自由な行為主体が行為する環境を構造化」し、新自由主義は「われわれの他者との関係性、アイデンティティ、人格といった最も内的で親密な領域にも浸透」してゆく（関 2017: 15）。関が取り上げる条件付き現金給付政策も、現金給付と引き換えに国家の求める家族や親子関係の規範を部分的にでも受容することが求められる。これは哲学者ミシェル・フーコーが「生政治」と呼ぶ状況の浸透である。だが、一方で生に値する資格を満たさない存在もつくり出されている。ドゥテルテ政権は、この生政治による価値ある主体の積極的な創出だけでなく、価値がないとされた者に対する容赦ない暴力と死を用いる「死政治」[1]の行使に特徴がある（Mbembe 2003=2005）。つまり、生政治と死政治が同時に執行されることで生をめぐる線引きが強固になされた。そして、生政治と死政治のキメラは、どちらも親密な関係性（共助）を動員して展開されているのである。

　この線引きは、さまざまな契機によって人々のまえに立ち現れる。価値ある生として承認されている出稼ぎ移民労働者も、その地位がつねに安定しているわけではない。価値ある生から価値のない生へ転落したフィリピン人家事労働者メアリー・ジェーン・ヴェローソの事例は注目に値する。メア

1　政治理論家アキーユ・ンベンベによれば、フーコーの生政治・生権力だけでは現在をとらえるためには不十分である。死政治に特徴づけられる後期植民地占領下にある社会、とりわけパレスチナのような場所において主権とは誰が重要であり、重要でないか、誰を捨てているのかそうではないのかを決める能力を意味する（Mbembe 2003=2005: 28）。また、フィリピンにおける死権力の分析についてはヴィセンテ・ラファエルを参照（Rafael 2021）。

リー・ジェーンは、2010年インドネシアでスーツケースに入った2.6kgの麻薬を密輸した容疑で逮捕された。かのじょは出稼ぎ先のマレーシアでの職を失ったが、ニナン（儀礼親族の叔母）がインドネシアでの就労を斡旋してくれたため、インドネシアへと渡ることになった。その際、叔母からスーツケースを託されたが、そのなかに麻薬が入れられていたのである。そして、インドネシアで死刑が言い渡された。2015年3月、メアリー・ジェーンの死刑執行が迫っているというニュースが報道され、当初、犯罪者ではなく高潔な被害者と認識され、その処罰は不当で厳しすぎるという見方がなされた。メアリー・ジェーンは、1995年3月にシンガポールで死刑となったフロアー・コンテンプラシオン[2]の再来として理解された。コンテンプラシオンの生涯は国民的女優ノラ・オノールによって映画化されている。海外の家事労働者の受難と自己犠牲の物語は、メアリー・ジェーンに対する国民的共感をもたらした。

　しかし、かのじょの母セリア・ヴェローソが娘の命を危険に晒した政府に不満を公表した後、同情から憎悪へと世論が反転する。母親のアキノ政権に対する非難はツイッターで論争の的となり、ハッシュタグ「#メアリー・ジェーンの救済」から「#いますぐかのじょを処刑しろ」「#セリア・ヴェローソ銃殺隊」へと変更された。この突然のムードの変化は、セリア・ヴェローソが娘を救ったアキノ大統領の努力に対するウタン・ナ・ローブ（恩義）を明らかに欠いていたため、フィリピン国民がヴェローソ家の苦境に対して共感を喪失したことに起因する。メアリー・ジェーンの運命を嘆き、家族の苦悩に同情していた多くのフィリピン人は、ヴェローソ家の感謝のなさを恥じ、かのじょ自身の過失を非難する敵意へと転じたのであった。ピオコスは、フィリピンにおける自己犠牲の言説がメアリー・ジェーンのように生に値しない存在をつくり出すあやうさを指摘している（Piocos Ⅲ 2021: 132-3）。

2　コンテンプラシオンは、シンガポールで家事労働者として働き、1991年に同僚のフィリピン人ヘルパーと4歳の子どもを殺害した罪で有罪判決を受け、最終的に絞首刑に処された。死刑執行まで数週間と迫った時、国民感情が高まり、刑の中止を求めるデモなどが活発に行われた。

こうした生の価値をめぐる線引きを最も強烈に実行したのがドゥテルテ政権による麻薬戦争である。かれは薬物密売人などの犯罪者を「殺して、マニラ湾の魚を太らせてやる」と公言し、実際に2万人とも3万人ともいわれる薬物の使用者や売人を超法規的に殺害した。まさに死をもって社会を規律化するドゥテルテ大統領は、単に規律ということばでは済まされない、死をもたらす圧倒的権力であった。この権力は、生きるに値しない人々を社会の純粋な敵として死をもって排除する。ンベンベは、死政治において技術的インフラによる社会の分割を強調しているが、ドゥテルテの麻薬戦争では、これまで人々を生かし続けてきた親密な共助という基盤＝インフラを殺戮の道具として利用したのである。

　この戦争が最も凄惨な状況をもたらしたマニラ首都圏のスラムをみてみよう。人類学者S. イェンセンとK. ハパルによる民族誌はコミュニティの親密性と国家の取り締まりがいかに結びついているかを論じている（Jensen and Hapal 2022）。戦争以前では、スラムの住民は、麻薬の売人、堕胎医、フエテンの集金人、闘鶏の運営者などが違法でありながらも日々の生活のために不可欠であるという相互理解を示してきた。なぜなら合法／違法という線引きだけでは、スラムの人々は生きていくことができないからだ。たとえば、明確に違法であり社会的悪とされる堕胎（第10章）についても、それがある人にとって、ある家族にとって必要なサービスであることは確かなのだ。ここでは、どのような違法行為や犯罪を取り締まるかは、合法性の問題ではなく道徳的問題である（第4章）。金銭的余裕も利用可能な社会福祉制度も限られる場合、多くの事柄は親密性に基づく交渉に根ざしている。借金の支払いを待ってほしい、金銭的に援助してほしい時などには、自分の窮状を話し相手の感情に訴え交渉しなければならない。スラムの親密性は、訴え交渉するための社会空間を生み出す。日常的な接触と交渉の生み出す親密な関係がスラムを紡ぎ出し、生存という道徳を支柱として善悪の混濁する状況を維持してきた。

　しかし、この親密さこそ、スラムにおける超法規的殺害を円滑化させ、さらには激化させる基盤となったのである（Jensen and Hapal 2022）。麻薬戦争は殺害対象者のリストによって可能になった。「ウォッチ・リスト」と呼

ばれるこの資料は、一般住民からの報告、麻薬関係者の自白、バランガイ[3]のキャプテンやタノッドといったローカルで親密なつながりに基づいて警察が作成したものである。つまり、お互いをよく知るという生存のための親密性が死をもたらすリスト作成の基盤となったのである。麻薬戦争がコミュニティの親密性を囲い込む恐ろしさは、スラムにおいて完璧に潔白であることなどできないため、予期せぬかたちで死すべき対象者としてリストに含まれてしまう危険性にあった。親密性と交渉可能性に基礎づけられたコミュニティは、その性質が故に国家の介入によって再編させられてしまったのである。

　冒頭の友人のことばに戻ってみよう。かれの息子は過去に薬物に手を出していたことがあった。そのことは友人からではなく、近隣住民から教えられたことだった。コミュニティの親密性は、多くの事柄を共有してしまう。かれは薬物中毒者を自分の家族から徹底的に切り離すことを試みていた。だが、親密性とは交渉の余地をつくり出す。だからこそ、友人は麻薬中毒者を他者化し、非人間化している。また、かれにとって麻薬による家族関係の悪化、中毒者による暴力への不安や恐れからもスティグマは強化されているのではないだろうか。吉澤の事例（第9章）でも、親族の中毒者をめぐって家族のなかに軋轢と緊張が走る様子が示されている。ドゥテルテ政権の麻薬戦争は、国家による死の制裁という単純なものではなく、親密な相互理解と薬物への経験的近さを利用して実施され、貧しき人々のあいだ、親しい関係のあいだでの分断をもたらした。

　価値のない生への転落は、麻薬戦争の犠牲者にしても、さきのメアリー・ジェーンにしても死者として嘆かれ、同情を受ける対象から除外されることを意味していた。「薬物の売人はウイルスみたいなものだ」という友人のように、価値のない生は非人間として表現される。一方、価値ある生を証明するためには、自己犠牲や英雄といった言説を受け入れることで、良い母、良い妻、良い娘、良い労働者、良い市民としての規範を内面化する必要がある。

3　バランガイとは、市と町を構成する最小の地方自治単位である。選挙で9名の議員が選出される。キャプテンとはその代表であり、タノッドはバランガイ内の取り締まりを行う非武装の警備員を指す。

そして、同情され哀れまれる人間であるためには、規範を内面化し続けるだけでなく、その労苦と善良さをフィリピン社会に認められ続けなければならない。非難され非人間化されたメアリー・ジェーンや麻薬戦争の犠牲者は、共感と哀悼に値することをなんとか証明しなければならなかった。だが、規範を破ったメアリー・ジェーンは、権利を持った主体としての地位を失ってしまったのである。

　本章でみてきたように国家は共助に働きかけながら、生きるに値する者としない者の線引きを強固にしている。つまり、人々の生を保障する社会民主主義の路線へ舵を切りながらも、それは同時に生かすに値しない人間を社会から排除する死政治と隣り合わせなのである。どちらのケースも、人間という複数の顔を持つ複雑な存在が中毒者、良き労働者という一つの顔だけに切り詰められていく。

おわりに

　国家による親密性への介入は決して 2010 年代に始まったわけではない。1980 年代にコラソン・アキノ元大統領が家事労働者を「新しい英雄」と呼びかけたように介入は連綿と続いてきた。視点を変えれば、スラムの親密なつながりが選挙時の票田として利用されてきたこともその証左であろう。その意味では、国家はつねにすでに人々のあいだに宿る親密性や助け合う共助の利用価値、つまり政治経済的資源価値に気づいていた。だが、2010 年代に顕著に現れてきたのは親密性や共助のより一層の商品化、さらにそれに伴う生に対する価値の線引き／引き直しであった。私の目には、生きる価値のある者を生かし（社会福祉事業を積極的に導入して生産的な人材をつくり出し）、麻薬戦争によって値しない者を殺害する一見相反する国家の動きは、この生の線引きにおいて一貫しているように映る。公助が拡充する一方で、それがフィリピンでは労働者をつくり出す実践、そしてケアに値しない労働者を無視する実践と結びついているのではないだろうか。強権的で力強い物言いをするドゥテルテの姿に目を奪われがちであるが、薬物に対する戦争は親密性によって結びついた社会を再編する過程であった。

　現代フィリピンにおいて互酬的な取引によって「生存」を維持するモラル

エコノミー的方途に何らかの解決策を期待することはできないだろう。本章だけでも、「サクリピショ」、「マラサキット」、「ウータン・ナ・ローブ」といった親密なつながりに関する諸概念が国家の政策とグローバル経済に深く埋め込まれてしまったことがわかる。吉澤の論考が自己犠牲でも共感・共苦でもない身体的応答関係を捉えようと試みるのも、人々の生が規範によってのみ維持されるのであれば、それは容易に暴力と排除へと転化する危険性を内包するからである。いわば、規範となった道徳に依拠した相互扶助は、規範から逸脱した人々には何の助けにもならないのだ。だが、人権といった普遍的概念に救いを求めることもできない。なぜなら「人権の概念は……人間が国家によって保障された権利を失い現実に人権にしか頼れなくなったその瞬間に崩れてしまった。他のすべての社会的および政治的資格を失ってしまったとき、単に人間であるということからは何らの権利も生じなかった。人間であるという抽象的な赤裸な存在に対して世界は何ら畏敬の念を示さない」からだ（Arendt 1951=1972: 286）。アーレントが論じたのは難民のような無国籍者についてだが、麻薬戦争は国内において人間として承認しない存在を生み出したのであった。

　本章を締めくくるに際し、移民労働者の活動団体ミグランテ（*Migrante*）による「送金ゼロ日」の試みを紹介したい。これは人々を十分に保護せず危険な労働に従事させる自己犠牲の言説に抗する運動である。この運動は、フィリピン人労働者が家族への送金を一日差し控えることで、かれらの犠牲を利用するフィリピン国家に政策変更を要求している。団体の代表たちによると、送金の差し控えは、「私たちを詐欺にかけ、搾乳牛としてしか扱わないフィリピン国家のあらゆる動きに対する海外フィリピン人労働者の結束と集団行動」を示し、自分たちの存在が「私たちが送るドルやバリックバヤンの箱よりもはるかに価値がある」ことを国家に証明するためだという（Santos 2015）。利用され囲い込まれた親密性やさまざまな概念を問いなおす運動もなされているのだ。本章に続く田川と飯田の論考はグローバル経済と親密性の脱出困難な絡まり合いを深く眼差している。一方、吉澤と久保の論考は、そこに留まらない潜在的可能性を探求している。

［文献］

Arendt, H., 1951, *The Origins of Totalitarianism*, Schocken Books（= 1972, 大島通義・大島かおり訳『全体主義の起原2──帝国主義』みすず書房.）

東賢太朗, 2014,「「待ち」と「賭け」の可能性──フィリピン地方都市の無職と出稼ぎ」, 東賢太朗, 市野澤潤平, 木村周平, 飯田卓編,『リスクの人類学──不確実な世界を生きる』世界思想社, 239-261.

Bauman, Z., 2000, *Liquid Modernity*, Polity Press（= 2001, 森田典正訳『リキッド・モダニティ──液状化する社会』大月書店.）

Bautista, J., 2015, "Religion, Sacrifice and Transnational Labor in the Philippines," *CEAS Newsletter*, 70 (9–10).

Boris, E. and Parreñas, S., 2010, *Intimate Labors: Cultures, Technologies, and the Politics of Care*, Stanford University Press.

Campos, P., 2014, "Ghostly Allegories: Hauntings as Constitution of Philippine (Trans) National (Cinema) History," *Kritika Kultura*, 21/22 611–43.

Fajardo, B., 2011, *Filipino Crosscurrents: Oceanographies of Seafaring, Masculinities, and Globalization*, University of Minnesota Press.

細田尚美, 2019,『幸運を探すフィリピンの移民たち──冒険・犠牲・祝福の民族誌』明石書店.

Ileto, R., 1979, *Pasyon and Revolution: Popular Movements in the Philippines, 1840-1910*, Ateneo de Manila Univercity Press.

Ingold, T., 1996, *Key Debates in Anthropology*, Routledge.

Jensen, S. and Hapal, K., 2022, *Communal Intimacy and the Violence of Politics: Understanding the War on Drugs in Bagong Silang, Philippines*, Cornell University Press.

日下渉, 2013,『反市民の政治学──フィリピンの民主主義と道徳』法政大学出版局.

Mbembe, A., 2003, "Necropolitics," *Public Culture* 15(1) 11-40（= 2005, 小田原琳・古川高子訳,「ネクロポリティクス──死の政治学」『Quadrante』, 7: 11–42)

Padios, J., 2018, *A Nation on the Line: Call Centers as Postcolonial Predicaments in the Philippines*, Duke University Press.

Piocos Ⅲ, C., 2021, *Affect, Narratives and Politics of Southeast Asian Migration*, Routledge.

Rafael, V., 2021, *The Sovereign Trickster: Death and Laughter in the Age of Duterte*, Duke University Press.

Rodriguez, R., 2002, "Migrant Heroes: Nationalism, Citizenship, and the Politics of Filipino Migrant Labor," *Citizenship Studies*, 6 (3) 341–56.

Sabillo, K., 2014, "Aquino to Public: Learn to Sacrifice," *Philippine Daily Inquirer*, April 17.

Santos, T., 2015, " 'Zero Remittance Day' a Success, Says Migrant Workers Group," *Philippine Daily Inquirer*, August 28.

Scott, J., 1976, *The Moral Economy of the Peasant: Rebellion and Subsistence in Southeast Asia*, Yale University Press（=1999, 高橋彰訳『モーラル・エコノミー──東南アジアの農民叛乱と生存維持』勁草書房.）

関恒樹, 2017,『「社会的なもの」の人類学──フィリピンのグローバル化と開発にみるつながりの諸相』明石書店.

Serquiña Jr, OT., 2016, ""The Greatest Workers of the World": PhilippineLabor out-Migration and the Politics of Labeling in Gloria Macapagal-Arroyo's Presidential Rhetoric," *Philippine Political Science Journal*, 37(3) 207–27.

Tadiar, N., 2004, *Fantasy-Production Sexual Economies and Other Philippine Consequences for the New World Order*, Hong Kong University Press.

───── , 2016, "City Everywhere," *Theory, Culture & Society*, 33 (7–8) 57–83.

Wacquant, L., 2012, "Three steps to a historical anthropology of actually existing neoliberalism," *Social Anthropology*, 20 (1) 66–79.

第 7 章

「親しみやすさ」の複数性
──コールセンターと KTV の労働世界

田川 夢乃

> 親密性の労働　グローバル市場経済　ケア　キャリアパス

はじめに

　第二次産業を飛び越えて第三次産業が急速に発展している多くの新興国のなかでも、フィリピンはその特異性が顕著な国のひとつである。長年にわたり第三次産業が同国の経済を牽引しており、その比率は全体の 6 割近くにも上る。貿易の面でみても主要な商品といえば若く働き盛りの労働者で、2021 年には海外出稼ぎ労働者からの送金が GDP の 8.9% に相当する水準に達した（BPS 2022）。なかでも介護や看護、家内労働から接待飲食業まで、人を癒し配慮し面倒をみるような、極めて私的で感情的な「親密性の労働」にまつわるグローバルな労働市場において、フィリピン人の、とりわけフィリピン人女性の存在感は著しいものとなっている。

　彼ら・彼女らが従事している「親密性の労働」（intimate work）とは、ケアや性行為、家内労働を含み、多くの場合人と人との対面的な相互行為を必要とする、他者の身体的、知的、情動的、その他の感情的必要性を促進する活動である（Boris & Parreñas 2010: 2）。また、しばしば感情的な関与（感情労働）が重要となり、他者に対する配慮や、時に親しみの感情を向けることが求められる。そのような親密性の労働のグローバル市場において、フィリピン人をめぐってしばしば言及されるのが、「ホスピタリティ」と「親しみやすさ」である。

　「フィリピン人はホスピタリティの精神に溢れ、陽気で明るく面倒みがよい」、「加えて彼らは若く、家族のために必死に働き、そして何より安価である」。労働が関わる場面でフィリピン人について語られるとき、しばしばそ

のようなステレオタイプが用いられる。そうした彼女たちの「長所」が、親密性の労働にうってつけだとされるのだ。しかしながら、グローバル市場の最末端に位置づけられ、私的かつ公的で人びとの生の再生産に関わるような親密性の労働に「陽気でホスピタリティ精神に溢れるフィリピン人」は他のどの人種よりも適しているのだと、そう片付けてしまえるのだろうか。

　親密性の労働が人種差別や搾取と結びつくことはこれまでも指摘されてきた。それだけでなく、親密性で括られる労働のなかにも差異があり、ひとくちに親密性の労働といってもその内実は様々に異なっている。たとえ上記の「長所」がグローバル市場でフィリピン人労働者の価値を上げ需要を高めるとしても、個々の労働現場においてそれらの「長所」がどのように動員され価値づけられているのかを明らかにする必要がある。そうでなければ、親密性の労働というブラックボックスは未開封のまま「無償労働を外注しただけの単純労働」として据え置かれかねない。個々の労働状況のもとでそれぞれの労働者がどのような生を営んでいるのかという点に目を向けなければ、貧困国の労働人材がいかに搾取されているかという、搾取する側の土俵に乗った平板な議論に陥りかねないのである。

　そこで本稿は、個々の親密性の労働においてどのような親密性（intimacy）が求められ提供されているのかを、具体的な労働の現場に注目しながら検討していく。ここでは、インバウンドのコールセンターと日本人男性向け接待飲食業（Japanese karaoke TV, 以下、JKTV と略）という二種類の親密性の労働をとりあげたい。これら二つの労働は、どちらも親密性の労働とみなされながら、それぞれの労働現場で求められる親密性のありかたが大きく異なっている。本稿では、それら二つの労働現場でのフィールドワークとそれぞれの産業の協会幹部（コールセンター）、経営者（JKTV）、末端の労働者（両産業）へのインタビューによって得られたデータを用いて、二つの労働で求められる親密性がどのように異なっているのかを明らかにする。同時に、そこで働く人びとがどのような類似性をもつのかを検討することで、グローバル市場経済が席巻する時代を生きる人びとの生を捉え返していきたい。

　なお、本章における議論は序論各論に対して直接批判を行うものではないが、本章は新自由主義的価値観の浸透によって崩壊し、あるいは利用され形

骸化する「親密性」の内実とはそもそもいかようなものなのだろうかという疑問を発端としている。

I　フィリピン社会と親密性の労働

　そもそも親密性の労働は、これまでその多くを女性が担ってきた（あるいは担わされてきた）家事や育児、介護、あるいは性行為といった親密な他者への無償の労働（奉仕）の商品化の増加とともに指摘されるようになった。

　ボリスとパレーニャスは、グローバル経済の変革のなかでの親密性の労働の位置づけに注目する。先進国の女性の社会進出が進むにつれ、それまで彼女たちが担っていた再生産労働を代わりに担う労働力が必要とされるようになった。それらの労働には、身体的健康と家庭環境の維持、個人あるいは家族の健康の維持、性的接触や性行為などの活動が含まれる。また子どもの入浴介助や顧客との性行為のような身体接触、身体的かつ情緒的な接近を含む活動や、高齢者を注意深く見守ったり、研修生に助言を与えたりするような、他者を身近で観察し個人情報を熟知することなどが必要とされる（Boris & Parreñas 2010: 2）。

　親密性の労働は、私的な空間に限らず公的な場所でも行われ、専門的な看護からセックスワークや家事労働までを含む。だが、ヒトやモノが活発に行き交うグローバリゼーションの時代において、それらの労働の多くは、低所得者層や人種的な他者によって賄われるべき経済的価値の低い仕事とみなされるようになった。他方で、これらの労働は見知らぬ他者や友人、家族、性的なパートナー、子どもや高齢者、病者や障がい者など、様々なカテゴリーに属する人びとの身体的かつ感情的、知的、情動的なあらゆるニーズに応えてきた。それは同時に、そうした人びとの健康を維持し、彼ら・彼女らに感情的充足をもたらしてきたということでもある。言い換えれば、親密性の労働が人間の社会的な再生産を根底から支えてきたのだ。

　ただし、人間の社会的生に大きく関わる労働であるということは、特段の賞賛や敬意を向けられるわけでもない。むしろ従来女性が無償で担ってきた親密性の労働は、「特別な技術や能力を必要としない誰にでもできる仕事」

として非熟練性が強調される傾向にある。

　このような親密性の労働とフィリピン人労働者との密接な関係の発端は、植民地支配─被支配の関係に求めることができる。そもそも「フィリピン人＝親密性の労働」という図式は、近年になって成立したものだというよりも、第二次世界大戦後、朝鮮戦争やベトナム戦争時にアメリカ軍の駐留兵士を対象に整備された「休息と慰安産業」（Rest & Recreation industry，以下、R&R産業と略）を基盤とするセックス・ツーリズムが大きく影響している。そのような観光における「女性の商品化」は、マルコス政権期の観光推進政策によって大いに利用されることとなる。

　同時に、マルコス政権期のもうひとつの要であった海外雇用政策においても、フィリピン国家はグローバル市場経済における「先進国」との非対称な権力関係のなかでヒトと労働力を搾取されてきた。海外雇用政策は当初、外貨獲得、技術移転、失業問題の緩和を目的とした「短期的開発政策」として位置付けられた。だが、同政策は政府の予想を超える海外出稼ぎ労働者の増加を受けて、今日までのフィリピンにおける重要な政策のひとつとなっている（小ヶ谷　2009: 94）。

　このように、フィリピン国家がグローバル市場経済に再配置されるなかで、フィリピンの人びとは親密性の労働に適した労働力人材として商品化されてきた。フィリピンの人びとの身体は、労働力需要を満たすための安価で使い勝手の良い労働力へと変換されてきたのである。だが、他方で、そうした市場における価値づけが、個々の労働者が自らの、あるいは家族の生を賄うための手段を得るうえで有利に働くこともまた事実である。ここでは、権力をもつ側による搾取の論理と、末端の労働者の生存の論理を区別して捉えなければならない。私たちは、グローバルな市場経済の波に翻弄されながらも、そうした末端の労働者がどのような親密性の労働を求められ、どのように親密性を用いることで明日を生き抜くための糧を得ているのか、また、そうした労働を自らの生活（人生）においてどのように位置づけているのかという点に注目する必要がある。

II　親密性の労働と「親密性」

　「はじめに」でも述べたように、ひとくちに親密性の労働といってもその
内実は様々である。そのひとつの理由として、それぞれの労働現場で求めら
れる「親密性」の意味や実践が異なっていることが挙げられる。本節で検討
するコールセンター産業と接待飲食業ではその差異が顕著である。例えば、
カスタマーサービスを主な業務とするコールセンターのエージェント[1]はよ
り短時間でより多くの顧客に対応することが求められる。そのため、そこで
発揮される「親密性」は文字通りの親しみなのであり、適切な距離感を保っ
た親しみを演出することで顧客の気持ちを落ち着かせコミュニケーションを
スムーズにとることが重要となる。エージェントは顧客が製品やサービスに
抱く悩みや疑問を解決し、腹を立てた顧客の言い分を聞き、時に謝罪をする
ことで顧客の怒りを沈めるというケアワークを行っているのだ。

　これに対して、接待飲食業の日本人男性向けカラオケパブ（JKTV）にお
ける customer care assistant（以下、CCA と略）[2]の場合、顧客により長く
滞在し、あるいはより頻繁に来店するよう促すことが求められる。そこでは
性愛的な関心を含む親密さを演出することが必要とされ、同時に顧客との間
に個別具体的で代替不可能な親しみの関係を築くことによって CCA は経済
的不安や性暴力に晒されるリスクを軽減することもできる[3]。性愛に関わる仕
事として、セックスワークや接待飲食業は親密性の労働とみなされやすい。
その多くが直接的な性的接触をサービスに含むセックスワークとは異なり、
接待飲食業は身体の性的接触よりも会話による接待が主となる。だが、その
どちらも顧客を癒すケアワークと考えられることから、親密性の労働として
の共通点をもつ[4]。

1　電話やメールで顧客対応を行う末端のオペレーターを指す業界用語。
2　顧客の横に座って接待を行う女性接客者を指す。かつては guest related officer（GRO）
と呼ばれていたが、GRO という言葉に付与された「売春婦」のイメージを避けるため、JKTV
の日本人オーナーを中心に CCA という呼称が用いられるようになった。
3　詳しくは田川（2021）を参照。
4　この点はかつて在比米軍に向けて提供された性産業が R&R 産業（休息と慰安）と総称

このように、コールセンター・エージェントも JKTV の CCA も顧客をケアする仕事であるが、そこで発揮される親密性の性質は大きく異なっている。さらに、これらの労働現場の内実を明らかにした先行研究に鑑みても、両者には興味深い差異が見られる。

　顧客に対して親しみの感情を向けることは、顧客へのサービス（＝商品）の一部であると同時に、労働者にとっても仕事のなかで被るストレスを軽減するための感情管理の方途であることは、エージェントにもセックスワーカーにも見られることである（cf. Fabros 2016; 田中 2014）。他方、マニュアル的な親しみの表出を超えた顧客へのケアや配慮、親密さの感情・実践に対するまなざしは、両者で大きく隔たりがある。それらの感情の表出や実践は、コールセンターでは業務の円滑な遂行を妨げるものとして否定的に扱われる（Fabros 2016）。対照的に、JKTV ではそうした感情で結ばれた特別な顧客をもつことは CCA 自身が望むことであり、店の経営者側からも推奨される（田川 2019）。

　加えて、コールセンター産業に注目した研究では、顧客に親しみを示すことは、機械的な労働から自身の心を守り、かつ末端の労働者を取り替え可能な部品へと矮小化するグローバル市場経済の論理をずらし、そうした状況を乗りこなすための狡知とみなされる。だが同時に、そのようなエージェントの実践は、むしろ中心が周縁を搾取するというグローバル市場の構造を強化し再生産することが指摘されている（Padios 2018）[5]。他方、JKTV のような接待飲食業やセックスワークを扱う先行研究においては、マニュアル外の親しみの発揮は、金銭と性的サービスとの商業的取引関係を越える愛情で結ばれた親密関係の醸成として描かれてきた（Bernstein 2007）。こうしたコールセンター・エージェントと CCA やセックスワーカーとの分析上の差異は、ひとつには前者がより匿名的かつ単発的な親密さを求められる分、ミクロな事例よりもマクロな構造に目を向けられやすいことが挙げられる。一方で、

されたことからも明らかである。
5　これは離職やボイコットなどのソフト・レジスタンスと解釈される実践にしても同様である。「使えない人材」は淘汰され、「使える人材」が残り、また新たな人材が補充されることで末端の労働現場は維持され続ける。

後者は個別具体的かつ長期的（継続的）な関係が希求される分、親密性を介して関係性が変容する過程に目を向けやすく、ミクロな変化やずれに焦点を合わせやすい。とはいえ、だからといってコールセンター産業はJKTVや他のセックスワークよりも搾取的であるとか、CCAやセックスワーカーは顧客と親密関係を築くことで搾取を免れることができているとか、そう言い切ることはできない。視点を変えてみると、顧客応対で発揮する親しみを自らのコミュニケーション能力として自負するエージェントの姿が見えてくる（田川 2018）。あるいは、顧客と親密になることが却ってサービスへの対価の不払いや過度な性的接触の要求などの搾取や性暴力を招く場合もある（田川 2021）。

　以下では、親密性の労働の現場で働く人びとを焦点化し、個々の労働者は労働のなかでどのような親密性を求められているのか、他方で、彼ら・彼女らはその仕事を自らの生においてどのように位置づけているのかを検討していく。

III　親密性の労働における親密性——商品性と非商品性

1．管理する側にとっての「親密性」

（1）コールセンター産業の場合

　さて、ここではまず、コールセンター産業に注目して見ていこう。フィリピンを含むアジアのコールセンター産業は、欧米を中心とする多国籍企業の一部業務を請け負って代行するビジネス・プロセス・アウトソーシング産業（business process outsourcing industry, 以下、BPO 産業と略）の分野のひとつであり、電話やメールによる顧客応対（カスタマーサービスやサポートデスクなど）を主要業務としている。

　フィリピンは 2010 年にそれまでアジアの BPO コールセンター産業を牽引していたインドを抜いてトップシェアに躍り出ると、国家単位で BPO 産業の発展を後押しした甲斐もあって 2017 年には 64 万 4,051 人を雇用するまでに成長した（PNSA 2018）。なかでもコールセンター産業はその 60％以上を占めているが、フィリピンのコールセンター産業の統括組織であるフィリ

ピン・コンタクトセンター協会（the Contact Center Association of the Philippines,
以下、CCAP と略）のウェブサイトには、フィリピンの人材の優れた言語
能力、高い共感力を賞賛し、かつ低コストで質の高い人材であることを喧伝
する記載がある[6]。

　筆者が行ったインタビュー調査でも、エージェントを統括する管理職のく
ちからそれらの能力・技術を強調する言葉が発せられた。フィリピン IT ビ
ジネス協会でタレントマネジメントを担当していた A 氏は「エージェントに
必要なのは英語の語学力だけではない。コミュニケーション能力と忍耐力が
必要」と述べ、顧客応対は誰にでもできる仕事ではないことに言及した。こ
こでの忍耐力というのは、顧客から浴びせられる理不尽な言葉の暴力による
精神的なストレスと夜間シフトによる身体的なストレスに耐えられることと
いう意味をもつ。

　コールセンターに採用されたエージェントは、約 1 ヶ月の研修を受ける必
要があり、そのなかでフィリピン訛りを矯正し、担当する地域のアクセント
を習得する。西海岸の顧客には西海岸の、東海岸の顧客には東海岸のアクセ
ントで対応する徹底ぶりは、まさしく顧客の感情的経験を重視するサービス
のありかたを体現している。だが、どれだけ時間とコストを費やしてエー
ジェントを育てたとしても、すぐに辞められてしまったのでは全てが水の泡
となって消えてしまう。A 氏によれば、コールセンター産業が抱える最も深
刻な問題は離職率の高さであり、その克服が何よりも喫緊の課題であるとの
ことだった。

　そこで、離職率低減のため行われたのが、レクリエーション・プログラム
の拡充である。職場の仮眠スペース、プレイルームの設置のほか、エージェ
ント同士の結束を高めることを目的とする催し物や日帰り旅行なども行われ
ている。ここで興味深いのが、エージェント同士の親密さを高めることが彼
ら・彼女らをその職場に居着かせるための方途として用いられていることだ。
実際、大学を卒業したばかりの 20 代前半の若者が多いエージェントにおい
て、チームワークの重視やレクリエーションの拡充はエージェントの職場へ

6　https://ccap.ph/investors/agencies/　2022 年 11 月 1 日最終アクセス。

の定着に効果的であるとA氏も述べていた。

　このように、親密性は顧客に対するサービスとして用いられるだけでなく、労働者間の結束を高め職場への愛着を湧かせるためにも利用される。雇用する側にとってエージェントが表する親密性はサービスの品質を向上させる資源であるとともに、エージェントという労働力人材の使用期限を延ばすための資源でもあるのだ。

（2）JKTVの場合

　では、JKTVの場合はどうだろうか。日本の接待飲食業を模してつくられたJKTVは1970年代に日系企業が世界へと拠点を拡大していくなかで誕生したといわれている。なかでもフィリピンのJKTVは1980年代のセックス・ツーリズムの爆発的な人気とともにその数を増やしていった。主な業務は顧客との会話、お酌、ダンスや歌のステージパフォーマンスなどによる接待である。ゴーゴーバーや置屋とは異なり、日本人経営のJKTVは連れ出しを禁止しており、店内での挿入込みの性行為も禁止されている[7]。

　対面での接待を基本とするJKTVでもやはり親密性がサービスの一環として重視される。筆者が参与観察を行ったJKTV、X店の閉店後のミーティングで、ママからCCAに対して以下のように注意をする場面があった[8]。

　　　　おんなのこたち、よく聞いて。ゲスト（顧客）はね、あなたたちの友
　　　　達じゃないの。友達といるときみたいな（態度）ではだめ。あなたたち
　　　　がジョワ（恋人）[9]といるときのようにしなさい。

　ここで興味深いのは、JKTVにおいては同じ「親しみの表出」でも友人に対する親しみと恋人に対するそれとでは区別が設けられていることである。ここから、ひとくちに「親密性の労働」といっても、実際の労働現場で表出

7　韓国や中国人経営のKTVやフィリピン人経営のKTVの場合はまたルールが異なっている。

8　ママとは、JKTVでは女性接客者の管理、店の統括を行う立場の者を指す。店によっては店の統括は店長と呼ばれる男性従業員が行うところもある。

9　元はゲイコミュニティで用いられていたスラングであり、付き合いたての恋人や結婚を前提としていない恋人のことを意味する。

される親密性には大きな隔たりがあることがよくわかる。ママの言葉通り、JKTVにおいてCCAは顧客との間に恋人のような関係を演出することを求められることが多い。他方、友人のような気安さは上記のように嗜められるし、親子のような親愛を求められることもない。ここで求められるのは男と女の性愛的関心に基づく親密さを表現することである。

　そうした顧客に対する親しみや親密さの表現は、X店の場合、新人のCCAは徒弟制のように勤務歴の長い（あるいは人気のある）先輩CCAの仕草から見て学ぶものであった[10]。来店の挨拶から笑顔での顧客へのアピール、90分から120分の時間制飲み放題の間の顧客との会話やカラオケ、顧客のドリンクへの目配り、そうしたなかでの自らのドリンクのおねだりといったCCAが行う一連の「接待」は、単に話す、お酌をする、ということではない。顧客が会話に積極的であるか、どのような会話を好むのかも場当たり的にしか把握はできないし、機械的にならないように顧客のドリンクをつくり、顧客に不快感を与えないように自分のドリンクをねだることはそう容易いことではない。これらの動作を「恋人のような親密さ」を演出しながら行うことが求められるのだから、CCAが被るストレスも相当のものだと考えられる[11]。だが、そうした一連のサービスを身につけることはCCAの仕事の基本なのであり、より多くを稼ぐためには容姿が整っていたり、歌が得意だったり、日本語が話せたりと、そこからプラスアルファの能力を有している必要がある。

２. 末端の労働者の側の「親密性」

　他方、このような管理する側による親密性への期待を、エージェントや

10　他方、小規模で在籍するCCAの数も少ないX店とは異なり、CCAの在籍数も100名を優に超すような大型の店舗では、採用されたCCAにはマニュアルを用いた研修が行われ、そのなかで日本人男性客への接客についても指導が行われるという。

11　さらに付け加えれば、こうした接待の最中、顧客からのセクハラや店外での性交渉の誘い、人種差別的な発言などを怒ることなく笑顔でかわすことまで求められる。顧客と喧嘩をした場合、CCAにはペナルティとして罰金が課されるか、より深刻な場合は解雇となる。

CCA 自身はどのように捉えているのだろうか[12]。

(1) コールセンター・エージェントの場合

　筆者が現役のエージェントと過去エージェントをしていた人びとに対して行ったインタビューのなかで、「仕事」を焦点化した質問では、インフォーマントの語りは管理する側とほとんど変わらないものになった。些か抽象的な質問ではあるのだが、「あなたはコールセンター・エージェントの仕事をどのように考えていますか」という質問に対しては、コールセンターでの仕事は英語でのコミュニケーションやリスニングのスキルが要求されること、規律や規範の厳しさ、定められたノルマをこなすことの難しさがしばしばあがった。世界各地にある外資系ホテルのコールセンターで働くマークは、エージェントの仕事は「経済的にも専門的にもやりがいがあり、多くの人と電話越しに、あるいは職場で出会い彼らを理解することは、仕事の上でも人生においても、新たな知識と多くの学びをたらしてくれる」のだと語った。このような肯定的かつ模範的な回答は、エージェントとしての勤務歴が長い者ほど顕著であった。

　他方、この仕事を選んだ理由を尋ねたところ、最も多く得られた回答は「お金のため」と「他の仕事がなかったから」であった。前者に関しては働く理由として至極当たり前のものであるが、後者に関しては 2000 年代半ばの大学卒業者の雇用不足の影響がある。アテネオ・デ・マニラ大学を卒業したジェイは、インタビューを行った 2015 年時点で 12 年間コールセンターで働いていると述べたが、コールセンターで働き始めたきっかけは就職活動の失敗だったという。「大学を卒業後 6 ヶ月は別の職種で職探しをしていた。広告系企業二社から内定を得たが、どちらも思いのほか給料が低かったため、そこへ就職することはせずにコールセンターで働くことにした」という。就労当初、家族や友人には「何でコールセンターなんかで働くんだ」と言われたそうだ。彼自身、当時は長期間勤め続けることは考えておらず、すぐに別の仕事を探すつもりでいた。

　ジェイに限らず、インタビューに応えてくれたインフォーマントのほとん

12　以下で登場する人名は全て仮名である。

どが「初めからコールセンター産業に就職しようと考えていたわけではなかった」と語った。上述のマークは、コールセンターの仕事は楽しさと困難が伴うと語った。困難に関しては既述のとおりだが、楽しさの場合、多くのことを学べることと仕事の達成感を得られることにおもしろさを感じるという。マークは現在の給与や待遇に満足しているし、仕事内容や職場に対して大きな不満をもっているわけでもないが、もしもより好条件の仕事があれば転職したいかという問いに対しては転職に積極的であった。この点に関してもほとんどのインフォーマントに共通していた点である。これはエージェントに限ったことではなく、フィリピンでは同じ職場に生涯留まるよりもキャリアアップを目指して転職を繰り返すことが一般的であることが理由であるように思う。例えば、10年間就学前学校（pre-school）で教師をしており、それからコールセンターに転職して8年間働き、インタビュー時点ではアテネオ大学で秘書をしていたリタの場合、コールセンターへの転職の動機は息子の将来の就学費を貯蓄するためであった。また、夜間勤務があったことも大きな理由で、幼い子どもを預けることができる近親者がいないリタにとって、昼間勤務の夫と育児を分担して行えることが非常に魅力的だったという。2015年時点では、子どもがつきっきりで面倒を見なくてもよいほど大きくなったので、より多くの時間を家族で過ごしたいと考え、転職に踏み切ったと話していた。彼女は加えて「家族はお金よりも大切でしょう？」と語ってくれた。

　これらの語りは、コールセンターでの労働が彼ら・彼女らの生活や人生のなかに位置づけられることで意味を帯びてくる語りだといえる。インフォーマントにとってエージェントの仕事はその時々の唯一の、あるいは最善の選択なのであり、当初は長期的に就労することを考えてすらいない場合がほとんどである。コールセンターでの労働をめぐる否定的な見方として、「若者が就く仕事であり、心身への悪影響のため長期的に就労することが困難であるにもかかわらず、特別な技能を必要としない誰でもできる仕事であるため再就職が難しい」といわれることが多い。だが、そもそもの前提として雇用を安定的なものとみなして議論すること自体がフィリピン社会の現状を反映していないのではないだろうか。インフォーマントから語られたことだが、

たとえ大学卒業（しかもフィリピンのトップ3大学に名を連ねるアテネオ・デ・マニラ大学だ）の学歴をもっていたとしても就職が困難な状況にあって、学問的背景を不問とするエージェントの仕事は多くの若者にとって渡りに船であったはずだ。月額給与は1万ペソから2万5,000ペソ（約2万円〜5万円）で、これは2010年の賃金労働者の平均月額給与1万6,110ペソ（約3万2千円）に比べても、平均前後からそれ以上に位置する（PNSA 2016）。加えて、コールセンターを含むBPO企業では、社会保障制度への加入が適切に行われており、ショッピングモールや小売業の販売員などのサービスセクターに比して好条件だといえる[13]。インフォーマントたちは、そうした条件をその時々の自らの必要に応じて吟味し、一面では管理する側が求めるエージェント像を内在化しながら、他方でより良い条件を求めて転職の機会を頭の隅に留め置く。その姿はフィリピン社会において特殊な事例だといえるだろうか。

（2）CCA の場合

　実際にエージェントにインタビューをしてみて、彼らの語りには顧客への親しみがほとんど現れなかったこともまた印象的であった。ホテル予約という多少なりとも個別具体的な顧客に対応する必要のあるマークをのぞき、他のインフォーマントはより匿名的で量的な顧客に対応する必要があるため、語りに現れるのは「コミュニケーション能力」というパッケージ化されたサービスとしての親しみの表出のみであった。対して、より長時間かつ個別具体的な顧客に対応するCCAの場合はどうだろうか。

　筆者が2017年から2020年にかけて約18ヶ月間行った参与観察において、CCAは「恋人のように演じている」と自覚的に語ることはなかったが、彼女たちが顧客との関係を店内外で区別していること、いくら親しくとも顧客

13　従業員の社会保障制度への加入は雇用主に義務付けられている（雇用者が支払額の18％を負担）。だが、一部の職種では6ヶ月の見習い採用期間中は社会保障制度への加入は保留されることが悪用されており、見習い期間が満期になる従業員を解雇し新規採用で労働力を補充することで社会保障費の企業負担を免れるというやり方が横行している。対して、コールセンター産業では就労期間1年未満でのエージェントの意思による離職率の高さが問題視されており、雇用する側の課題はむしろエージェントの1年以上の就労継続率を上げることにあった。

を友人やボーイフレンドなどの親密な他者とは異なって認識していることは明らかであった。例えば、調査地のX店は比較的安値で大衆的な店であり、かつ「性的なサービスを楽しめる店」として日本人男性客の間で有名であったこともあって、CCAへのチップやドリンクと引き換えにセクハラまがいの性的接触が頻繁に起きていた。だが、同僚のCCAのメイはそうした性的サービスについて「お店のなかなら仕事だけど、お店の外で求めてくるのは絶対にだめ。それは私たちの仕事ではない」と「店外での性交渉」に強い拒絶を示し、「店内での性的サービス」との間に明確な線引きをしていた。

あるいは、別のCCAのナオミは、記憶をなくすほど酔っ払っては店でトラブルを起こす顧客のG氏に対して辟易としながら次のように語ったことがある。「彼は酔っ払うといつもこう。前もタクシーの運転手に突然怒りだしたことがあって（…）彼は私のこと友達だっていうけど、友達だったら私は彼にパンチしてるよ！　でも彼は顧客だから（そんなことはできない）」。この語りから、関係性の認識の齟齬、言ってしまえば親密さの誤認のようなものは、CCAに負担を生み、せっかく育んできた顧客とCCAとしての親密な関係を損ねてしまう恐れすらあることがわかる。

とはいえ、だからといって顧客とCCAを繋ぐのは結局金銭なのであり、そこで表出される親しみは全くの演技でありまがいものなのかといえばそうとも言い切れない。ここでとりわけ特別な常連客を指して用いられる「ジョワ（jowa）」という言葉に注目したい。多くの常連客を抱える人気の高いCCAのジョイは同時に二人の日本人男性客のことを「私のジョワ」と呼んでいたが、「なぜ既婚者の彼らがあなたのジョワなのか」という私の質問に対して、「自分は彼らとの結婚を望んでいるわけではなく、彼らからは経験をさせてもらっている」、彼らは「英語が堪能で会話ができる（言語的なコミュニケーションが取れる）」「自分のことを大事にしてくれてケアしてくれる」「セックスの相性がいい（身体的なコミュニケーションが好ましい）」ことを理由としてあげた[14]。一見取り留めのない理由にも見えるが、サービスの受け手と与え手という一方向的なケアの関係性にも見える関わりのなかで

14　彼女には他により若く独身で金払いのいい顧客もついていたが、その顧客は「自分に対する配慮がなく疲れる」から苦手なのだという。

双方向的なケアと配慮の関係が成立していることにこそ、個別具体的で親密な関係の形成を見とめることができるだろう。

　このような顧客と CCA との親密な関係をどのように位置づけることができるのかといえば、顧客との親密な関係もまた JKTV という店内関係を介して成立しているのであり、ここでの役割関係を離れてしまえば多くの場合、それは解消されるものである。彼らとの関係は一時的、暫定的なものであり、むしろ継続的な関係に維持・発展するほうが稀であろう。だからといって、顧客と CCA の親密な関係はやはりまがいものだったのかと問われれば、筆者は否と答えたい。というのも、そもそもフィリピン社会における親密な関係も、常時接続し続けているものというよりは時に距離を置き、時に切断されるものである。顧客と CCA たちの関係も、多くの場合は切断されるが、時に（CCA の復帰というかたちで）再接続され、あるいは SNS を通じて再接近する場合もある。

　このように、労働現場における親密性の表出をめぐってはコールセンター・エージェントと大きく異なる CCA ではあるが、JKTV での労働が彼女たちの生活（人生）にとってどのように位置づけられるのかという点に関してはエージェントに通ずるものがある。

　JKTV に関しても「長く勤めることはできない不安定な仕事」という批判が向けられる。というのも、JKTV において商品的な価値をもつのは第一に CCA の容貌であり、審美主義的な価値基準が前提とされる労働現場では「若さ」が付加価値をもつ。そのため、高級店では 20 代後半、X 店のような大衆店では 30 代半ばから後半が暗黙のリミットとされており、その年齢に達した CCA は自ずと引退（離職）を選択するようになる。

　これだけ聞くと否定的なイメージしか湧いてこないものでもあるが、ここでもやはり指摘しておきたいのが、CCA は自分が従事する仕事について語るとき、しばしば「単なる仕事だから（*trabaho lang, kasi*）」と言い放つということだ。この言葉は多くの場合、「それは仕事だからするけど、そっちは仕事じゃないからしない」といった線引きをする際に用いられる。例えば、同僚のミキは店内で顧客とキスをすることについて次のように語った。「別に気にしない、チップやドリンクをもらって、顧客が帰ったら歯磨きしてそ

れで終わり。（…）だってそれは単なる仕事でしょ？」ここには、親密性を労働の一環として売りはしながらも、それは自らが生の主体であることを手放してはいないこと、彼女たちの親密な生の総体が商品化されているのではないことが見てとれる。

　加えて、彼女たちは CCA としての仕事を自らが従事しうる唯一の仕事と捉えているわけではない。JKTV で働き始める以前はショッピングモールの化粧品売り場で働いていたり地元の日系企業の工場で働いていたりと多様な経歴をもつ者も少なくない。さらに JKTV で働きながら IT や人的資源マネジメント、ツーリズムなどの専門学校に通い、より高度な技能を要する職種への転職を目指している者もいる。このように、JKTV での労働も、彼女たちの生活（人生）においては一時的・暫定的位置づけにあり、今の時点での最善の選択肢であると見ることもできる。

まとめ

　以上のように、本章ではコールセンター・エージェントと JKTV の CCA という二つの親密性の労働に従事する人びとの事例を通して、グローバル市場経済の末端に位置づけられる人びとの労働の実態に注目した。グローバル市場の論理を引き受けたような、サービスの一端として労働者の親密性を利用しようとする管理する側の見方がある一方で、実際の労働者たちはそれをある面では内面化しながらも、他の面ではずらしながら（あるいは特に意識することもなく）実践していた。こうした現場の実態を明らかにすることで、先行研究で言われているような新自由主義的状況下における生の不安定化の話と、末端の労働者のパースペクティブとの間には大きな隔たりがあることを確認した。このような齟齬が生じる要因は、新自由主義の浸透によってフィリピン社会に生きる人びとの生が脆弱性に晒されてしまうとみなしてしまうことにあるのではないだろうか。そもそも、雇用保険も社会福祉も未だ浸透していないこの国の人びとの生は、それほど安定していたと言えるのだろうか。

　目先の利益に飛びついて、今ここの時点での自らの生をより豊かにしようと最善を尽くすことは愚かな選択なのだろうか。今後のフィリピン社会の安

定を築いていく人材が育つまでの過程を支えているのは、むしろ彼ら・彼女らのような不安定性を生きる者たちではないのだろうか。マクロに捉えれば搾取され消費されているだけの個々の人びとの労働があったからこそ、今現在のフィリピンの経済成長は達成されたのではないのか。

　本章で見てきたとおり、彼ら・彼女ら自身の生活（人生）に引きつけて考えれば、マクロに見れば搾取的な経済構造へと回収されるしかないような労働実践も、彼・彼女にとってはその時点での最善の選択であったのだと考えられる。それはある種、より良い生を求める彼ら・彼女らにとって人生という長いスパンにおけるステッピング・ストーンのようなものであるとも位置づけられ、フィリピン社会に横たわる不安定性を飛び越えるための方途であるともいえるだろう。

［文献］

Bangko Sentral ng Pilipinas (BSP), 2022, Personal Remittances Hit All-Time High of US$34.9 Billion in 2021; Equivalent to 8.9 Percent of the Country's GDP. https://www.bsp.gov.ph/SitePages/MediaAndResearch/MediaDisp.aspx?ItemId=6164

Bernstein, E. 2007, *Temporarily Yours: Intimacy, Authenticity, and the Commerce of Sex*, Cicago: University of Chicago Press.

Boris, E. and Parreñas, R. S. eds., 2010, *Intimate Labors. Cultures, Technologies, and the Politics of Care*, Stanford: Stanford University Press.

Fabros, A. 2016, *Outsourceable Selves: An Ethnography of Call Center Work in a Global Economy of Signs and Selves*, Manila: Ateneo de Manila University Press.

MacKay, S. C. 2007, 'Filipino Sea Men: Constructing Masculinities in an Ethnic Labour Niche,' Jounal of Ethnic and Migration Studies (33): 617-633.

森澤恵子, 2013, 「フィリピンのネクスト・ウェイブ・シティの進展：イロイロ市・バコロド市の BPO 産業を中心に」『季刊経済研究』35(3-4): 1-34。

小ヶ谷千穂, 2009,「CHAPTER 4 送り出し国フィリピンの戦略——海外労働者の「権利保護」と「技能」の関係をめぐって」『日本比較政治学会年報』(11): 93-113。

Padios, J. M. 2018, *A Nation on the Line: Call Centers as Postcolonial Predicaments in the Philippines*, North Carolina: Duke University Press.

Philippine National Statistics Authority, 2016, *Average Monthly Earnings of Paid Employees*, Manila: Philippines. https://psa.gov.ph/content/2015-piyls-wage-statistics-0

————, 2018, *2017 Annual Survey of Philippine Business and Industry (ASPBI) - Information Technology -Business Process Management (IT-BPM) Sector: Final*

Results, Manila: Philippines. https://psa.gov.ph/content/2017-annual-survey-philippine-business-and-industry-aspbi-information-technology-business

田川夢乃，2018，「フィリピンにおける新興産業の勃興と社会階層の今日的動態——コールセンター産業の事例から」『アジア社会文化研究』(19): 79-106。

————，2019，「『私のお客さん』と築く親密性——フィリピン、M 市のカラオケパブの事例から」『コンタクトゾーン =Contact zone』(11): 95-121。

————，2021，「仕事・恋愛・暴力が交錯する場——カラオケパブで出会うフィリピン人女性と日本人男性」田中雅一・嶺崎寛子編，『ジェンダー暴力の文化人類学——』昭和堂，pp.421-445。

田中雅一，2014，「『やっとホントの顔を見せてくれたね !』: 日本人セックスワーカーに見る肉体・感情・官能をめぐる労働について」『コンタクトゾーン =Contact zone』(6): 30-59。

第 8 章

OFW の身体に対する「遅い暴力」
——農村男性の出稼ぎ先における痛みをめぐって

飯田 悠哉

keyword

暴力の形態　痛み　保健衛生政策　技能実習生

はじめに

　コロナ禍以前の 2019 年時点で、およそ 220 万人のフィリピン人が中東や
アジア、ヨーロッパをはじめ全世界で働いていた。海外出稼ぎ労働者
（Overseas Filipino Workers, 以下、OFW と略）の年間約 250 億ドルにのぼ
る送金はフィリピン経済の成長の原動力となり、かれらは家族・親族のみな
らず国家財政を支える「新たな英雄」として称揚されてきた。日下の序論は、
OFW が成功を模索して「勤勉」「忍耐」「規律」などの価値を内面化させつ
つも、不安定な雇用環境や厳格な就業規則・監視、「感情労働」の要請など
によるストレスに耐えていること、その反面としてせっかくの送金を浪費す
る親族や、かれらの安全を保障しない国家など、自らの足を引っ張る規律な
き者への苛立ちを募らせてきており、そうした苛立ちが「悪しき他者」の破
壊を訴えたドゥテルテの強権的手法と共鳴してきたと指摘している。このよ
うに日下はフィリピン国内の政治や社会の変化の要因として人々の国外での
苦悩やジレンマが重要な役割を果たしていることを論じ、ブローカー国家化
し、全世界に拡大したフィリピン人出稼ぎ労働市場を生きる OFW らが直面
する矛盾や葛藤に注目を促している。

　本章は OFW のなかでもとくに、「技能実習」あるいは「特定技能」労働
者として日本の高冷園芸産地で働く農村出身者らを対象として渡航先での諸
経験を検討していくが、人々の葛藤する主体性に注目する日下に対して、本
章はそれら主体の物質的・生理的身体に生じる「痛み」に焦点を合わせる。
これによって日下の議論において「不安定な雇用環境」や「厳格な就業規

則」と括られた状況が OFW の身体にもたらす被害を射程に入れる。その際、身体が晒される諸力の解像度を上げるために「遅い暴力」という分析概念を措く。労働過程が不可避的に生じさせる身体の痛みに対する労働者らの身構えはどのようなものであるか、そうした身構えは他者の痛みにどのように応答し、または応答し損ねるのか。目下の序論が道徳や価値など人々の精神に注目するのに対して、本章では OFW の身体性に注目することで、かれらが被る暴力と痛みを契機とした共同性やその困難について検討する。

こうした作業は、原の批判的序論に連なって、近年のフィリピン OFW 政策の保健衛生化ともいうべき変化、とりわけ OFW から広範な支持を得てきたドゥテルテ政権の政治的遺産の 1 つが OFW の「病院」であることの意味を読み解く手がかりにもなると考える。

I　遅い暴力

1. OFW の健康問題

フィリピン政府は OFW 候補者らに対して海外就労前の健康診断を義務付けている。それは身体測定や問診だけでなく、胸部 X 線検査、尿検査、歯科検査、心理検査、HIV、肝炎、性病など血液検査に及ぶ。こうした検査によって身体の健康が確認され、就労に適していると判断されなければそもそも OFW として海外労働につくことはできない。しかし、健康な OFW の身体は多かれ少なかれ、海外就労そのものによって傷つけられることが近年、可視化されつつある。例えば、カナダでは、農業や家事労働に従事するエッセンシャルワーカーとしてメキシコ人と並んでフィリピン人労働者が増加し続けてきたが、かれらの健康問題が新たな社会問題として浮上している（Preibisch & Hennebry 2011）。そこでは職業上、生活上の標準以下の諸条件が健康リスクを増加させていること、さらに経済的、言語的な障壁や、仕事のスケジュールの優先、雇用や在留資格の喪失への恐れなどによって、出稼ぎ労働者は医療サービスを忌避しがちであることが指摘されている。多くの OFW の渡航先である中東諸国においては、包括的な医療保険と上質な住宅環境を手にする「熟練労働者・プロフェッショナル」に比べて、職業上・

住宅上の諸条件が極めて貧しい「非熟練」労働者の健康リスクが極めて大きいことが指摘されている（Kristiansen & Sheikh 2014）。また、とくに女性家事労働者の健康に関するシステマティックレビューからは、生活と仕事の連続性などの健康維持に不利な諸条件が労働者の身体を傷つけると同時に医療から遠ざけることで健康悪化に至る負のスパイラルの存在が示唆されている（Malhotra *et al.* 2013）。

　こうした状況にあって、就労先における痛苦の慢性化という OFW の身体の状態も見てとれる。ラミレスはフィリピン国立研究評議会（National Research Council of the Philippines, 以下、NRCP と略）のもとで大規模な質問調査を実施し、筋肉痛、関節痛、高血圧、頭痛、呼吸障害のなどが OFW の間で広範に慢性的な健康問題として認識されていること、また海外労働者福祉局（Oversea Worker's Welfare Administration. 以下、OWWA）に寄せられた医療費請求資料の検討から、渡航地域や職業やジェンダーと疾患の種類に相関が窺えることなどを主張している（Ramirez 2017）。ピオコスらは社会的なつながりとセルフケアの関係を論じているが、インタビュー記述において、多くの労働者らが風邪や微熱、慢性的な身体の痛みを常に抱えていること、就労先の生活ではそれが当然であり、長く続いて仕事に手がつけられなくなるまで、医療機関への受診には至らないことなど、OFW の痛みの常態化に関わる語りに触れている（Piocos Ⅲ *et al.* 2021: 92）。

　これらの公衆衛生学的、保健社会学的な先行研究は、健康問題というかたちで OFW の渡航先での身体の状態を一定、可視化させ、移民研究の俎上に載せてみせた。また、のちにみるように実際の政策に連なって労働者保護の政策的根拠となっていった点で重要である。ただし、筆者には OFW の身体を傷つける、ある種の構造的な暴力についてはっきりと名指ししえていないように思える。また医学的・保健学的にのみ身体が扱われるため、就労先において自らや他者の痛む身体をめぐる労働者たちの応答に関する考察が捨象される。そこで本稿ではまず、就労先での痛みの時間性・継続性にこだわって、身体に対する「遅い暴力」という概念を措定しておく。

２．OFW の身体に対する「遅い暴力」

　本章が考察しようとするのは、何であれ労働契約の合意のもとに、就労先の労働・生活環境のなかで、自らの身体動作の帰結として、徐々に、蓄積的に生じる身体的な痛みであり、虐待や身体的暴行など直接的かつ即時的な暴力の被害による痛みとは位相が異なる。この区別は、のちの事例考察の前提であり、かつフィリピンの OFW 保護政策を考察するうえで重要になる。そこで、本稿で論じたい身体的苦痛の原因を環境批評におけるロブ・ニクソンの Slow Violence に関する議論（Nixon 2011）に倣って身体に対する「遅い暴力」という概念で捉えることとし、その輪郭を論じておく[1]。

　いま、対比のために、一般に暴力として観念されやすい、殴る、刺す、撃つ、監禁する、などの物理的、直接的、即時的で主体と客体が明瞭な暴力を説明上、「はやい暴力」と呼ぶ。OFW をはじめとして移住労働者のヴァルナラビリティ（被害誘発性、可傷性）が高められたことによる暴力被害の代表例として、とくに家事労働者に対する雇用主の虐待や性的・身体的暴行の数々の事件が参照されるが、これらは本稿の枠組みでは「はやい暴力」の被害といえる[2]。OFW に対する「はやい暴力」が広範な国民感情を引き起こし、これまでもフィリピン政府を動かしてきたことは周知の通りだろう。

　これに対して、ここで論じたい身体的痛苦を生じさせる「遅い暴力」は、

1　ニクソンは南北間や階級間の格差のなかで貧者が構造的に被る公害等による健康被害を、その加害・被害様態の「緩慢さ」に注目して「遅い暴力」ないし「緩慢な暴力」（Slow Violence）と概念化している。それは例えば、毒性物質や重油の流出による被害、森林伐採や土壌の流出、気候変動による生活環境の破壊、枯葉剤による世代を跨いだ健康被害など、長い時間をかけて徐々に、間接的に、物体を摩擦で擦り減らしていくかのように、蓄積的な負荷をかけながら確実に貧者の身体を蝕んでいく類の暴力である。想定されている時間のスケールや媒介する物質の有無、生態系を射程に入れるか否かなど多くの違いはあるが、「遅さ」の重要性や暴力の不作為性など OFW の身体が労働過程で被る諸力と多くの特質が共通している。

2　急いで付け加えれば、実態としては、はやい暴力と遅い暴力は同時に同じ当事者間で生じうるし、はやい暴力を背景とした「遅い暴力」の継続的行使もありえる。ただ、本稿では、はやい暴力がなかったとしても残される蓄積的な身体の痛苦に焦点を当てるため、あえて弁別をはかっている。また、身体に対する暴力に限定している本稿では直接的な対象としていないものの、「遅い暴力」としてトラウマや PTSD などを想定することも可能だろう。

同じように構造的にヴァルナラビリティが高められることを前提とするが、より不可視化されやすい行使形態をとる。それは例えば、長時間の労働、休憩・休日の不足、深夜勤務の連続などによる過重労働、就労先での農薬や化学物質などアレルゲンへの曝露、屋内・屋外を問わず極端な高温や低温下での労働、安全管理意識の低い作業環境、狭小な宿舎や栄養の乏しい食事、医療へのアクセスの間接的な制限など、労働・生活の諸条件を媒介とすることで、労働者の身体に対して間接的、継続的、反復的に行使される[3]。また、こうした暴力に対する身体の被害も、はやい暴力による即時的なそれと異なって、例えば腰痛や膝痛など関節や筋肉の炎症・麻痺、慢性的な疲労、皮膚や喉のアレルギー性の炎症、極端な体重減少や疲労骨折など、自らの身体の痛みや痒み、倦怠感や疲労感など、異変として感知される被害から、高血圧や心筋梗塞、脳梗塞など本人が感知しないまま体内で進行し破局的な結末に至るものまで、いずれにせよ、徐々に、摩耗していくように、蓄積的、遅発的なダメージとして生じる。そしていかに行使・受傷様態が緩慢だといえ、身体的痛苦は過酷なものでありうるし、過労死に見られるように、その究極的な受傷の様態は、はやい暴力と同様、死である[4]。

　構造的暴力（Galtung 1969=2019）という、意味が大きく重なりうる、しかも広く知られた概念ではなく、あえて遅い暴力という概念をここで用いるのは、上述のような暴力行使や受傷の時間的な広がりを強調するためである。とくに、この暴力の特質としての緩慢さや遅発性をもたらす「時間は、……人々への長期にわたるダメージを覆い隠すカモフラージュとなる」（Nixon 2021）というニクソンの指摘が OFW の身体の「遅い」受傷に特殊なあり方

3　被害様態でいえばガルトゥングが示した「生理学的暴力」に近い（Galtung 1969=2019）。しかしガルトゥングがいわゆる拷問的手法を生理学的暴力の行使様態と見たのに対して、本稿の遅い暴力はいわば経済活動そのものが暴力の行使様態である。

4　法的には遅い暴力による受傷の多くは職業疾病であり、労働災害として認定されうるが、一般に腰痛の労災が認定されづらいように、因果の証明が難しい遅い暴力の被害は補償を受けるのが困難である。さらに就労国を離れて労働災害の補償を請求するのはいっそうの困難が伴う。なお、本稿が職業疾病という用語を使わず、「暴力」による受傷ということばを使うのは、疾病という用語がその責任主体を不明確にしかねないからだ。本稿ではガルトゥングやニクソンに倣って暴力概念を拡張的に捉えており、それ自体が本稿の視点でもある。

で妥当することに注意を払いたい。海外出稼ぎ労働においては、かれらが働いている時点で生活している社会と、かれらが痛みを抱えている時点で生活している社会は時間経過と移動に伴ってずれが生じうる。慢性化した痛みを抱えたまま契約が終わり帰国してしまえば、遅発的に状態が悪化するなど異変が生じても、労働者がかつて働いていた社会で被害を告発することには様々な困難が伴う。その結果、かれらを傷つけた社会からかれらの「痛み」は不可視化されることになる。この意味で「遅さ」は移動を伴う OFW の暴力被害の不可視性を考えるうえで重要な意味を持つ。

　そしてそもそも遅い暴力は、出稼ぎ労働者やその周囲にとって、身体が痛んでいるにもかかわらず、暴力被害として感知することが困難なものでもある。その原因の 1 つは行使される様態の作為性に関わる。「はやい暴力」が行使者の作為によって成り立っているのに対して[5]、遅い暴力の暴力性は行使する側の不作為のうちに、つまり「意図的に何かをしない」ことに存在する。遅い暴力は、構造的には受入社会が外国人政策の歪みを通して、また具体的には労使関係において使用者・企業が果たすべき、労働者や作業環境に対する「安全・健康配慮義務」を（しばしばコストカットのために）放棄することで、社会的・法的責務とその具体的手順を「遂行しない」ことを通じて行使される暴力である。結果として、例えば長時間労働や危険物質への曝露など、受傷に繋がる身体行為の多くを実際に行うのは被害者自身である。作為的な「はやい暴力」の主客の構図はわかりやすく、すぐさま「犯罪」的行為として送出国でも受入国でも社会的に非難され、また法的・政治的介入がなされやすいのに対して、不作為による「遅い暴力」は暴力の主体・客体の錯綜した関係によって周囲も労働者本人もその暴力性を捉え損ねる[6]。そのため、

5　はやい暴力は、例えば「引き金を引く」「鞭で打つ」など、その構成において行使者が何らかの行為を作為的に遂行することで被害が生じる。そこにおいて暴力の主体客体関係も責任の所在も明瞭である。

6　また、暴力行使における不作為性は遅い暴力の主体と客体の関係性をも特徴づける。不作為による遅い暴力は、行使の様態が不明瞭であるがゆえ、親密な、友好的な関係性のなかでも継続的に行使され続けうる。吉田舞が技能実習制度で指摘しているように、雇用者も「よくしてやっている」という認識のもとで「遅い暴力」を行使し続けることすらあるし（吉田 2021）、外部者はそうした表面的関係の様子をみて就労環境や労働条件を棚上げした

しばしば「それがここでは当たり前」として認識されることになる。この点が重要なのは、遅い暴力においては、受傷に繋がる行為の遂行がしばしば事前の契約によって賃金と引き換えに合意されているものとみなされることで、遅い暴力による受傷は経済行為であり自発的なもの、自己責任であり、せいぜい「仕方がないもの」とする言説がみられるし、政策的な労働者「保護」にあってもこうした被害は与件とされてしまうことがあるからである。

3 . OFW 政策における保健衛生化

　フィリピンの歴代政権のなかで「遅い暴力」による OFW の身体的被害をもっとも敏感に察知し、政策的にアプローチしたのはドゥテルテ政権だろう。2000 年代のアロヨまでの政権は、とくに女性労働者に対する直接的な虐待や性暴力など「はやい暴力」の事件化を契機とした国民感情の高まりを受けて政治的介入や立法を進めてきたが、結局、95 年法における技能と権利保護の一体化という方針、すなわち海外労働者に「技能」を身につけさせれば脆弱性回避に繋がるという、保護の観点では実質性に国家の役割責任を後退させる「技能化」の論理をとっており（小ヶ谷 2009）、したがって「遅い暴力」による受傷の経験については、犠牲と英雄を一体化させるレトリックで称揚しつつ実質的に無視してきた（Bautista 2014; 2015）。2010 年代前半のアキノ政権期には、IOM（国連移住機関）と保健省との政策協働協定や（IOM 2013）、保健省も加わるかたちで OFW 保護・支援に関する関連 6 省庁合同運用基準を交わすなど（GOVPH 2015）、OFW の健康が政策課題として認識され政策準備が始められた時期といえるが、具体化に至ったものは乏しい。大統領選候補の時期から OFW 身体・健康のケアを国家が引き受けることを掲げ、OFW から広範な支持を獲得して政権に就いたドゥテルテは、OFW に対する保健衛生的なアプローチを充実させることで本稿が指す遅い暴力に対応をしようとしてきた[7]。例えば、政権発足直後、OWWA とフィリピン健康保険公社 PhilHelth は協定を結び、OFW の渡航先での医療費に関して、最大で 5 万ペソまで補償するプログラム（MedPlus）を整えた（Phil-

まま「ウィン – ウィン」「多文化共生のモデル」とすら言い募りうる。
7　この点は原の批判的序論も参照のこと。

health 2016)。2016年のフィリピン海外雇用庁（POEA）ルール変更においては、出発前健康診断の強制性と確実性を担保するため保健省の関与を強める変更がなされている。NRCPは前述の通り、就労先のOFWの健康状態に関する疫学的な調査を初めて行い、不可視化されやすい健康被害について可視化を図っているほか、2016年、2017年には保健省を含む関係機関が移民の健康に関するシンポジウムを開催している（Ramirez 2017）。こうした可視化の流れをうけてドゥテルテ政権が関係省庁の部署を統合して創設した移民労働者省はその使命としてOFWの「痛苦」（Distress）を減ずることが掲げられ、この「痛苦」には虐待や人権侵害だけでなく「病や障害」が含まれることが確認されている（共和国法第11641号）。さらにドゥテルテ政権は各国との労働協定を結ぶなかで、相手国に自国労働者の人権だけでなく「健康」が保全されるよう協定に書き込んでいる[8]。最後に、ドゥテルテが大統領令によって政治的遺産として残したOFW病院はまさに、海外出稼ぎそのものが健康を害すること、そしてその痛苦は労働契約が終わり帰国したのちも残りうることへの国家的対応だと言って良い（大統領令154号）。

　つまり、国家の主導によってOFWの健康被害を可視化させ、保健施策の検討が進められ、啓発・教育によって予防が図られ、身体・健康を視野においてOFWの責任官庁が再編され、医療保険と特別な医療施設の充実が図られた、という意味でフィリピンの出稼ぎ労働者保護政策は2010年代を通して保健衛生化の傾向を有していたといえる。

　それでは就労先の遅い暴力に晒されるなかで、労働者は自らの身体の痛みをどのように経験するのか。また同僚ら他者の痛みにどのように応答し、あるいは応答し損なうか。うえでみた政策展開を念頭におきながら、以下では日本の高冷地で「技能実習」や「特定技能」で働く農業労働者を事例に検討していく。とりわけ調査を始めた2011年と、うえでみたように保健衛生化が進みつつあったドゥテルテ政権下の2021年では、痛みに対する応答のあ

────────────

8　フィリピンが結んだ労働協定の締約国には日本も含まれる。2019年に成立した日本の特定技能について、政府はすべての送出国と二国間覚書を結んでいる。このなかで、日本側の省庁が監督を果たすべき内容として労働者の人権だけでなく、「健康」を書き込んでいるのはフィリピンだけである。

り方が異なることを取り上げる。2011 年の語りからは、農村出身の男性労働者の肉体労働現場である事例地において、自らや他者の痛みや受傷に対して手繰り寄せられる語りや態度は、マスキュリニティを特徴としており、痛さに「耐えること」が大人の男らしさとして強調された。その裏面として「乗り越えられなかった者」や「異議申し立てをする者」を「お子様扱い」し「未熟なもの」として下位に位置付けする男性性の序列化作用があることを指摘したい[9]。他方、2021 年の事例からは、身体や痛みはそれぞれの労働者が「メンテナンス」すべきものという語りがみられた。しかしいずれにせよ、身体の痛みの原因である「遅い暴力」を温存してしまい、過重労働化は進行してきた。こうした事例を通して、保健衛生化にあっても「遅い暴力」に対する施策としては限界を持つことも指摘することになるだろう。

II　痛みへの身構え

1. 高冷地という生産空間

　本稿での事例は日本の長野県の高冷地である A 村での参与観察やインタビューに基づく。標高 1,300m 付近に位置し、夏レタスや夏ハクサイなどの園芸生産において全国有数のシェアを占める A 村は、グローバル化に対応した高生産性農業の地として称揚される一方、市区町村別の外国人在留人口比率において新宿区等を抜いて全国上位 5 自治体に入るほど多国籍化が進んだ村でもある。ここでフィリピン人は中国人やベトナム人と並んで大きなエスニックグループを構成している。村の外国人のほぼすべては、技能実習や特定技能などの在留資格のもとで農業（園芸および畜産）に従事する労働者であり、フィリピン人の場合も今では複数のルートを介して本国の海外雇用派遣会社から斡旋され、各農家と労働契約を結んでそれぞれに用意された宿舎に暮らしながら働いている[10]。

9　移民労働とマスキュリニティをめぐる問題系は長坂（2021）において手際よく整理されている。参照のこと。

10　筆者は 2011 年の農繁期に国内季節雇としてこの村の農園でフィリピン人労働者らの宿舎に住込で同様に働くことによって参与観察を始めた。その後、2021 年まで毎年継続的に調

フィリピン人の雇用は、既存の日本人季節労働者に置き換えられるかたちで、2004年から始まり（飯田2021）、当初は研修生として繁忙期の半年のみ一回きりだった。2010年の入管法改正以後、初年時から技能実習の在留資格で来日してくるようになり、2010年代半ば頃からは農閑期の冬季を宿舎で越すことによって複数年に跨がった労働契約のもとで働く姿が目立つようになっている。現在では村の数少ないコンビニや隣村にあるスーパーマーケットにいけばそれこそ頻繁にフィリピン人を目にすることになるし、もとより農繁期に畑を見渡せばそこかしこにフィリピン人実習生が働いているのが当たり前の光景であるような村だ。労働者の属性として特徴的なのは、ジェンダー化された生産過程に応じて、フィリピン人はじめ外国人労働者のほぼすべてが20代から30代の男性で構成されていること、出身地はフィリピン全土に及ぶが、マニラ首都圏近郊が避けられ、アブラ州のティンギャンなど高地先住民や、ミンダナオのバナナプランテーション労働者などを含め、周辺部の農村出身者が選ばれていることが指摘できる。

　高冷地の状況に即して、2010年代の日本の野菜園芸の労働編成についてごく簡単に触れておく。90年代のWTO以降の貿易自由化、および2000年代での各国とのEPAなどで野菜の輸入量が増加し、国家間、産地間、産地内の競争が激化した結果、2010年代は園芸産地が生き残りをかけて集約化を図っていく時期だったといえる。基本的に過剰生産・安値基調のなかで、各農家は労賃を低位に抑えたまま作付を増加させて量産で対応してきた。必然的に労働強度が増すにもかかわらず賃金を抑制させるべく、高冷地ではかつての国内季節労働者に代えて技能実習生の導入が進んだ。かれらは最低賃金水準で雇うことができ、それまで必要だった労働者の食費や食事労働、宿舎費も自己負担し、かつ法的に逃げられない労働力として急速に浸透していった。2017年の外国人技能実習法施行によって外国人技能実習機構という監督組織が設置されることで、実習生保護が一定進んできたとしても、基

査を実施し、延べ7ヶ月以上はここで働きながらインタビューを実施している。また、2015年1月からは農閑期にマニラの海外雇用派遣会社、フィリピンイロイロ州およびアブラ州の労働者らの出身村を訪ね、追跡調査を行ってきた。本稿で用いるエピソードやインタビューデータはこれらの調査から得られたものである。

本的にこの構造は変わらない。むしろ各産地・各農家が「安定的な」労働力を手にした結果、過剰生産基調は強まり、競争は激化したといえる。2010年代、個別農家は規模拡大圧力に余儀なく晒され、結果としていっそう、収穫期の過重労働化は進んできた。

　このことは端的に労働時間の増加に現れている。例えば筆者が調査を始めた2011年時点で、のちの事例に出てくるメリエルやジュネックス、ミゲルらを雇用する農家の最繁忙期の月当たりの実労働時間は6月が235時間、7月は290.5時間、8月は267時間であった。収穫と定植が重なる6月中旬から8月中旬まで、早朝4時から休憩を挟んで夕方6時まで1日14時間拘束される日々が2ヶ月近く休みなく続いた。農業労働はデスクワークではない。これら実労働時間のすべてを通して、屋外で負荷を伴う身体動作をひたすら継続している。2011年時点ですでに過重といえるが、この農家はその後、作付延べ面積を増加させていき、繁忙期の早朝開始時刻は午前3時となった。その結果、10年後の2021年、休憩時間を除いた実労動時間で、6月268.5時間、7月は300時間をこえて332.5時間、8月は290.0時間と、この3ヶ月で労働時間は約100時間増加するに至っている。労働時間からしていっそうの「遅い暴力」化が進行する状況で身体は必然的に「痛み」始める。以下では痛みに対する労働者の身構え自体が過重労働の温存に部分的・間接的に繋がってきたことをみていく。

2．「問題ない」という問題

　以下の2人の語りは、2011年の収穫期の後半になされたインタビューから、身体の状態に関して筆者とのやりとりを抜き出したものだ。メリエルは作業中に腰痛用の腹巻のようなサポーターを着用し、常に腰を庇いながら動作していた。またダニイロは8月の最盛期が過ぎた頃からは毎夕、疲れた顔をしてメリエルのいる宿舎を訪ね、酒に溺れるのが常になっていた。両者は身体の問題を語るが、同時に、身体は問題ないとも言う。

「僕にとって最大の問題は咳だ。アレルギー。「ハコ」[11] のせいでね。他は問題ないよ。多分、みんな早朝は身体がどこかしらが痛いのが普通だ。でもよく身体を動かしたあとは大丈夫。……でも気候には慣れない。夏は暑くて、今は寒い。ここの夏はとても暑く感じる。僕らはマルチ[12] の上にいるわけだし。ここは夏は2ヶ月だけ。フィリピンはとても暑いけれど、6ヶ月くらい続く。だから慣れるんだ。ここは急に暑くなって慣れなかったし、今はまたかなり寒いだろ」（メリエル、ギマラス州ヌエババレンシア出身、男性、当時34歳、2011年10月10日）

「ここに来てすぐはエキサイティングだった。全部初めてだったから。で、時間が過ぎて、とても疲れた。すぐに寝たい、食事をしてる時間がない、朝は早く起きなくてはいけない、食事を済ませてすぐに仕事に戻る。仕事、寝る、仕事、寝る、だ。

疲れが溜まってしんどいけれど、……でも問題ない。早朝起きてすぐは確かに背中が痛いけど、……問題ない。ただ、これ〔手を見せる、ものすごく荒れている〕……アレルギー、レタスだ。痒いし痛いんだ。収穫のときは手袋をはめるようにしたけど、ほら、濡れているだろう、朝は。レタスの液体が滲みてくるんだ。あと、今、マルチを剥がす作業をしているから、埃が……。体重は落ちたよ、この7月と8月で7キロ落ちた。でも今は戻った。……身体は問題ないんだ」（ダニイロ、イロイロ州レオン出身、男性、当時36歳、2011年10月12日）

これら言い淀みやブレを孕んだ語りを検討するうえで思い出すべきは、かれらの身体にかかる負荷の反復性、継続性、蓄積性だ。一回性の「はやい暴力」ならば、受傷したのちはゆっくりと回復に向かっていくことが見通せる。しかし生産過程における遅い暴力において、労働者は痛みによって受傷を感知したのちも、継続してその原因となる作業に従事することが求められる。

11　ダンボールの組み立て作業の呼称。埃が飛ぶ。
12　土壌の保湿と保温のために張られるビニール製のシート。太陽光が照り返すため畑の上の体感温度も上がる。

自分の身体が痛みでままならない感覚を覚えたなかで繰り返される反復的負荷は、見通しの立たなさによる戸惑いや不安を生じさせる。ある時点で「問題ない」としてもどうなるかはわからない。しかし仮に問題におしつぶされてしまえば出稼ぎそのものが失敗となってしまう。問題は「あってはならない」。そうしたジレンマへの身構えとして、問題を把握しつつも、まるで自分へ言い聞かせるように、「問題ない」ことが強調される。

3.「僕たちは体重を売っているんだ」「肌に刻まれている」

　遅い暴力にさらされるなかでしばしばみられるのは、「僕たちは体重を売っているんだ」というフレーズやのちの語りでも登場するように、アレルギーなどで生じた自他の手の傷跡について「いい思い出だな」「肌に刻まれている」といった、身体の異変や傷をシニカルに表現して、常態化している痛みをユーモアに変える態度だ。とくに「体重を売っている」は、特定の個人へのインタビューというより、高冷地の日常のなかで、周辺の複数の農家で働く実習生の溜まり場となっていたメリエルらの農園に集ってきた労働者から頻繁に聞かれた[13]。それは身体を売る（売春）をもじったホモソーシャルなユーモアとも取れるし、自分たちがなんらかのテクニック（技能実習生は technical intern trainees）で稼いでいるのではなく、まさに肉体労働に従事していることへのシニシズムともとれる。また、反復的に測るという行為それ自体が、自分の身体が状況に翻弄されるかたちで急激に変化していくことへの驚きや不安のなかで、少なくとも「測る」ことによって自己の身体へのコントロールをなんとか回復させようとする身構えとみなすことができる。その意味では体重が落ちていく状況を「売っている」と表現し、能動的な行為として読み替えることも、自らの身体の自律性を確保しようとする営

13　農繁期を超えると実習生らは例外なく痩せる。労働が過酷なうえに休息がなく回復する間もないため、いかに食事量を増やしても脂肪も筋肉も落ちて、見た目としてだけでなく、物理的に体重が急激に減少していく。それを意図して測ったことはないが、筆者が働いていた農園の宿舎は元々体重計があったため、訪ねてきた実習生がみるみると痩せていく自分の身体の体重を測るようになる。そして「自分は5kg落ちた」といったことを互いに言い合うなかで、複数の労働者から筆者に対して発せられたのが体重を売るというフレーズだ。

みだろう。しかし、こうしたユーモアに見られるマスキュリニティに富んだ姿勢は、他者の痛みへの応答において非共感的に働く。

4. 他者の痛みの感知と序列化

　生産地においては、メリエルが「どこかしら痛いのが普通」というように、遅い暴力にさらされることによって身体の痛みが常態化している。このことは、個々の労働者が、自己の身体の痛みだけでなく、他者の身体的痛苦を感知する機会が頻繁にあることを意味する。それは例えば、端的に歩く動作がぎこちなかったり立ち上がる膝や腰を庇っていたりする姿を目にするときであり、シャワーの脱衣所で膝や腰用のサポーターを恐る恐る外すのを目にするとき、あるいは、尋ねた友人の部屋のドアが開いた瞬間に炎症用の軟膏の樟脳とメンソールの匂いを嗅ぐときなどに、相手が筋肉や関節の痛みになんとか対処しようとしていることを理解する。また彼のベッドから15cm ほどの横枠が外されているのをみれば、朝の強張った状態では、身体を起こす際にそのたった15cm の障壁を跨ぐことすら苦痛になっていることが理解される。高冷地は、こうした知覚を通して、自分の痛さと同様に、他者の身体の痛みとささやかな対処を目の当たりにする空間でもある。

　こうした空間であるからこそ、それぞれ微妙に異なりつつも重なり合う痛みに依拠した共同性が生じてもおかしくはない。実際、先に論じた「体重を売っている」というフレーズの主語は「わたし」ではなく「わたしたち」であり、共通の身体経験が何らかの共同的意識を生んでいると見ることもできる。声高に語られることはないが、共同行動による遅い暴力に対する抵抗とみなせるような実践も生じる。それは例えば、監視が外れやすい作業や時間帯を選んでなされるサボタージュといった形態で発現する。

　しかし同時に、これらの共同行動を支える自意識や一体感が多分に男性性を孕んでいること、そのために時として「問題ない」状態から脱落した者を劣位に位置付け、嘲笑的な眼差しを向けて差異化を図ることもみられる。メリエルと同じ年に同じ農園で働いていたジュネックスをめぐるエピソードはこの点を端的に示している。

　ジュネックスは来日当時 26 歳で、他の実習生が 4 月に入国してきたのに

対して、補欠として遅れて6月に来日してきた。農家出身で大学を出ていた
彼は独身だったが、メリエル同様、この期間を「家族のための犠牲」と語
り[14]、夕食後の空き時間には、帰国したときに彼が両親のために建てるつも
りの家の間取り図を、ノートにとても薄く書いていた。ホームシックだから、
と言って、フィリピンのCDを宿舎に残されていたステレオで流しながら寝
るのが常だった。枕元にはいつも聖書を置いていた。当初は「センパイ」で
あるメリエルを頼りながらも、交代で料理を担当し、共同生活を問題なく
送っているかに見えた。ただ、収穫量が増えてきて、4時からの早出が始ま
ると、時折膝を庇うしぐさをみせ、だんだんと無口になっていった。

　ジュネックスはその年の8月4日の午前10時頃、畑の上で倒れた。ちょ
うどハクサイの収穫をしている最中で、マルチシートが張られ照り返しがき
つい畑のうえで、きれいに列状に植えられ成長したハクサイの群れを一つの
畝を跨ぐかたちで中腰で歩きながら、ひたすら根元から切り取り、畑に並べ
ながら進んでいるところだった。倒れこむ勢いで彼が握っていた収穫用のナ
イフは運良く放り出され右脇に逸れて、彼の身体に突き刺さることはなかっ
たが、目が虚ろになり、唇を震わせて意識を喪っていた。畑にいた全員が
焦って駆け寄ってきた。頬をたたき、水をかけた。メリエルと筆者が付き
添ってジュネックスは救急車で山を降り病院に運ばれた。医者の診断は熱中
症だった。疲労が溜まっていたんだろう、と言った。

　筆者がこの事件のときもっとも衝撃を受けたのは、自分の真横でナイフを
持った人間が倒れたことではなく、病院で点滴に繋がれたジュネックスをメ
リエルが笑い始めたことだった。その時点でジュネックスの意識は回復して
いたが、メリエルは笑いながら点滴のチューブを摘んでみせていた。不安か
ら安心に転じて気が緩み、あるいは場を和ませようとしたユーモアだったの
かもしれない。しかし残酷なユーモアであるように感じた。彼が退院して宿
舎に戻ってからは、メリエルだけでなく、いつもその宿舎に集う周囲のイロ
イロ出身者らの態度も同様だった。ジュネックスの腹には心電図の電極を貼
り付けるためのシールが残っていた。彼は何人もの同僚たちにTシャツを

14　OFWにおける犠牲の意味合いについては第6章の西尾論文を参照。

捲らされ、揶揄われた。畑で倒れた彼は「未熟」で、「体力のない」「務めが果たせない」などと形容されて嘲笑の対象だった。筆者はメリエルに笑う理由を訊ねたが返ってきた答えは少し位相が違った。

「かれはボーイなんだよ、まだ若い。未熟なんだ。ぼくらは背負っている。かれには覚悟が足りない」。

　身体に異常をきたした者、あるいは異常を訴えた者に対する「お子さま扱い」は、端的に「たくましくあるべき」という男性性の裏面といえる。たくましさや男性化された犠牲イデオロギーは痛みに翻弄され耐えるなかで自律性をなんとか確保しようと手繰り寄せられる。しかし、同時に耐えきれなかった者、あるいは状況そのものに異議を申し立てた者を「未熟な」者として異質化し、分断の契機ともなりえる。その結果、本来的に瑕疵が問われるべき労働条件が温存されることに、部分的に寄与してしまう。

5.「メンテナンス」──保健衛生化に伴う語りの変化

　先に見たように、ドゥテルテ政権下では OFW に対する「遅い暴力」に対して保健衛生化というべき対応を進めてきた。他方で、競争的な交易環境にあって、メリエルたちを雇用していた農家はその後の 10 年で作付面積を増大させてきた。いっそうの過重労働が進むなかにあって、保健衛生化が労働者の痛みに対する認識に変化を生じさせつつあることが次の語りからわかる。

　以下は、2021 年の 11 月の農閑期に、かつてメリエルたちがいた農園と同じ農園で働いている来日 6 年目の 27 歳ミゲル[15] と、彼の友人で他の農園で働く同期のポールとのグループインタビューから抜き出した。ミゲルと同じ農園には、来日 2 年目から 7 年目までの技能実習生が計 6 名いるが、彼以外はアブラ州のなかでもとくに山間地のティネグなどが出身の先住民であるティンギャンたちだ。普段の様子をみていると、送出会社に影響力を持つ叔

──────────

15　ミゲルはアブラ州の州都バンゲット出身で、両親や兄弟はイタリアで生活している。彼自身は祖父母に育てられ、観光の学位をとってしばらくマニラにいたが、海外派遣会社に強力なコネを持つ叔母の推薦で来日し、技能実習の 5 年間を経て特定技能に移行していた。

母とのコネをもち、また滞日年数が長いこともあって雇用主とのやりとりに長けているため、ミゲルは他のティンギャンの同僚たちに頼られている様子が窺える。しかし、過重労働の程度は先述のとおり、メリエルのいた当時よりも3ヶ月で100時間増加している。このインタビューのとき、話題が身体に及ぶと、ミゲルはお酒が進んでいたこともあってか、捲し立てるように語り始めた。その内容は、近年の保健衛生化に伴う他者の痛みへの応答の変化を象徴していると同時に、与件とされてしまっている遅い暴力に対する彼の苛立ちも表している。

> ミゲル：僕の同僚たちのなかには、ベンソンさんみたいに、彼はまだとても若い、でも彼は膝を病んでいる。関節炎だ。痛風みたいなんだ。彼はまだ26歳だ、おそらく遺伝的なものだと思う。遺伝性わかる？　誰も彼の痛みを取り除くことはできない。ただ……メンテナンスだ。
>
> 筆者：社長は彼に休業補償を与える？
>
> ミゲル：いや、彼は自分の金で治療している。時々、僕らが見るとき、そう、彼が繁忙期に働く時は膝が痛んでいる。それで病院に行って、医者が緑の薬……。
>
> ポール：ああ、（医薬品名）、『ダメ』……大変、あまりにも痛すぎる。
>
> ミゲル：そう、例えばマルチ張りみたいな畑仕事を一日すると、彼は夕方になると歩けない、その痛みで。多分どんどん痛くなっているんだと思う。……でも僕らは何もできないよ、普通の病気と一緒さ。多少、メンテナンスができるだけだ。
>
> ポール：いや、それは普通ではない。それはただ普通の病気とは言えない。彼はとても若い。
>
> ミゲル：でも彼のその状況、彼の仕事によって家族はアブラでお金を得ているんだから……。
>
> 筆者：もし、仕事によって怪我をしたり病気に罹ったりしたら、雇用主が治療費を払うべきだと思うんだけど。
>
> ミゲル：いや、ここはノーワーク、ノーペイ、だ。でももし病院に行って、例えば医者が2万って言ったら、レシートをとっておいて、後で政

府に提出して、数週間後に２万が返ってくるはず。でも、悪いことに、ここでもし、１日、２日、４日と働かなかったら、ない、給料はその分ない、ここはノーワーク・ノーペイだ。社長は病院の日のために払わない。

　ミゲルは同僚たちの身体のどの部分が痛んでいるかよく把握している。そしてドゥテルテ政権下ではじまったMEDplus、すなわちOFWの追加的医療費への保険制度などを理解していることも窺える。同時に、「僕らは何もできない」という語りや「ここはノーワーク・ノーペイだ。社長は病院の日のために払わない」というフレーズからは、身体の痛みの原因である遅い暴力および暴力主体（雇用主）に対する苛立ちも感じられる。やり場のない苛立ちは、「ただ……メンテナンスだ」という自助的な身体認識へと収斂し、痛んだ者本人に向かった。以下は上の語りの続きだ。

　ミゲル：でも時々、ベンソンみたいに、何が食べられないかわかっているはずなのに、でもよく彼は、鹿肉みたいな赤身の肉を食べる。もし関節炎なら、それは食べちゃダメだ。あととくに豆とか、塩分が多すぎだし、酸性すぎる、ソーダとかも。でも彼は信じない、彼はソーダ、コーラ、ペプシを飲んでいる、自分の健康状態を知っているはずなのに。もしそういう食生活を続けていたら、もちろんそうなるだろう。彼と話して、もしソーダを飲むとしても最小限にして、毎日じゃないようにした方がいい、働けなくなるって。でも彼は信じない、だからどうやって自分の身体をマネージするかなんだよ、医者は彼にもう何を食べてはいけないか指導している、彼はだから否定できないはずなんだ、確か実習生全員が健康診断したときに医者は彼の膝の機能に異常を見つけていた。でも、それでも彼は彼の状態を無視して、ビールを飲んで、ウイスキーをソーダで飲んで、だから本人次第なんだよ。もしそいつが自分でケアをする気がないなら、誰が同僚にアドバイスする気になる？　彼は彼自身を、自分の身体をケアしていない。どうやって言える？　お前が問題をつくっているんだって、自分を殺してる、って。かれは無視するんだ。彼

はもう 26 だぜ？　オーケー、彼はかしこいんだよ。……プリンスもそ
うだ、今でもアレルギーがあるけど、僕は『気にするな、日本での仕事
が終わっても、思い出が残るな』ってジョークを言う。

ポール：野菜のアレルギー？

ミゲル：そう、野菜。彼の手はもう全く見た目が悪くなってる、だから
僕はよく冗談で『何それ？　大丈夫か？　日本の思い出ができたな、も
し歳をとっても、肌に刻まれてる』って。

ミゲル：だから鶏肉とか卵とか魚はやめろって。でも彼は仕事の後いつ
も、ビール飲んで、ウイスキー飲んで、魚食べて鶏肉食べて、でよく
『ああ、ミゲル、医者に行きたいんだ、手が気になるんだ』って。だか
ら僕は『いいよ、気にするな、部屋にいく、俺忙しいんだ』って。僕の
立場に立ってみてくれ、そういうとき彼らを本当に無視することにして
いるんだ、だって彼らはそうしたがっているようにしか考えられない。
彼らは自分の身体と相談していない！　愚かだ！　だからさっきみたい
に皮膚についてジョークをいうんだ。だって彼らは自分で自分を虐待し
ている。

　痛みを訴えた者に対するミゲルの応答は、先にジュネックスの事例で見た、
「お子様扱い」といった男性性の発露というべきかつてのものとは異なる。
むしろミゲルは相手が「もう 26 歳」であり十分、思慮深い大人であるべき
だということを強調する。そのうえで、かれらの痛みは「自分の身体をケア
する」こと、「自分の身体と相談する」ことを怠ってきたからだと非難し、
「日本の思い出が残るな」と辛辣なジョークを向けている。ドゥテルテ政権
下の保健衛生化された OFW 政策のもと日本にきた彼にとって、OFW の身
体はケアされるべきである、という認識があり、この点はかつての「ここで
はどこかが痛いのが当たり前」で、たんに「覚悟」によって乗り越えるべき
という認識とは違っている。ただし、ミゲルにあっても、ケアすべきは本人
であり、食生活などのセルフケアを通して、「自分の身体をマネージする」
ことが肝要であると強調される。この認識にあっては、身体の痛みの本来的
な原因であるところの労働の過重さやアレルゲン等の対策不足は不問に付さ

れ、不作為に行使されている遅い暴力を結果的に温存することに繋がっている。

　しかしいわばケアの自己責任化というかたちで同僚を罵りつつ、同時にミゲルが状況に対する怒りや苛立ちを表明していたと筆者は捉えている。ポールの農園からの帰り道、暗くなった農道をヘッドライトで照らして歩きながら、ふとミゲルは道沿いの一件の農家を指差して「ここの社長はひどい、実習生を奴隷のように扱う」と言った。わたしは「ひどいな、どのように扱うんだ？」と聞き返したが彼はしばらく黙ったあと、いつものように「でもうちの社長はそんなことはない、かれはいい人だ、ちょっとケチだけど」と軽く笑ってまた黙ってしまった。そのまま畑のなかの農道をしばらく歩きながら、かれは急に5年前に来日したときのことを語り始めた。「ここにきて最初の日、はじめていまの社長にあったとき、僕は挨拶をしたんだ、緊張してて。あんまり日本語も覚えていなかったけど、社長、はじめまして、って。かれは何も言わなかった。僕の手を取ったんだ。両手をみて、そして『チっ』って。舌打ちした。今でも覚えている。かれは何も言わなかった」。ミゲルは私の方に一度、目をやって、そのまま黙って歩き続けた。

　私には、つい先ほど手の傷について「思い出が残ってよかったな」「肌に刻まれている」という同僚へのジョークを語ったミゲルが、海外就労の初発において、その手をみられることで、遅い暴力に耐えうる存在かどうか労働力商品として品定めされた屈辱を想起していたように思う。

おわりに

　2010年代後半にあってフィリピン政府のOFW保護政策は保健衛生的なアプローチを採用してきた。それは以前の「技能化」（小ヶ谷 2009）を通した保護という志向性とは区別しうる、遅い暴力への対応を志向したアプローチとして評価しうる。またその過程で職業疾病的なOFWの身体的痛苦は可視化されてきた。しかし、送出国政府として実施しうる保健衛生プログラムは、現状、出国前の予防的な健康教育や事後的な保険制度および帰国後のOFW病院という対症療法的な施策に限定され、身体的痛苦の本来的原因である「遅い暴力」そのものを直接的に減じることはできていない。無論、そ

れは受入れ国社会の責任と主導のもとになされるべきものであるが、事例地
としての日本社会をみると、そもそもの制度設計自体が「遅い暴力」の蓋然
性を高めているようにすら思えるほど、対応が十全になされているとは全く
言い難い。ここにはフィリピンから見れば、送出国家として主権領域の外部
で働く自国民の身体・生命をどのように保護するのか、という繰り返し問わ
れてきたアポリアが潜んでいる。こうした展開のなかでさきのミゲルの語り
をみれば、身体のケアの自己責任化という否定的なかたちをとって、実際の
生産過程の現場において、このアポリアと受入社会の怠慢がもたらす痛苦を
告発していたといえる。

　最後に、コロナ禍はこれら隠伏的な告発に送出・受入社会双方が応答しえ
るかをいっそう鋭く問うていることを指摘して本章を閉じたい。感染リスク
のなかでさえ、OFW をはじめ移民労働者は「エッセンシャル」な労働現場
へと動員されてきたし、経済活動が停止した本国における親族らを送金に
よって支えてきた。出稼ぎ労働者の身体性を射程に収めた議論を構成する必
要性は高まっており、ウイルス感染という新たな形態を加えつつ、身体に対
する遅い暴力という概念はいっそう重要になっている。

［参考文献］
Bautista, J. 2014. Religion, Sacrifice and Transnational Labor in the Philippines. *CSES News Letter*, 70, 9–11.
———, 2015. Export-Quality Martyrs: Roman Catholicism and Transnational Labor in the Philippines. *Cultural Anthropology*, 30(3), 424–47.
Galtung, J. 1969. Violence, Peace, and Peace Research. *Journal of Peace Research*, 6(3), 167–91.（藤田明史訳．2019.「暴力・平和・平和研究」『ガルトゥング平和学の基礎』, 6-48, 法律文化社）
GOVPH. 2015. Government agencies sign joint manual of operations which provides assistance to Filipino migrant workers . *Official Gazette of the Republic of the Philippines*.（https://www.officialgazette.gov.ph/2015/08/18/government-agencies-sign-joint-manual-of-operations-which-provides-assistance-to-filipino-migrant-workers/）
飯田悠哉. 2021.「かれらの前には誰がいたのか——園芸産地の季節労働市場における国内労働者」, 伊藤泰郎・崔博憲編『日本で働く——外国人労働者の視点から』, 松籟社.
IOM. 2013. IOM, Philippines sign major agreement on migration health.（https://

philippines.iom.int/news/iom-philippines-sign-major-agreement-migration-health）

Kristiansen, M. & S.A. Sheikh. 2014. The Health of Low-Income Migrant Workers in Gulf Cooperation Council Countries. *Health and Human Rights Journal*. （https://www.hhrjournal.org/2014/07/the-health-of-low-income-migrant-workers-in-gulf-cooperation-council-countries/）

Malhotra, R., C. Arambepola, S. Tarun, V. de Silva, J. Kishore, & T. Østbye. 2013. Health issues of female foreign domestic workers: a systematic review of the scientific and gray literature. *International Journal of Occupational and Environmental Health*, 19(4), 261–77.

長坂格 . 2021. 「『再生産労働の国際分業』のなかの男性移住労働者——イタリアのフィリピン人男性家事労働者の男性性と自己の再構築」越智郁乃ら編『グローバリゼーションとつながりの人類学』, 七月社 , pp. 237–266.

Nixon, R. 2011. *Slow violence and the environmentalism of the poor*. Cambridge, Mass: Harvard University Press.

———, 2021. Slow Violence, Then and Now. *Chapter 16*（https://chapter16.org/slow-violence-then-and-now/）

小ヶ谷千穂 . 2009. 「再生産労働のグローバル化の新たな展開——フィリピンから見る『技能化』傾向からの考察」『社会学評論』60(3), 364-78.

Philhealth. 2016. Additional Medical Aid Up for Active PhilHealth and OWWA Members （https://www.philhealth.gov.ph/news/2016/aid_up.html）

Piocos III, C.M., R.B.T. Vilog, & J.M.A.C. Bernadas. 2021. Interpersonal Ties and Health Care: Examining the Social Networks of Filipino Migrant Domestic Workers in Hong Kong. *Journal of Population and Social Studies*, 30, 86–102.

Preibisch, K. & J. Hennebry. 2011. Temporary migration, chronic effects: the health of international migrant workers in Canada. *CMAJ*, 183(9), 1033–8.

Ramirez, V.E. 2017. *Common Health Problems among Overseas Filipino Workers (OFW): Implications to Prevention and Health Services*. National Research Council of the Philippines, Terminal Report NRCP Project No:C-173.

吉田舞 . 2021. 「恩顧と従属的包摂」『社会学評論』71(4), 671-87.

［付記］
本稿は日本学術振興会科研費 13J02614 および 19H01583 の成果である。

第 9 章

他者への応答としての「リホック」

——元 OFW 女性の日常から見る現代フィリピンの共生と分断

吉澤 あすな

keyword | 規範　可傷性　動き続ける　自助と共助　家族関係

はじめに

　本稿が取り上げるのは、中東で家事労働者として働き 6 人の子どもを育ててきた女性マリアである。2019 年にフィリピン滞在を始めた筆者は、彼女の隣家に住まいを得た。しばらくして筆者は子どものベビーシッターをマリアに頼むようになり、私達は毎日顔を合わせ噂話や身の上話をする仲になった。傍で見ていて驚いたのは、彼女の周囲ではありとあらゆるトラブルが起こることだ。問題が起きるたびに、マリアは様々な人に連絡を取り、マシンガンのように喋り、合間に家事や子ども達（筆者の子と彼女の子と孫達）の世話をこなした。問題は解決したかよく分からないうちに次の問題が起こった。

　本稿は、マリアの事例を通して、新自由主義の統治性が浸潤しつつある社会で不安定な生を立ち行かせようとする個人の試行錯誤を描く。西尾が第 6 章で、親密性と暴力が絡み合い増幅する現代フィリピンの先端を明らかにしたとすれば、本稿はむしろ、従来の価値観とつながりの論理で生きようとするも、新たな社会の潮流に乗り切れずに右往左往する「普通の人」の日常に光を当てる。そして、そうした一見すると混沌とした生のなかにこそ、フィリピンの麻薬戦争において「規律を守る市民」と「法を破る悪しき他者」として先鋭化した人々の分断を緩ませる可能性が見て取れることを論じる。その際に鍵になるのが、問題への対処として、他者への応答として、絶え間なく「動く（*lihok*）」マリアの日々の身構えである。

　本稿で用いるデータは、2019 年 11 月から 2020 年 8 月までにビサヤ地域

のある町で行ったマリアと家族への聞き取り、ならびに参与観察に基づく。なお本稿の事例における人物名は全て仮名を用いる。

I 他者に応答することの限界と希望

1.共同性の限界

　新自由主義の統治性の浸透は、国や地域のなかに異なる様態の分断を生み出している。近年のOFW（Overseas Filipino Workers）を対象とする研究は、脆弱な社会福祉制度に代わってフィリピンの人々の生を担保してきた共同体の相互扶助が新自由主義に取り込まれることで、個人に深刻な心理的葛藤をもたらしていると論じる[1]。日下は序論において、そうした新たなストレスを受ける人達の鬱憤が、麻薬戦争における「規律を守らない他者」の排除に向かったと考察した。

　分断に抗する足掛かりとしてこれまで、「共感や共苦」に基づく社会的活動と連帯の可能性が報告されてきた[2]。一方で、共感は常にその外部を生む危うさを持つ。文学研究者のピオコスによると、コンテンプラシオン[3]が規範に適合する女性として表象され、彼女の死が多くのフィリピン人の共感を呼び哀悼されたのに対し、麻薬密輸の疑いで逮捕され死刑判決を受けたメアリー・ジェーンは規範から逸脱する女性として非難を浴びた[4]（Piocos III 2021）。

　哲学者のバトラーは、哀悼される生とされない生が不平等に構築され、規範にそぐわない人々の生は脅かされても可視化されない状況を問題化した

1　例えばオルティガは、フィリピン人看護学生への調査から、彼らが自身の希望進路ではなかったとしても親族の経済戦略として教育投資を受け、看護師として世界市場での価値を高めて海外で働くことを求められていると指摘した（Ortiga 2020）。
2　例えば、日本在住経験で苦労したもの同士の共感（日下 2012）、OFW家族としての共通の辛い経験や同胞意識（関 2017）による活動がある。
3　コンテンプラシオンは、シンガポールで家事労働者として就労中、同僚のフィリピン人家事労働者と雇用主の子どもを殺害した容疑で逮捕され死刑判決を受けた後、死刑が執行された。
4　フィリピン世論と対照的に、インドネシアの女性団体は海外労働者の人権の観点から彼女を擁護した（Piocos III 2021）。ピオコスの議論の詳細は第6章を参照。

（バトラー 2007）。これを打開する「共生の倫理」としてバトラーは、レヴィナスのいう他者への応答責任に可能性を見出す（バトラー 2019）。これは、自分と他者に共通性や共同性を見出したうえで能動的に手を差し出すのではなく、他者の可傷性（vulnerability）を前にして思わず身体が反応してしまう、「選択以前の応答」（鷲田 [1999]2015）である。この応答的行為は、社会規範によって規定された振る舞いや、合理的判断に基づく先見的かつ計画的な行為とは異なる。

　したがって、現代フィリピンにおいて、共同性や共通の規範的価値によらない、「他者の状態に呼び起こされる」応答をいかに担保し得るかが重要な課題である。本稿は、フィリピン人女性マリアが生活する日常の場面に根差してこの問題について考える。

2．リホック

　マリアは日々の様々な問題に対処する時、「リホック（*lihok*）」という言葉を使って語った。

> 　昔、私の兄が麻薬で逮捕された時は大変だった。その時、保釈金を用意したのは私だ。土地を売るのにも、買い手を見つけないといけない。1 週間で買い手を見つけるのに苦労した。他の家族はあてにならなかったから、私が動いた（*nakalihok*）。（マリア 2020 年 6 日 8 日）

　リホックは、「動く、行う（act、conduct、function、move）」を意味するセブアノ語で、物を動かすという些細なことに用いられるだけでなく、家事や仕事、社会奉仕をすることや、本稿で特に焦点を当てる「トラブルに対処する」ことも意味に含む。問題への対処としてのリホックは、あるべき状態を目指して計画的に行為するのとは異なり、「せざるを得ない」その場の状況への即興的で応答的な行為である。この意味でリホックとは、問題が解決されたか否かという帰結ではなく物事に対処した動きのプロセスを指す。

　また、「働く」という意味においては、セブアノ語圏でよく使われる格言

「*Lihok tao kay tabangan ko ikaw*（働け、そうすれば私はあなたを助ける）」[5]から分かるように、自助の精神と結びつく語でもある。この文脈において「*kugihan*（勤勉）」に近いが、マリアは休む間もなく働いて（動いて）いる自身の性質についてセブアノ語で「*palihok*」、または英語で「ワーカホリック（workaholic）」と表現した。つまり彼女は、「リホック」に規範的行為に収まらない一種の「過剰さ」を込めていた。それは次のエピソードにも表れている。

> ソファに座っていると、すぐに眠くなってしまうので嫌だ。子守りしながら掃除や料理をする。そうやって忙しく動いているのが好き。OFW 時代は一日 3、4 時間しか寝ない時期もあった。（マリア 2020 年 6 月 2 日）

> （6 人目の子を）出産してすぐに（悪露で汚れた）自分の下着を自分で洗ったり、すぐに立って歩いたりした。（マリア 2020 年 6 月 1 日）

　本稿が応答的行為としてリホックに着目するのは、それが自己と他者の「身体」の動きや状態と不可分だからだ。政治学者の岡野八代は、従来の政治思想から忘却されてきた身体性を注視することで、自律的・自立的自己を基盤とする政治とは異なる連帯を構想できると指摘する（岡野 2010）。身体は、まずその成り立ちにおいて他者と共にある世界に投げ出されており、環境から影響を受ける。個々の生は、この身体の受動性によって他者の助けなしでは立ち行かないという依存性と、他者に曝け出されることによる可傷性を必然的に帯びているのだ。こうした身体のあり方を起点にすることで、契約や規範ではなく、流動的で偶発的な応答の連鎖による連帯の可能性が見えてくる（岡野 2010: 49, 51-2）。本稿は、マリアによるリホックを、身体の可傷性と他者との被縛的な関係性のなかで立ち現れ、動くことで分断とそれをもたらす規範を攪乱する応答として考察する。次節より、彼女の海外就労経

5　意訳すると「神は自ら助くる者を助く（God helps those who help themselves）」。学業や仕事で成功した人や、社会奉仕をしている人を称賛する意図で用いられる。

験と日常の出来事を事例に詳しく見ていく。

Ⅱ　OFW として働く

1．アドベンチャーとしての海外出稼ぎ

　フィリピンは、1970 年代半ばから積極的な海外雇用政策を推進し、多く
の海外労働者を送り出すようになった[6]。当初は中東諸国での建設労働に就く
男性が主だったが、1980 年代半ばごろから再生産労働に従事する女性の比
率が増加していった（小ヶ谷 2009: 95）。

　55 歳（2020 年 6 月時点）のマリアは、裁判所職員の父と小学校教員の母
との 7 人きょうだいの第 3 子として生まれた。彼女は大学に 2 年間通ったが、
父の退職に伴い休学した。最初に海外で働いたのは 24 歳から 29 歳（1988
年〜 1993 年）の時で、アラブ首長国連邦アブダビに滞在し家事労働の職に
就いた。最初に渡航した姉が 1 週間で音を上げて帰国したので、マリアが代
替要員として雇われたのだ。

　マリアは、OFW 経験のうち、アブダビの思い出を最も頻繁に語った。

　　　最初に行ったアブダビの雇用主は一番良かった。親切だし、家も大き
　　かった。私は英語の話せる家庭教師として、小学生 2 人に勉強を教えた。
　　後からもう 1 人生まれて赤ん坊の世話もした。給料は 120 米ドルで安
　　かった。その代わり、雇用主は子どもの成績が上がるとボーナスや、
　　ゴールドの指輪とネックレスなど 4 万ペソ相当のアクセサリーをくれた。
　　歯の治療もアブダビで初めてやった。彼らがドイツに旅行した時に私も
　　2 度ついていった。（マリア 2020 年 6 月 1 日）

　彼女はこの雇用主の下で 5 年間働いた。この間、英語を話せない雇用主家
族と意思疎通する必要に迫られアラビア語を身につけた。また、雇用主の父
に 3 人の妻がいて全員同居していることにカルチャーショックを受けたこと

6　OFW 政策の変遷については、第 8 章に詳しい。

もあった。長期の海外就労にもかかわらず、マリアは妹の学費を含めて家族に送金し続けたために貯金はできなかった。しかしこの時の就労経験は彼女のなかで、家族を助けるための苦役というより、異なる社会に身を置き世界を広げるアドベンチャー的経験として位置付けられているようだった。

2.動く身体、強い身体の市場価値

　その後、マリアは34歳から36歳（1998年〜2000年）にサウジアラビア、52歳から55歳（2016年〜2019年）にバーレーンに行くことになった。英語の話せる家事労働者として、フィリピン人女性には高いニーズがあった[7]。マリアは市場の求めに応えるようにして力を発揮した。

　サウジアラビアとバーレーンでは掃除や料理も彼女の仕事だった。砂嵐によって室内や窓の外側にはすぐ砂埃がつく。雇用主がプレッシャーをかけてくるので頻繁に掃除しなくてはならなかった。またバーレーンでは現地の料理を作れるようになった。ラマダーン（イスラームの断食月）の間、皆がまだ寝ている間に夜明け前の食事を用意するのはマリアの役目だった。

　さらに、マリアは教育や躾に関してスキルと経験を積み、雇い主の子ども達と親密な関係を築いた。子どもに手をあげる母親に「マム、そんな風にしてはだめ。暴力を振るうと子どもは怖がってしまいます」とたしなめることもあった。筆者の子どもに対しても、マリアは激しい癇癪に気長に付き合い、個性に沿った対応をしていた。育児について筆者に助言する時は、長年シッターとして働いてきたことに大きな自信を持っている様子が伝わってきた。

　マリアには豊富な体力、好奇心、適応力があった。だからこそ過酷な労働環境であっても楽しみを見出し、スキルと経験を積むことができたといえる。そもそも姉がアブダビから1週間で帰国した理由は、到着してすぐ鼻血が止まらなくなったからだった[8]。体力のあるマリアだからこそ機会を生かせたの

7　受け入れ国におけるケア労働の担い手不足を1つの背景として、1980年代半ば以降のフィリピンでは「海外労働者の女性化」が進行した（小ヶ谷 2009: 95-6）。
8　このエピソードからは、飯田が第8章で論じたように、身体に不具合があれば取り換え可能な商品としてOFWを扱う国際労働市場の実態と共に、雇用主へのアフターケアに家族関係が動員されていることが分かる。

だ。

　こうした彼女の経験は、雇用関係や滞在資格の面で不安定な OFW が新自由主義的な労働市場において自己の価値を高めるため、生活習慣や身の振る舞いを自己規律化する（Guevarra 2010）のと重なる。しかしマリアは、家事および語学スキルの習得や長時間労働について、そこに仕事があり必要だからやらざるを得なかったという風に語った。つまりマリアは、自己規律化の論理を内面化せずとも、リホックし続ける強い身体によって新自由主義における市場の求める商品として価値を高めていった。

3.「自己犠牲」の物語をすり抜ける

　海外就労にはもちろん負の側面もあった。サウジアラビアとバーレーンでは、OFW の脆弱な立場がより浮き彫りになった。

　　　サウジで雇い主が勝手に契約を更新したので就労期間が 2 か月延びた。雇い主の娘は生理で機嫌が悪いと暴力を振るった。フィリピン大使館に連絡をすると「逃げなさい」と言うだけで、何もしてくれなかった。周りは砂漠だったので、逃げるのは難しかった。
　　　中東ではパスポートを取り上げられてしまうので、いつフィリピンに帰れるのかよく分からない。バーレーンの雇い主は必要なビザ手続きをしてくれなかった。私は雇用主に労働ビザの費用を支払った。しかし 2 年後ビザ更新時に労働事務所（labor office）に相談したら、ビザがなかったことが分かった。（マリア 2020 年 5 月 22 日）

　さらに、子ども達と離れて海外で働くのも困難な経験であった。バーレーン滞在中に国内にいる子どもが発熱した時は、ビデオチャットで他の子ども達に看病の指示を出したという。画面の向こうで子どもが「ママになるってこういうことなの？　大変なんだね……」とこぼし、それを聞いたマリアは泣いてしまった。OFW の母親として彼女は、育児と扶養の二重の責任を求められ板挟みになってきたのだ。

　OFW が海外就労の困難さや辛さに耐えることは、家族や親族といった親

密な他者を経済的に助けるための「自己犠牲」として規範化され、海外に大量の労働者を送り出すフィリピンの国家イデオロギーとなってきたという（Bautista 2015）。しかし、海外出稼ぎのことを語る時、マリアから「自己犠牲、献身（*sakripisyo*）」という言葉は聞かれなかった。この背景には、「国内にいると家族と貧しくも安定した生活を送れるけれど、家族のために自分を犠牲にして国外で過酷な仕事をする」という枠組みには回収できない現実があったからだと考えられる。マリアは、サウジアラビアから帰国後、マニラで15年ほど暮らした。その際同棲していたパートナー3（p.224、**図1**参照）との生活についてこう語る。

> 彼は酒、タバコ、シャブ（覚せい剤）、マリファナに手を出すようになった。私が外で働いている間、彼は家に女を連れ込んでいた。何回もそんなことがあった。そこから相手には期待せずに子どもに集中するようになった。私はリホックするようになった（*naging palihok*）。男はパラサイトのようになっていった。（マリア 2020年6月1日）

自己犠牲の語りには、本来ならこうしているはず、というあるべき姿との乖離が前提としてある。しかしマリアは、国内でも海外でも大小の問題に取り囲まれ常にリホックしていた。マニラに居る時も、ミドルクラス家庭の家事労働者としてずっとあくせく働いてきた。中東では雇用主から暴力を振るわれたが、国内でも同棲相手から暴力を受けていた。海外に出て子ども達と引き離されただけでなく、マニラで暮らしている時も、父親の違う上3人の子ども達とは別居せざるを得なかった。「今この場」の状況への対処、生きるためにリホックし続けるという意味では国内も海外も地続きなのだ[9]。

マリアのOFW経験は、自己犠牲や自己規律の価値に囲い込まれきらない複雑さと流動性を有する。一方で、規範の装置すら要さず、海外に渡り市場の求める労働力として価値を高めていったのは、彼女が国内外どこにいても直接的、構造的暴力を被り、その渦中でどうにか生き延びようと日々動いて

9　定職に就かず仲間と飲み会をやって過ごしている若年男性が海外就労を希望の職に就くチャンスと捉え、「待ちと賭け」の戦略を取っている（東 2014）のと対照的である。

きた帰結であるといえよう。

Ⅲ　動く、つながる、離れる

1. トラブルメーカーの両義性――長女から広がる関係

　本節では、日常生活におけるマリアのトラブルへの対処の場面をみていく。まず、長女との関係を事例に、いかに「規律から外れる」他者との関係を持ち得るかを考察する。マリアは3人のパートナーとの間に6人の子どもを儲けた（**図1**）。

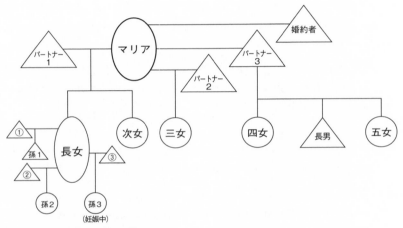

図1　家族関係図（筆者作成）

　そもそも子どもを育てるということは、ケアすべき他者の身体が面前にあることを意味する。したがって子どもが多ければ多いほど、応答的行為はますます活発にならざるを得ない。現代フィリピンでは社会の変化に伴い[10]、子だくさんであることを否定的に見られる場面が出てきた。マリアの4番目の妹（妹4）は、マリアに6人もの子がいるのはもう時代遅れだというように話した。

10　フィリピンの出生率は2020年時点で2.5まで低下している（Commission on Population and Development 2021）。

私達の世代にはまだ6、7人きょうだいがいる。でも私達が産む子供の数は減っている。姉さん（マリアの2番目の妹（妹2））の子どもは2人、兄さんのところは1人……（マリアを指して）彼女だけでしょ。あんなに子どもが多いのは。（妹4　2020年7月21日）

　周囲からやや冷たい眼差しを受けつつも、マリアは子ども5人および孫2人と同居し[11]、賑やかな毎日を送っていた。しかし長期間離れていた子ども達との関係には難しさも感じている。

　　長女と次女は、親が近くに居らずに育ったので、そのことの影響は大きいと思う。親に反抗的になってしまった。長女と次女がどのようにお金を稼いでいるか分からない。金銭的に助けてくれることはあるけど、心が痛い。「どこからそのお金はきたの」って思ってしまう。（マリア2020年5月22日）

　特に長女レイア（27歳）は「トラブルメーカー」で、マリアにしばしば「あぁ神様！」と呟かせる存在だ。筆者と出会ってからだけでも、バイク事故を起こして大怪我を負ったり、コロナ防疫規則に違反して友人と遊びに出歩いたりしていた。体も強いとはいえず、第二子出産後に手術して生死の境を彷徨うこともあったという。

　しかしレイアをめぐる「問題」はネガティブな作用だけをもたらすのではなく、社会関係が活性化される契機にもなっていた。例えば、レイアのパートナーだった日本人男性タナカとの関係がそうだ。レイアはマニラのクラブで働いていた時に彼と出会った。2人が親密な関係になるのと前後してレイアは子（孫1）を身ごもった。タナカの子だと主張してもよかったが、父親は違う人物であったため正直に話したという。タナカは、レイアと彼女の長子、2年後に生まれた実子（孫2）のみならず、マリアや次女、三女をまと

11　マリアの3番目の妹（妹3）親子とも同居していた。子どものうち次女のみがパートナーと隣町に暮らしていた。

めて扶養した。

　タナカは、マリアがマニラで小さな食堂を開く資金を援助し、毎月の返済金を渡そうとしても受け取らない「親切な人」だった。マリアがバーレーンに行く際にパスポート取得費用を出したのもタナカだった。三女の大学の学費もタナカが払った。

　タナカをめぐって、マリアとレイアとの関係は可変的になった。一時期、彼の購入したマニラのマンションに、マリア、次女、三女も同居していた。この時レイアの態度は横柄になったという。

　　　レイアは〈性格、素行（*batasan*）〉が良くない。タナカを手に入れたとたん私を家政婦のように扱い、文句を言うようになった。私がタクシーを使ったら激怒したこともあった。でも彼と別れてから、彼女の態度は少し良くなった。「お母さん、これまでごめんなさい。私はこれで何もなくなってしまった」って。（マリア 2020 年 5 月 22 日）

　タナカとレイアは既に別れているが、彼の存在は家族関係に影響を与え続けている。タナカが毎月送金する実子への養育費は、生活費だけでなく逮捕された親戚の保釈金にもなった（後述）。タナカに学費の援助を受けた三女は現在コールセンターで働き、レイアの長子（孫1）の学費を払っている。

　「トラブルメーカー」は、苦境に陥るリスクと同時に、新たな社会関係をもたらし得る両義的存在である。マリアとレイアは、どちらかが一方的に「助ける」関係に固定化されない。また、マリア自身もこれまで過度の飲酒をしたり、未婚で子を産んだりといった、規範から外れる行動をしてきた。その一方で彼女は、働いて家族を養うという規範的行為もしてきた。このように、トラブルを起こすことの両義性と共に、自分自身および他者の規範内／外の立ち位置が不安定であるとの前提に立つことが、「トラブルメーカー」に振り回されつつ、それを利用するマリアの身構えを可能にしているといえる。

　筆者がフィリピンを離れる直前、レイアが第3子を妊娠していることが分かった。マリアは「父親は誰かと聞いてもはっきりしないし……。あぁ神

様！」とため息をつき、それでも数日後には、「私が面倒をみたい」と言うのだった。

2. パラサイトから離れたい──コロナによる収入減

　次に、マリアと妹との関係から、他者に応答し続けることのストレスとその対処について考察する。そもそも、リホックする方は相手からのお返しを必ずしも想定していない。そのためマリアの言葉でいうと、「パラサイト」的な関係をつくってしまいがちである。本人も、主にきょうだいとの関係において「私が動きすぎなのかもしれない。まるでパラサイトになることを教えているようだ」と自覚的に語っている。本稿は、互酬が既に成立していない家族との間で、「動く」ことによって上手く距離を取ろうとするマリアの試行錯誤を取り上げる。

　マリアは、きょうだいのなかでも特に同居する妹3とその娘に対して、定期的な収入があるのに生活費を出さず家事も分担しないことに強い不満を持っていた。

　　　　私が故郷に帰ってくる前は、三女と妹3で食費、日用品代を折半していた。でも私がきてからは私が全て負担している。妹3は、私が冷蔵庫にまとめ買いしておいた肉を毎食許可なく食べている。でも生活費の負担は全くない。彼女も娘も働いて給料をもらっているのに。（マリア2022年6月22日）

　こうしたパラサイト的関係は、新型コロナウイルス感染の広がりによって維持できなくなっていった。マリアの婚約者が失業し、送金が途絶えたからだ。婚約者はカナダ在住フィリピン人で、カジノや病院で施設メンテナンスの仕事をしており、それまで毎月1万5,000ペソほどをマリアに送金していた。生活が苦しくなったマリアは、まず問題が起きた際に少しでも家計に貢献してもらおうと妹3に掛け合ったが失敗に終わった。

　　　　妹3は〈性格、素行（batasan）〉が悪い。貯水槽から水が漏れて水道

代が法外に高くなった時、「1,000ペソでいいから水代を出してくれない？」と伝えただけですごく怒った。だからもう彼女とは話したくなくなった。（マリア 2020年6月8日）

次にマリアは「自助」の規範を持ち出して交渉しようとした。「お金があるなら貢献しろ、お金がないなら家事をしろ（動け）」というものだ。

　　　生活費を出さないくせに、家事も全然しない。それを指摘しても「あなたの給料は多いでしょ」と言われる。なんなの？　お金を出さないならリホックする、それが当然。それが私のやり方。自分だったら恥ずかしいと思う。（マリア 2020年7月14日）

　その後、妹3親子に何も変化がないために、マリアは別居の可能性を探りだした。早速彼女は複数の家の内見を始めた。最初に彼女が見つけた家は閑静な住宅街にある購入額260万ペソの家だった。頭金として婚約者が10万ペソを送金すると約束したので、購入する話を進めていると筆者に話した。しかし、その翌日には、家主から頭金は260万ペソの10%であると説明を受けたため、その家の購入を諦めた。

　次にマリアは、昔からの友人が所有している家を安く借りる案を進めた。「その家にはサリサリ（雑貨店）の設備が備えついている。そこで料理を作って売ったりもできるだろう」とマリアは意気揚々と話した。

　結局、マリアは新たな家に引っ越すことはなかった。家の購入計画は、現在のマリアと婚約者の収入を考えると非現実的であった。引っ越すことが目的というより、むしろ引っ越すための実際の動きを相手に見せることで関係を断つそぶりをちらつかせ、パラサイト的関係を変更しようとしているようにも見えた。

　このように、リホックはパラサイト的関係を生むが、距離を取ろうとする実践自体もやはり動くことで探られていた。これは、規範に基づく説得があまり効果を持たないことに加え、規範に拘りすぎることで、相手との決定的な断絶を生んだり、自らがいつか規範外に置かれた時に冷遇されたりするリ

スクを避ける工夫ではないかと考えられる。

3. まとまらない「助け合い」——麻薬の運び屋をした甥の逮捕

これまで見てきたように、マリアは特定の規範に依拠するのではなく、身体の次元で応答的に動いている。そうした日常のなかで、突然ある規範が前景化した出来事があった。それは麻薬の運び屋をしたマリアの甥の逮捕であった。この時、マリアを含め親族らは、一旦は「助け合い」の規範と「麻薬中毒者への恐れ」で結びつき一致団結したかに見えた。しかし、その後家族のなかから別の意見が出てきて、結果は有耶無耶になった。この事例を通して、「生存のための助け合いの社会」から「規律による他者の排除へ」という日下が示したフィリピン社会の変化の図式について再考する。

（1）一致団結の「助け合い」——1日目

甥のビンスが逮捕されたのは、新型コロナへの厳しい防疫対策が始まって数か月経った日のことだった[12]。彼はマリアのすぐ下の妹（妹1）の三男である。もともと麻薬グループに属して運び屋をしていたのは、ビンスの兄ジェイであった。ジェイは自分が警察に監視されていて自由に動けないために、弟に運び屋をさせたのだ。

その日マリアは、筆者にベビーシッターの給料を前借りしたいと申し出た。理由を聞くと、きょうだい達と家族会議を行い、ビンスの保釈金5万ペソをみんなで「助け合い（tinabangay）」して工面することを決めたのだという。筆者が「でも、しばらく現金収入がなかったら生活できないんじゃない？」と尋ねると、結婚して別の町に住むビンスとジェイの兄、そしてコールセンターで働くマリアの三女が少しずつ生活費を負担するという。マリアは、逮捕されたビンスがひどく落ち込み彼女に助けを求めていると話し、「本当にかわいそう」と何度も繰り返した[13]。

筆者は、マリア達が親族総出でビンスを助けようとしている姿を目の当た

---

12 住民の間では、防疫対策のせいで現地の経済活動が著しく制限され海外からの送金も途絶えたために、麻薬ビジネスによって収入を得ようとする人が増加したのだと噂されていた。

13 マリア 2020年6月3日

りにし、「助け合い」という家族関係の規範によってこの事件は解決するものと予想していた。

（2）ビンスを助け、ジェイは遠ざける——2日目

筆者は、車で15分程の場所にあるマリア宅[14]に日中子どもを預けていたので、麻薬売買に関わっていたジェイがマリアの家に出入りするのを「怖い」と感じた。逮捕されたビンスが供述することで、麻薬組織がジェイやその周囲の人間に危害を加える可能性があるためだ。マリアにこのことを伝えると、彼女もジェイが家に来るのは「怖い」という。ジェイは隣町の妹1の家に留めておくつもりで、他の家族も同じ気持ちだと彼女は答えた。

> 昨日、私の家にジェイが来た。その時、私の兄が「なんでここにきたんだ⁉」と言った。その言い方がきつかったから私の心も痛かった。でも兄の言っていることは正しい。妹1には悪いけど、自分達もすごく怖いから、絶対に私の家に住まないでほしい。（マリア 2020年6月4日）

別の町に住む妹1長男も、もし出所できたらビンスは受け入れるが、家族が危険にさらされるためジェイは同居させたくないと言っているという。この時点ではビンスを助け、ジェイを遠ざけるというのは、筆者とマリア、マリアの家族の共通認識であるように見えた。

（3）ばらばらの対応——5日目

この日マリアは、憔悴した様子だった。昨夜家に帰ったら、ジェイが彼女の自宅に居たという。マリアと子ども達は次のような激しいやり取りを交わした。

> 私が「なんでここにいるの、ここに泊まるのはダメだ」とジェイに言ったら、家族と喧嘩になった。長女と三女が「そんなこと言ったらかわいそうでしょ」と反論した。私はずっと家族のために働いてきて、家賃を払い家事だって全部やってきたのに、なぜ子ども達は麻薬中毒者を

14　マリアは、筆者と出会ってから3か月後に兄と妹4の家の敷地内にある貸家に引っ越した。

かわいそうと言って、私をかわいそうと思わないのか。三女には「罪（karma）を犯すのか」と言われた。でも私はそんなの信じない。神様は全部見ているからだ。でも言葉が痛かった。

　ジェイは彼らの家で問題があると、こちらに逃げてくる。何か問題があるとやってきて、ほとぼりが冷めるのを待っているんだ。そんな生活だったら、いつ悪い人間がやってきて私達まで被害を受けるか分からないではないか。この前だって、ヤクを買いにきた客二人とジェイが揉めて暴力沙汰になった。前に私達がジェイと同居していた時だって、娘が水浴びしているのを覗いていた。娘達は忘れてしまったのだろうか。

　昨日、家族はみんなばらばらにご飯を食べた。今夜は家に帰りたくないから、妹２の家に泊まろうかと思う。

　……でもやっぱり家に帰って家族に向き合わないと。（マリア　2020年6月7日）

　筆者は、マリアが隣家に住んでいた時、ジェイのトラブルを目の当たりにしていた。ジェイの存在は、同じくトラブルメーカーであるマリアの長女レイアとは異なり、自分や家族に向かう暴力を強く想起させた。筆者だけでなく、ジェイが娘達の水浴びを覗いていたことと麻薬中毒者による性暴力を結びつけて繰り返し語ったマリアも、同様の恐れを感じていただろう。娘達にとってジェイは従弟であり簡単には排除できないというのも理解できる一方、筆者の目には、彼女らのジェイへの肩入れは無責任に映った。

（４）生まれ変わるチャンスを与えたい──６日目

　翌日、マリアは少し気分が晴れた様子だった。喧嘩した娘２人は昨夜妹４の家に泊まったため、彼女らと完全に和解したわけではない。しかし少なくともこの件にどう対処するかの自分の方針を決めたという。

　よく考えたら、私が一家の長で、全て管理しているんだから、私が出て行くのはおかしいと思った。なんで、私が生活費を全て工面して、家事もして、その上妹２の家に行かないといけないのか。なぜ私が自分の子どもに頭を下げないといけないのか。私は私の決定を伝えた、どうす

るかは彼らが決めたらいい。彼らが妹4の家にいたいなら、そうすればいい。

　私は、逮捕されたビンスやヤク中のジェイにもチャンスを与えたい。彼らが生まれ変わる（*mag bag-o*）チャンスを。でも、これが最初で最後のチャンスだ、と伝えている。（マリア 2020年6月8日）

　結局マリアは、ジェイを完全に排除するよりも、彼を牽制しつつジェイの行動が変わる方に賭けた。これは、恐れの感情に対して家族のつながりが優先された結果であるといえよう。また、妹4や妹2の夫を含む年長の男性親族が若い頃に麻薬をやっていたが、ある時点で「生まれ変わり」今では真っ当な人生を歩んでいるという実例もこの判断に影響を与えたと考えられる。

（5）問題の解決？──7日目

　ジェイの処遇が有耶無耶になりそうな状況に不安を覚え注視していた筆者に対し、家族のなかで彼らにどう関わっていくのかが決まったとマリアは伝えた。

　問題は解決した。ジェイは麻薬グループを抜けることができた。今はジェイに兄の家のタイル張りの仕事を頼んでいるから、そこに寝泊まりし、その仕事が終われば、ジェイは妹1長男の家に住むことになるだろう。ビンスはまだ留置所から出ることができない。保釈金を用意したが、彼が関わったシャブの金額が多いので普通のプロセスでは出ることができない。（マリア 2020年6月9日）

　しかしこの1か月後、マリアが愚痴交じりで話す様子を聞いて、問題は「解決した」とは言い難いことが明らかになった。

　お金もないし、家事も疲れた。私達の生活費を支援してくれるはずの妹1長男がメールで、「ごめんおばさん、まだお金用意できない」と言ってきたので、苛立って「あーもう話さないで、分かったから」とあしらってしまった。集めた保釈金はまだ妹4が持っている。ビンスはま

だ出られていない。「しばらく中にいてもらった方が良い。反省するだろう」と、他のきょうだいと話している。（マリア 2020 年 7 月 3 日）

ここまでの経緯をみて分かるのは、規範をもとに誰かを排除するのは相当難しいということだ[15]。1 人が遠ざけようとしても異なる立場の親族がいれば完全に排除することはできない。つまり、助け合いの規範が浸透しているから「悪しき他者」が包摂されるのではなく、様々な規範が偏在し、利害や感情が交錯しているから排除しきれないのだ。今回、マリアは「怖い」という身体的な感覚や雇い主（筆者）との関係に基づいてジェイを遠ざけようとしたが、実行できなかった。彼女はなし崩し的にその状況を受け入れ、ジェイに会った時小言を言って牽制したり、娘達に注意を促すといった方法で目下の安全を図ることしかできなかった。

また、他者の排除だけでなく、「誰かの救済」も同様に簡単ではなかった。お金を集めたのにビンスの釈放は何らかの理由で実行され（でき）なかった。しかし、マリアは何もしなかったわけではない。後日、彼女はタッパーに詰めた大量の手料理を持って、親族らと留置所を訪れ、ビンスと共にランチを楽しんだ。これも応答的な「問題への対処」の一つである。

日下は、従来のフィリピンは生存のための「助け合い」の社会であったと位置付ける。しかし、麻薬中毒者などを苦々しく思い排除しようとする人達は以前から少なからずいたであろう。むしろ、これまで雑多な価値と言説が入り乱れてどれか 1 つが支配的になりづらかった社会において、1 つの規範に急速に収斂する特定の領域、場が生まれているというのが現実に近いのではないだろうか。

IV　混沌を生き延びる術

ここまで、マリアの OFW としての経験、日常の揉め事や家族との関係についてリホックを鍵として考察してきた。なぜマリアはここまでリホックす

15　その後も、SNS に投稿される家族写真にはいつもジェイが一緒に写っていた。

るのか。次の語りは、それが彼女にとって混沌を生き延びるための術であることを示している。

　　私は17歳の時にレイプされた。相手はその後アメリカに行って、私の第3イトコと結婚して、子どももいる。その男は麻薬もやっていた。いつも無事でいられるよう神様に祈っていたのに、そんなことが起きてしまって、神を憎むようになった。鏡を見ても、まるで自分自身ではないように見えた。それで、私の全ての野心も夢も壊れてしまった。それ以来私は、お酒、タバコ、麻薬にも手を出すようになってしまった。外国に行って全てを忘れようとした。仕事でクタクタになるまで働いて何も考えないで寝られるようにしようと思った。（マリア　2020年5月22日）

　先に触れたように、リホックの応答性は、身体の可傷性と他者への依存性に基づいている。本稿で取り上げた語りや事例から明らかになったのは、マリアの身体が幾重もの暴力に曝され、他者との関係性に埋め込まれているということだ。久保は第10章で、妊娠期の喪失経験を抱えて生きることを「別の日を生きるため脱-従属性を内部に沈殿させた生」と表現する。マリアも、自分を押し潰してしまいそうなトラウマ的な経験を「何も考えない」よう、意味を与えないよう内部に沈殿させたままにして、動き続けている。それは、他者——自分に暴力を振るうかもしれない相手を含む——とのつながりのなかで生きざるを得ない毎日のための術である。しかしその術、つまり身体の次元での応答は、自己をさらに他者に曝す脆弱性を引き受けることを意味する。それでもなお動き続けるマリアは、他者の生への決定的な価値判断を避け／退け、共に生きる回路をつくりだしている。
　本稿の最後に、彼女の身体的な応答が顕著に現れている信仰についての語りを、妹夫婦と対比しながら取り上げよう。きょうだいのなかで最も経済的に安定した生活を送る妹4と夫ロンは、カトリックからボーン・アゲイン・

クリスチャン[16]に改宗し、教会運営にも携わっている[17]。1999年に先に改宗したロンについて妹4は、「彼は昔、麻薬を含めて悪いことをいろいろやった。でも自分の人生をもっと良くしたいと思って改宗した」と話し、ロン本人はすぐに妻を遮るようにして「いや、聖書に忠実な今のグループの教えが正しいと思ったからだよ」と訂正した[18]。彼らの掛け合いに象徴されるように、個人の経済的上昇を聖書の教えによって肯定する「ネオリベラル・クリスチャニティ（Medina & Cornelio 2021）」は、近年フィリピンで力を伸ばしている[19]。

　マリアは、妹4の勧めで一旦はボーン・アゲインに改宗したが、しばらくしてカトリックに戻った。その理由を彼女は「私の〈混沌（kaguluan）〉のためだ。ボーン・アゲインになって祈れば、様々な問題が良くなるかと思ったけど、改宗したところで、問題は良くなるわけでなく、そのままだった」[20]と語った。教義における一貫した価値により生に道筋をつけようとする信仰は、彼女の混沌に生存の術を与えなかったのだ。

　ロンは「私達は生まれながらに暴力性や欲といった罪を持っている。その状態からいかに神への〈アカウンタビリティ〉を示すのかが重要だ」[21]と説明した。筆者の目には、日々動き、応答（レスポンス）するマリアと、妹4夫婦は対照的に映った。マリアが拠り所にするのは、常に自分の傍で動きを見守ってくれる神なのだ[22]。「私の心のなかに神様がいて、キッチンでもトイ

16　フィリピンでは、カトリックに属さないペンテコステ・カリスマ運動集団を一般にボーン・アゲインと呼ぶ（細田・渡邉 2013: 30）。

17　ロンの本業は建築士、妹4は教会に附属する学校の教師を務め、息子（IT エンジニア）および娘夫婦と同居している。

18　妹4、ロン 2020 年 7 月 21 日

19　経済成長を背景として、1990 年代頃から、経済的上昇のための実践的スキルの習得を聖書の原則に基づき正当化する「繁栄倫理」を説くカリスマ派グループおよびペンテコステ派教会が台頭した（Medina & Cornelio 2021: 89-90）。

20　マリア 2020 年 6 月 13 日

21　ロン 2020 年 7 月 21 日

22　マリアは過去に中絶した経験についても神が見ていたと語った。彼女はサウジアラビアジから帰国後、再度海外で働くための準備の最中に妊娠し、薬を飲んで中絶した。しかし結局、渡航直前に水ぼうそうになってしまい雇用契約はキャンセルされた。マリアは「これは神様が、私のしたことを見ていたから起こったと思っている。私の〈罪（karma）〉だ

レでも寝る時でも、自分が祈りたい時に祈ればいいだけだ。神様はいつでも私のすることを見ている。私も心のなかで神様に呼びかける」[23]。

おわりに

　現代フィリピンの共生と分断に対して、応答としてのリホックはどのような可能性を持つだろうか。絶え間なくリホックする姿勢は、異なる規範の間を動き回り、媒介的に働くことでどれか1つが支配的にならない状況をつくるのに寄与するといえよう。本稿はマリアの家族関係を中心に考察したが、家族主義の規範が常に支配的になるとは限らず、偶発的で流動的な応答の積み重ねによって、ある時は関係が活性化されある時は離れるという個々の具体的な関係が形成されていた。こうした家族における他者との関わりは家族関係の議論に閉じられるべきではなく、岡野が示したようなオルタナティブな政治的連帯の可能性にも開かれている。

　リホックの限界として、新自由主義の労働市場の論理に順応できてしまうが故に、抵抗の契機を逸してしまう点が考えられる。さらに本稿は、自身や家族が暴力を受ける「恐れ」の感情が、分断へと至る危険性も示唆した。しかし身体に基づく感情は、他者の生に価値判断を下す麻薬戦争の規範の言説とは位相が異なる。むしろ従来のフィリピンにおいて、親密な場で暴力に曝されてきた人達の声が、「助け合い」といった規範の下に有耶無耶にされてきたが故に、暴力をもたらす人間を排除する規範が強く支持されるようになったとも考えられる。したがって、価値ある／ない生を分断する規範への批判に終始するのではなく、麻薬戦争以前からずっと存在した暴力、それに曝されてきた人達の声、その経験を抱えた生の営みに今一度目を凝らすことから、他者と生きる光は見出せるのではないだろうか。

[参考文献・ウェブサイト]
東賢太朗, 2014,「『待ち』と『賭け』の可能性——フィリピン地方都市の無職と出稼ぎ」東

と思っている。繰り返してはいけないレッスンだと学んだ（マリア 2020年6月1日）」と話した。

23　マリア 2020年6月13日

賢太朗・市野澤潤平・木村周平・飯田卓編『リスクの人類学——不確実な世界を生きる』世界思想社，239-261.

Bautista, J., 2015, "Export-Quality Martyrs: Roman Catholicism and Transnational Labor in the Philippines," *Cultural Anthropology*, 30(3): 424-447.

バトラー，J.，2007，『生のあやうさ——哀悼と暴力の政治学』（本橋哲也訳，原著は2004年発行）以文社.

―――，2019，『分かれ道——ユダヤ性とシオニズム批判』（大橋洋一・岸まどか訳，原著は2012年発行）青土社.

Commission on Population and Development, 2021 (October 10), *POPCOM: Pandemic causes decline in 2020 births, Numbers lowest in 34 years.* (https://popcom.gov.ph/popcom-pandemic-causes-decline-in-2020-births-numbers-lowest-in-34-years/)

Guevarra, A., 2010, *Marketing Dreams, Manufacturing Heroes: The Transnational Labor Brokering of Filipino Workers*, Rutgers University Press.

細田尚美・渡邉曉子，2013，「湾岸アラブ諸国におけるフィリピン人労働者の改宗と社会関係の持続と変化——ボーン・アゲイン・クリスチャンとイスラーム改宗者の事例から」『白山人類学』16: 29-53.

日下渉，2012，「境界線を侵食する『癒しの共同体』——接触領域としての在日フィリピン人社会」『コンタクト・ゾーン』5: 124-144.

Medina, E., & Cornelio, J., 2021, "The Prosperity Ethic: Neoliberal Christianity and the Rise of the New Prosperity Gospel in the Philippines," *Pneuma*, 43(1): 72-93.

小ヶ谷千穂，2009，「送り出し国フィリピンの戦略——海外労働者の「権利保護」と「技能」の関係をめぐって」『日本政治学会年報』11: 93-113.

岡野八代，2010，「つながる・つなぐ——複数の、具体的な個人の間の、偶発的な集まりからの政治」岡野八代編『生きる——間で育まれる生』風行社，21-57.

Ortiga, Y., 2020, "Learning to Leave: Filipino families and the making of the global Filipino nurse," Seki, K., ed., *Ethnographies of Development and Globalization in the Philippines: Emergent Socialities and the Governing of Precarity*, Routledge, 98-113.

Piocos III, C., 2021. *Affect, Narratives and Politics of Southeast Asian Migration.* Routledge.

関恒樹，2017，『「社会的なもの」の人類学——フィリピンのグローバル化と開発にみるつながりの諸相』明石書店.

鷲田清一，1999，『「聴く」ことの力——臨床哲学試論』ティービーエス・ブリタニカ.（文庫版：2015, 筑摩書房）

第10章

消費される未来、沈殿する過去

——妊娠期における喪失経験と女性たちの応答

久保 裕子

keyword
社会的再生産　時間感覚　金融資本主義　リプロダクティブ・ヘルス

はじめに

　日下（序論）は、現代のフィリピン社会を論じるにあたり「主体性」に着目する。そこでは、歴史的背景を背負いながらも分断社会におけるヒエラルキーを器用に利用する貧困層の狡知という既存の主体から、過去の土着の社会性を引きずりながらも「個人の勤勉と規律で成功を目指す」主体や、歴史的に築かれてきた価値観や倫理感と近代的主体が、重層し併存して出現していることが指摘された。こうした多様な主体を目の前に、現代フィリピン社会を従来の枠組みで論じ続けることに対する日下の躊躇いというものが見て取れる。

　本章は、この日下の「重層化した主体性」について文化人類学的視点から考察したい。日下の言う、この主体性は、あくまで理念型のものであろうが、本題に入る前に本章における主体性という言葉の用い方について、まず確認しておく必要がある。重層化とは、文字通りいくつもの層が重なり合う状態を指す。これまでの歴史的変遷を経て身に幾重にも重なり連なる主体性は、まるで蓄積し固定したものとしての主体性というイメージを想起させる。文化人類学では、ある特定の文化（あるいは歴史）が、制度や宗教的な規範だけでなく、日常を通して自己の一部である動機や心的状態を構築するという考えは、文化を特殊でシンボリックな領域にしてしまうとして、かねてから危険視されてきた（Biehl, Good & Kleinman eds. 2007）。日下がこうした文化的に規定した主体性を想定していないことを承知しているが、本章で論じる主体性とは、特定の文化に集約されるような固定的な主体性ではないこと

をあらかじめ明確にしておきたい。前提とされなければならないのは、常に流動的で一貫していない主体、あるいは主体性であり、基本的に関係論的な視点で論じている点である。それはダスが日常的再帰性（everyday reflexitivity）と呼んだ、病いや治療の身体化された経験に主体を追究するのではなく、病む人のローカルな世界と経験の枠組みとなる個人間（あるいはヒトとモノ）の結びつきの動的な厚みを明らかにするものである（Das & Das 2007）。

　本章は、フィリピンにおける性と生殖の問題の中でも、妊娠期における喪失（自然流産、死産だけでなく、人工中絶を含む）に焦点を当てて論じる。本章の主題は、2012 年に採択された「親としての責任とリプロダクティブ・ヘルスに関する法律（The Responsible Parenthood and Reproductive Health Act, 通称 RH 法）」[1]の法案をめぐってフェミニストたちがこれまで論じてきたような、正義や権利を軸とした中絶に関する女性の問題ではない。そうではなく、本章は、現代フィリピン社会に新自由主義がもたらした時間感覚の歪みに着目し、そこでの「重層化した主体性」とは何なのかを動的に捉える。具体的には金融資本主義がもたらす時間感覚の変化が、従属的労働の立場にある貧困女性たちの時間的な感覚、そして未来への展望に与える影響に関するものである。そのため、本章では、マルクス主義フェミニズムの観点から、当該社会における資本主義形態の歴史的変遷とそこでの女性の労働力搾取について、特に性産業に従事する女性たちに焦点を当て長年論じてきたタディアールの議論を中心に参照しながら考察したい。

　結論から先に言うと、金融資本主義では、過剰人口の生の時間そのものが投機の対象となり、そこでは確かに過去と未来が収縮し、フィリピン社会における貧困層の女性たちは未来を過去の再生産あるいは償還のために日常的

1　リプロダクティブ・ヘルスは、人々が安全で満ち足りた性生活を営むことができ、生殖能力を持ち、子どもを産むか産まないか、いつ産むか、何人産むかを決める自由を持つことを意味する。貧困問題が深刻で、乳幼児と妊婦の死亡率が高かったフィリピンは、1994年のカイロ会議開催の当初から、リプロダクティブ・ヘルスの改善が求められる対象国のひとつであった。RH 法によって、望まない妊娠の予防のための避妊方法の選択肢の拡大、入手可能性の拡大、そして若者に対する性教育の推進、政府の保健担当者の実務研修などが可能となった。

に投機している。しかし一方で、それは日常から隔絶し、留まり続ける過去を抱きながらの未来でもある。本章では、未来を投機する女性たちの有様を、娘たちに日々翻弄されるマリセルという中年女性、そして妊娠期における中絶を含む喪失経験という過去を語ってもらった女性たちを通して描写を試みる。そこでの主体性は、地域の共同性に埋め込まれた主体性でも、独立した近代的個人を目指す主体性でも、近代の規範、制度、カテゴリーが流動化していく後期近代の存在的不安に苛まされる主体性でもない。差し迫る日々の問題に「急場を凌ぐ方法を模索（*paggawa ng paraan* - Making a way）」し、かつ瞬時に対応するという応答する主体性、ふと現れては消えるような女性たちの横顔がそこから垣間見えた。

I　フィリピン社会におけるリプロダクティブ・ヘルス

　カトリック信者が 8 割を超えるフィリピンでは、人工中絶は憲法で禁止されている。女性たちが中絶行為を行った場合はいかなる理由であっても、刑法に基づき 2 年から最高 6 年の禁固刑が執行される可能性がある[2]。それにもかかわらず、フィリピンで中絶は今でもなお広く実践されていることが指摘されている。フィリピンのような中絶を認めていない国において統計を出すことは困難だが、ガットマッハー研究所の 2013 年の報告書によると、2008 年には 56 万件、2012 年には 61 万件もの中絶件数が報告されている（Finer & Hussain 2013）。現在、妊娠可能な女性人口（15 歳〜 49 歳）が約 2,464 万人[3]の日本において、2018 年から 2020 年までの中絶数が年間約 14 万〜 16 万件[4]であった。それに対し、妊娠可能な女性人口（15 歳〜 49 歳）が約 2,785 万人[5]のフィリピンにおける中絶の数が年間約 50 万〜 60 万件であるこ

2　The 1930 Revised Penal Code の刑法改定後は、中絶を試みた女性のみならず、中絶に関わった医師や助産師に対しても 6 年の禁固刑になる可能性があるとされている（finer & Hussain 2013）。詳しくは、Revised penal code(articles 256-259). 1930. http://www.officialgazette.gov.ph/1930/12/08/act-no-3815-s-1930/ を参照。

3　2021 年（令和 3 年 1 月報）「人口推計」（総務省統計局）より。

4　厚生労働省「令和 2 年度の人工妊娠中絶数の状況について」

5　Philippine Statistics Authority "the 2020 Census of Population and Housing(2020 CPH)."

とは、数年前のデータであることから安易に比較できないが、件数だけ見ると筆者にとって大きく感じられる。そして、こうした数の大きさは、女性たちの妊娠回数の多さと相関関係にある。国連人口基金（UNFPA）の報告書では、フィリピンは ASEAN 加盟国の中で 10 代の妊娠率が最も高い国の一つであるとする。「毎日 500 人以上のフィリピンの思春期の少女が妊娠し、出産している」と報告書ではセンセーショナルに伝え、年間 18 万 2,500 人以上の 10 代女性の出産が記録されているとする（UNFPA 2020: 1-2）。フィリピンの高い妊娠率の背景には、性行為への同意を自ら判断できるとみなす年齢が 12 歳という非常に若い年齢である点などが問題として指摘されてきた。しかし、2012 年の RH 法が制定されて以降、法制度上は改善の兆しが見えてきてもいる[6]。この 2012 年の法律の制定をめぐっては、フィリピンの議会では約 10 年間もの間、政争の具として中絶の問題ばかりに焦点化され議論されてきた（Dañguilan 2018）。なぜ、他にも議論すべき問題があるはずの母親と子供の健康に関する議論が、中絶をめぐる問題ばかりという展開となったのか。それは、憲法と密接に関係しているカトリック教義に基づく宗教的解釈と女性の貧困という窮状下での望まない妊娠への対処とが、受胎後の命に対する認識をめぐって相容れることがないまま、平行線をたどっていることが関係している。つまり、プロ・ライフ派（胎児の生命を尊重し、人工妊娠中絶に反対する立場）と、プロ・チョイス派（産むか産まないかは女性の選択に任されるべきだと主張する立場）の対立が、10 年にわたって、そして現在もなお、フィリピンでは続いているのだ。

　2012 年に制定された RH 法は、フィリピンの性と生殖をめぐる制度の大きな転機となった。RH 法は、いかなる状況下であっても、中絶を違法にする他の法律を変更するものではない。あくまで中絶に伴う合併症の予防と管理、そして流産や中絶の後にケアを求める女性の人道的なケアを義務付けた法律である。それでも、RH 法案の推進派のフェミニストたちによるレポートの中にあるように、この法制定がスペイン統治以降 500 年以上もの間、カトリック教義の強い影響を受けた社会において、女性が打ち勝った 1 つの事

6　2022 年 3 月ドゥテルテ大統領（当時）は、性行為を同意する対象年齢を 12 歳から 16 歳へと変更する法案に署名した（CNN Philippines）。

象であった（Natividad 2019）。しかし、RH 法をめぐる闘いの歴史は、貧困層の女性たちの妊娠期における喪失の語りに目を向けると、途端に苦闘の痕跡が見えづらくなる。それは、困窮状態に圧倒され、いかなる主義も権利もかすんでしまうからだろうか。次節以降は、貧困を生きる女性たちの生がどのようなものであるのか、現代フィリピン社会を資本主義経済のシステムから分析したタディアールの議論を中心に見ていく。なぜなら、タディアールによって描かれる困窮状態の中での生は、貧困女性の日常、そして妊娠期における喪失経験が、新自由主義的な社会により引き起こされる感覚的な時間のズレによってより混乱する構造的なシステムを前景化するものだからだ。

II　現代フィリピン社会と金融資本主義

1.過去・未来が収縮し、連続した時間性が消滅した社会

　現代フィリピン社会の、特に新自由主義の文脈で語られる「成功」や「希望」にあふれる未来観を伴う社会おいて、中間層、貧困層の日常は、どういった時間的感覚の中にあるのか。さらに妊娠期における喪失を経験した人たちにおいて、現在の時間的感覚は、己の経験にどのような影響を与えているのだろうか。

　新自由主義的な社会において時間的感覚に変化が生じていると指摘するタディアールは、金融資本主義が一つの重要な鍵を握っているとする。「過去と未来の収縮、現在の行為が無限に延長されることによる時代的あるいは連続的かつ蓄積される時間性の消失、現在の実現のための未来の植民地化、そのような新自由主義下における生の時間に関する様々な特徴が、私の理解では、資本としての貨幣に住まう主体の従属的経験の説明となるものだ」（Tadiar 2013: 23）。新自由主義が浸透してゆく中、市民は徐々に人的資本へと変容し、労働時間が基準となる価値ではなく、過去が未来の価値を規定する利ざやを稼ぐ社会。それは、実体経済の制限性を回避した実体経済から金融経済へと移行する「経済の金融化 financialization」という変化を示す。この状態をタディアールは、時間の観点から「過去と未来の収縮、あるいは時系列の蒸発」と評した。さらに、新自由主義における統治性と政治的合理性

の体制下では、主体（subjects）と非主体（non-subjects）[7]のしきい値というものが設けられ、人々は線引きされる。この線引きは新自由主義においてプレイヤーとしてゲームするに足りる基準を超えているか否かの境界である。非主体たちは、過剰人口における使い捨て可能な生とみなされ、その生の時間が投機の対象となる。「事実上、過剰人口が示す使い捨ての生の時間は、まさに、国家機関の重要な代理人である多国籍および国家エリートの投機的操作の中で「植民地化」（または担保）される、数量化された抽象的未来なのである。使い捨てる側から見れば、過剰人口の生は、現在を生み出す未来であり、金融資本として蓄積された剰余価値を生み出し、自ら価値を生み出しているように見えるのである」（Tadiar 2013: 30）。

　プレイヤー、つまり主体の投機は現在の価値を超える価値の実現を生み、そこでの時間は労働力としての使用価値の交換を媒介するのではなく、時間それ自体が問題となる。価値の投機は、過去と未来の時間の逆転を引き起こし、そこではまだ生じていない未来の利益という投機的な存在が生産という過去を生む。非主体の生は人的資本となり、単なる投機的価値の元手となる媒体として労働という商品になる。時間自体が価値そのものとなる「経済の金融化」の状況下においては、資本家と労働者のみならず、国家と過剰人口との関係、ひいてはグローバルノースとグローバルサウスの構造においても主体／非主体という、従属的関係が成立している。タディアールのいう「資本としての貨幣に住まう主体の従属的経験」とは幾重にも続く搾取の連鎖なのだ。

2．過去と現在が収縮した世界における使い捨ての生の経験

　このような「経済の金融化」にある新自由主義社会において、タディアールが注目するのは、「労働者の再生産における隠された労働時間の領域（生

7　主体とは、個人だけでなく、途上国のエリートクラスの州、企業、新興セクターのことを指す。非主体とは、人的資本に必要な最低限の生活を維持するための商品やサービスを提供するセクターや農家たちを指す（Tadiar 2013: 24）。別のところでは、主体を「人間になる become human」、非主体を「非人間化 dehumanized」とし、市場の（交換）価値のダイナミズムの外部にあるものとして「残余 reminder」が存在するとする（Tadiar 2022）。

産のための再生産）ではなく、残りかすの生の時間にある様々な形態のもの、つまり現代の生きる労働者としての生活の搾取のモードを超えた社会的再生産（social reproductin）という時間」である（Tadiar 2013: 23）。社会的再生産という時間は、使い捨ての生における「自由」な時間、価値ある残り時間のことである。そこでの生産は脱−従属化された労働（unsubjectified labor）、つまり、資本主義的従属関係の構造からは逸脱した労働としてタディアールはみなしている。このスラムに住まう貧困層の生、過剰人口の使い捨ての生の、脱−従属的な労働にこそ新たな社会生活の場としての可能性があるとする。使い捨ての生における社会的再生産という時間がいかなるものかを例示するため、タディアールは中国映画「Still Life（邦題：長江哀歌エレ）」とフィリピン映画「Lola（邦題：おばあちゃん）」の2作品を用いている。

　タディアールは、中国とフィリピンという異なる歴史的社会背景を考慮しつつも、政治的に介入することのできないような世界が二つの作品では築かれているとし潜在的な可能性を示唆する。「長江哀歌エレジー」は、中国のダム開発によって居住エリア一帯が水で埋められてしまう人々の淡々としたやり取り、ゆったりとした時間の流れをゆっくりかつ固定的な左右の振りや「ひときわ長い長回し」で表現し、時間がただただ膨張したような今を描く。それは、急激なスピードで経済成長著しい都市部と対照的なものとして描かれ、開発によって捨て置かれた人々の使い捨ての生に対抗する「古典的な巻物の絵画の自然の風景の肖像画を彷彿とさせる永遠の感覚」（Tadiar 2013: 33）を生み出す。

　一方、「Lola」で描かれているのは、既に自身の価値が枯渇ししさに残りかすの生を送っている2人の老女の姿である。この2人の老女は、一方はある殺人事件の被害者の祖母、そしてもう一方は加害者の祖母である。前者は葬儀・埋葬のため、後者は被害者への償還のため、わずかな現金と交換可能な生きられる生の時間を費やす。食いつなぐ時間、文字通り別の日のために命を延ばす時間、絶えず価値が減少する人生を再生産（または償還する）時間、費やされるものはお金と交換される生であり、新たな価値を得るのではなく単に常に完全に使い果たされる寸前の人生を延長するだけの時間の流れ

が老女の姿を通して描かれる。タディアは言う。2つの映像作品は、市民ら
が抱く規範的な理想と、それらの理想の構成的他者として機能する人種化、
性別化、階級化された社会構成体を超えた他の形式を提供していると。では、
その他の形式とは何か。それは、自分自身の生活と隣人、友人、親族の生活
における、ゆるくてささいな変化を受け入れ、そして選別し淘汰する実践だ
という。協力し合う中で生じるほころびを縫合する実践は、抽象的な形の価
値ではなく、「純粋に人の絆」であり、人の世話をしている人を救うための
行為である。

Ⅲ　誰にでも起こりうる生の様相
——使い捨ての生涯における残りかすの生

　単なる人との絆として立ち現れる「別の日のために命を延ばす時間、絶え
ず価値が減少する人生」は映画の物語の世界だけの話ではない。ここでは資
本に基づく従属的労働を強いられながらも、未来の希望を持ち続け日常を生
き抜いている筆者の友人のマリセルの話を紹介したい。彼女は50代半ばで、
マニラ市で個人事業主として働いていた。約30年前に日本人と結婚してい
た過去があり親近感を持ってくれたのか、筆者の長期調査期間中、定期的に
会うようになっていた。彼女はまた妊娠4か月のときに日本で流産を経験し
ていた女性でもあった。彼女の場合、当時は日本で掻爬手術をして、姑には
非常によく面倒を見てもらっていたと、フィリピンの貧困女性の流産とも異
なる話をしてくれた。彼女は、社会保障制度（Social Security System:
SSS）にも加入し、将来、自分の田舎に帰って年金暮らしをすることを見越
していた。日々の生活に困らない程度の収入を経営する事業から得ており、
すべてが計画的に進んでいるように見えた彼女だったが、2人いる娘によっ
て徐々に計画を狂わされることとなった。

　それは突然だった。次女（30代初め）が突如2歳の孫と一緒にマリセル
の家に住み着くようになったのだ。はじめは単なる夫婦喧嘩を原因とした家
出に思えたが、1か月を過ぎ半年が経っても夫のいる家へ帰ろうとしない状
況から離婚を決意しているとマリセルは判断した。しかし、フィリピンでは

長くコストもかかる法的手続きを踏まなければ容易に婚姻の無効化はできない。マリセルは、次女を旦那に会わせないよう、かくまうことにした。かわいい孫と毎日慎ましくも楽しんで過ごしている様子を聞いていた私は、以前次女は大企業に勤めていた経験があると聞いていたこともあり、彼女はいずれ仕事を探し互いを助け合いながらこのまま生活していくのだろうと思っていた。しかし、次女は前職と全く異なるパティシエの仕事をしたいと言い出した。仕事に就くためには勉強せねばならず、調理器具なども一から揃える必要があり、それらの出費はすべてマリセルが補うこととなった。「もちろん、娘だから」と彼女は健気にサポートするも、ほぼ同時期に別の問題が浮上する。長女（30代後半）が勉強好きが高じて大学院に入学することになったのだ。ボーイフレンドはいるが、結婚はしておらず、学費は母親であるマリセルしか払う人はいない。長女自身は、教会で働いていたが、そこで得た仕事の報酬は教会が管理しており自由に使用することができなかった。なんとか大学院に入学することはできたが、今度は使用していたパソコンが故障し、新しいものが必要だと言う。

　2人の娘たちの窮状をなんとかすべく、マリセルは大事な思い出の品でもある指輪やネックレスを質屋に売った。そして給料日が来てはそれらを取り戻し手元に置いておく、という日々が続いた。しかし、同時期に発生したその他の問題も解決されないまま先送りにされ、解決不可能なまでに山積しだしたころ、自転車操業も成り立たなくなり、生活がひっ迫した。そのころから、彼女はフィリピンの田舎に住む姉や日本にいる妹に相談し、お金の工面をするようになる。そして、話は思わぬ方向へと転換する。どうしてそうなったのか、詳しい経緯は定かではないが、マリセルによると、日本にいる妹が日本に来て一緒に暮らすことをいつしか提案したようだった。それを受け、彼女は、自身もかつて暮らした経験のある日本へ次女と孫を連れて移住することを計画し始めた。妹が毎晩のようにマリセルたちが住まう予定の部屋など日本での生活の様子をテレビ電話で紹介し、マリセルは心が弾んだようだ。私と会うたびに日本での希望あふれる生活イメージが語られた。

　しかし、実際のところ日本への移住においては、ビザ、言語、日本での生計の問題と次々に新たな問題が山積となった。当時の私は、あまりに無謀な

計画であることから、特にビザ取得と日本での生活面について、様々な情報と厳しい現実を遠慮がちに示してはなんとか引き留めようとした。一番の問題はマリセル自身のビザにあった。父親が日本人である次女とその息子は、書類の面倒な手続きと気まずい父親とのやり取りを除けば、日本国籍を取ることはそう難しくはない。しかし、離婚してしまったマリセルは、半年間の訪問ビザしかどうしても取得することができない。私はそのことを必死に伝えたが、彼女は聞き入れない。多くの信仰から導かれた言葉が彼女に潜在的な未来への希望を照射した。「私は神の考え（God's Plan）に従うだけ。彼が導いてくれるから、きっと大丈夫」。妹がメディアを介して提示するイメージが仮定法的な現実を築く（Aulino 2016）。未来が閉ざされているのにもかかわらず、なぜ行くのか、私には最後までわからなかった。応援したい気持ちと現実的に実現不可能であるという認識とのジレンマに陥り、私までが精神的なストレスを感じるようになった。結局、彼女は日本へ渡ってしまった。そして半年後に滞在期間のビザが切れ、彼女はフィリピンへと舞い戻った。帰国後の彼女には何も残されていなかった。気に入っていた家も家具も環境も、日本へ向かう前に既に手放していたのだから。

　娘たちの問題が噴出する前は、彼女の暮らしは安定していて、未来を見据えた非常に計画的な生き方をしていたように思える。しかし、娘たちの様々な困窮を目の当たりにして以降の彼女は、宝物を質に入れたり生活費を工面するなど、娘たちの未来のために過去からの価値や自身の労働価値を投じて、まさしく自身の未来の価値をすり減らしながら生を営んでいた。ただ、そうまでしたのは、単に娘たちの未来を案じたためだけではないことも考慮しておくべきだろう。マリセルは、娘たちを献身的に支え続けることによって、たとえ未払いが原因で、将来国の保険制度から年金の支給がなくなったとしても、娘たちが一緒に暮らし支えてくれると思っていたからだ。

　目下の課題に取り組むのに精一杯な彼女にとって、過去の妊娠4か月での喪失経験は、忘却の彼方に追いやられたのだろうか。妊娠期における喪失経験が、彼女の窮状と関連して語られることはまずなかった。日本において実施された埋葬やその後の身体的ケアは、彼女が喪失に抱いた悲嘆を過去のものとし、緩和するのを助けたのかもしれない。とにかく、この過去に喪失し

た対象（死児）は、現在のマリセルにとって、時折神に家族の祈りを捧げる際に名指される対象ではあるが、常に彼女の中に留まり続けるような存在ではないのかもしれない。しかしもしかすると、過去と現在が収縮し、時系列が識別不能となる現代社会において、別の日を生きるための命を延ばす今という時間において、過去の悲嘆は統合され、毎日降りかかってくる複数の課題の中にひっそりと組み込まれたのかもしれない。彼女が家族の祈りを神に捧げるとき、それはトイレという「1人になれる」個室で行われる。そこで彼女は、様々な問題に対し良い導きがもたらされるよう祈る。私的な空間での祈りにおいて、彼女は、時折家族の一員として呟かれる名前のない「赤ちゃん」のことも神に祈るという。このときの名付けられることのなかった「赤ちゃん」の存在は、まさに過去と現在が収縮した時間に紛れ込み、混乱した日々の終わりに明日のために現在の家族の名と共に名指されるのだ。

　マリセルの物語は、経済システムというマクロな視点から見た場合、フィリピンのようなポストコロニアル社会では一部の超富裕層を除いては、誰にでも転じうる事象、つまり投資のゲームのしきい値から逸れ落後者になり、使い捨ての生となることを示していると言えよう。しかし、マリセルの生が使い捨てられ、労働時間を超えた先にある残りかすのような生であったとしても、不思議と彼女に絶望感や悲壮感は見られなかった。ある日、彼女が2013年の台風ヨランダでの被災経験を話してくれたことがある。いつもの通りマリセルは仕事を終え帰宅しようとしていたところ、上半身まで浸かるほどの大きな洪水に遭い、あっという間に流されそうになった。そこにたまたま近くにいたバスの運転手が、ドアを開け、手を差し伸べ中に引き入れて、普段の交通経路ではない道を通って家の前まで無料で送ってくれたそうだ。私はその話を聞いて、親切な運転手さんにあってラッキーだったね、と返したが、彼女はそのとき「私は運転手にではなく、神に感謝した」と言った。

　こうした表現は決して珍しくはない。別の友人に対してよく親切にしてもらったことの感謝の言葉を述べた際には、私にではなく神に感謝するよう促されることがあった。しかし、彼女の発言に見られる信仰に基づく言葉は、残りかすの生における脱-従属的な再生産を可能にするための手段に過ぎないのではないだろうか。彼女たちが神を通して見出だす希望の未来は、彼女

たち自身も厳然と生じ得る事実としては捉えていない。日本に抱く希望やバスでの救済の過去の中で語られた「神」は、自分の身に降りかかった出来事に応答する１つの態度にすぎない。この再生産を可能にする態度の中に、タディアールのいう、「純粋に人の絆」というものが関係する。マリセルは日本の妹に、運転手に、そして娘たちは母親であるマリセルに、救い救われているのだ。まさに日常において差し迫る不条理な諸問題になんとかして方法を見つけ出すという態度（*Paggawa ng paraan*）が、マリセルの「神」という存在を通して表現されたのではないか。

　マリセルのような態度は、憐み *awa* などの言葉で形容されてきた土着の慣習の１つとして例示されてきた行為とみなされるかもしれない。しかしながら、それが現代において特徴的なのは、圧縮した近代や新自由主義社会においては、諸問題に悠長に構えて応答するということが不可能であるということだ。日常的な諸問題に応答する態度は、いずれも瞬時に判断し実行されなければならない（本書第２部第９章吉澤の議論も参照）。それはフィリピン女性たちの妊娠期における喪失への向き合い方にも通じるものである。

Ⅳ　それでも応答しているということ
——お菓子の箱、裏庭、写真へのまなざし

　妊娠期における喪失は、自然流産であれ、人工中絶であれ、急を要する事態を引き起こす。それはマクロな社会経済構造と何ら関係はないことかもしれない。しかし、社会構造がもたらす時間感覚の変化という視点は、単に流産・中絶という帰結だけではなく、彼女たちの喪失に対する応答など、その都度女性たちが実践したヒトやモノとの関係性が重要であることを提示するものとなる。女性たちの、その場しのぎの行為とみなされ、軽視される行為が別の意味を潜在的に含意していた場合があることを示すことができるのだ。

　流産の中でも第１三半期（妊娠３か月）以降に流産した女性たちの話で顕著であったのは、喪失の悲しみよりも、喪失した後、周囲から投げかけられた言葉に対する嫌悪感、不信感を滲ませた吐露である。以下は６回の妊娠経験のうち２回流産した当時43歳のリンダにインタビューしたときのもので

ある。33歳のとき妊娠5か月で流産した際、医師に言われたことを尋ねたときだ。

　　筆者：流産したとき、ドクターは何か言いましたか？
　　リンダ：はい。
　　筆者：医師はなんてあなたに言いました？
　　リンダ：「それはわざとじゃないの？　それとも本当に流産なの？」って、それだけで特にないです。
　　筆者：それはストレスですね。
　　リンダ：それに、掻爬手術をしているときだって、医師は私の兄弟に聞きました。「中絶するのにいくらかかったの」って。質問ばっかり。
　　　　　　　　　　　　　　　　　　　（2019年3月12日訪問インタビュー）

　リンダは2度の流産について、「悲しいこともありましたが、祈りを終えただけで、それを乗り越えることができたので幸せでもありました」と述べた。それは、マリセルが過去の流産を語ったときと同じような、「悲しみ」の語りだった。こうしたトーンの語りは、フィリピン女性に共通していたものでもあった。それはインタビューという非日常的な空間で行われたことと関係しているかもしれない。しかし、それでもフィリピン女性の語りは、日本での非日常的な空間で話される女性の喪失の語りとは大きく異なるものだった。日本における自助グループのお話会で語られる妊娠期における喪失経験は、亡くなった子どもが存在したという事実を忘れないでいることが重要であった（久保 2014; Layne 2002）。子への愛情は妊娠していた期間とは関係ない。妊娠初期であろうと、中期であろうと、深い悲しみは望んだ妊娠への思いと比例して強まった。フィリピンの女性たちは、「もちろん、悲しい」とインタビューに答えるが、情緒的に訴えることはしない。「苦しいときほどフィリピン人女性は笑うのよ」マリセルの言葉が思い出された。
　流産が曖昧なことにされたまま、あるいは中絶を疑われたという事実が残されたまま、すぐさま女性たちは病院から帰宅しなくてはならない。そこで女性たちが「喪失した対象」は、間に合わせの、その場にあるもので処置さ

れなければならないものとなる。スクウォッターエリアに住む38歳のジェシーをインタビューしたとき、流産・死産という突然の出来事に遭遇し間に合わせ的に対処しなければなかない状況が鮮明に浮かび上がった。

> ジェシー：家にそれぞれ持って帰りました。彼女（付き添いの従妹）は怖かった。病院でそれを捨てたらダメだって言われてたので、捨てるのを恐れた。帰ってから兄弟に聞いた。胎児は一週間家にいた。スティックOのお菓子の空箱をくれた。アルコールを入れると、お墓に入れる前に臭わないのだそう。
> 著者：流産したのは何か月のときですか？　9か月？
> ジェシー：いいえ、7か月です。出産した9か月の子がお墓に入る子です。病院から彼を持って、お墓へ運んだ。（そのままでは）ジープに乗れないからケーキの箱に置いた。
>
> （2019年3月14日訪問インタビュー）

　ジェシーは、17歳のときに長男を生後9か月で子どもが亡くし、2006年、25歳のときに6番目の子どもを妊娠。7か月のときに死産している。上記の話は、病院で死産した後の様子を伺った際のものだ。スティックOとは、フィリピンの人々が幼いころから親しんでいる薄いクッキーを巻いて筒状にしたお菓子である。円柱状のプラスティックケースを誰が差し出してくれたのかわからなかったが、彼女はそれにアルコールを入れて7か月の死産児を保管したいう。生後9か月で亡くなってしまった子は、埋葬時にそのまま移動することはできなかったから、ケーキ箱に入れて運んだ。無償で遺体を入れるケースを提供してくれることはない国立病院では、身近にあるもので瞬時に対応しなくてはいけないのだ。流産・死産した際のこうした間に合わせのもので対処する話は以前にも聞き覚えがあった。

　2018年9月24日、インタビューはフィリピン大学構内にあるジェンダー研究所に設けられているカウンセリングルームで行われた。トラックの運転手を生業にしているという、挨拶の握手をしながらも硬い表情で戦うような勇敢な目をした45歳のニコルは、30年以上前の激しい痛みを伴う中絶経験

をはっきりと覚えていた。当時彼女はまだ若く、子どもを産むには生活が苦しすぎたと話した。1人で中絶することを決め、夫はその決定を知っていたが、気にかけなかったという。彼女は一般的にヒロットと呼ばれる堕胎マッサージをする施術師を訪れ、激しい施術を受けた。お腹を掴むようにして激しく動かされた様子を目の前で実践して見せてくれた。マッサージを受けた数日後、彼女は突然出血し、自宅のトイレで流産した。

　私の質問に淡々と答える彼女は、終始「強い女性」だった。今は、自分の過ちを認め教会に行く際には懺悔していると言い、贖罪している現在の自分の在り方に納得している様子だった。そんな彼女であったが、私が堕胎した後の詳細な行動について尋ねたときはじめて、感情をあらわにした。彼女がトイレで出血し堕ちてきたものを見たと言ったとき、私はそれをどうしたのかと聞いた。彼女はハンカチでそれを包んだと言い、両手で包み込むような仕草をして見せた。「あー、ハンカチで包んだのですね」と私が言うと、彼女は声を震わせて、なにか言葉を発した。私は思わず「わかってる」と言い、不意に流してしまった涙をぬぐった。彼女は、ハンカチで自分の身体から堕ちてきたものを受け止めたのは、夫に包んだものを見せてから、裏庭に埋めるためだったと説明した。一連の行動は、夫に「お前のせいでこうなった」という怒りを伝えるためだった。しかし、ハンカチで包むという行為は、明らかに死児に対する彼女の親密さを示していた。「本当は中絶したくなかった」。しかし、現実的な問題を目の前にしたとき、彼女は強くならざるをえなかった。彼女は皆が口を揃えたように用いる同じ言葉「まだ血だった（Dugo pa lang）」を用いて、死児のことを表現した。しかし、彼女のハンカチで包む行動は、単なる血に対するものではなく、尊ぶものに対する行為ではないだろうか。「お菓子の箱やケーキ箱に入れるなんて、かわいそうだ」。海岸沿いに住む貧困女性の喪失経験の話をしたとき、フィリピンの友人はそう言った。確かに貧困や社会的苦しみの文脈で捉えた場合、彼女たちの経験は悲惨な重層的暴力の帰結かもしれない。しかし、彼女たちはそれでも、お菓子の箱であれ、ハンカチであれ、喪失した対象に対して、何らかの応答をした、対応をしたのだ、とは言えないだろうか。

V　新自由主義社会にみる応答への態度

　本論では、新自由主義社会においてもたらされた様々な変化のうち時間感覚の変化という側面に焦点を当て、現代の貧困層の生の様相と妊娠期における喪失の経験について考察した。妊娠期における喪失経験の多くは、今から10年以上前のものでありネオリベラルな統治性における主体といった文脈からは外れるのではという指摘を受けるかもしれない。そこで最後に、21歳のアンジェリカの今から5年前に中絶を経験した語りを紹介し、これまでの喪失の語りとの比較を通して、「純粋に人との絆」からもたらされる脱−従属的な主体について考察する。

> アンジェリカ：2年くらい付き合っていたときは何もなく、私自身、親と一緒に住んでいたので、とてもうまくいっていた。親が離婚し、自分ひとりで生きていかなくてはならなくなってから、彼も住まうようになり、おかしくなった。
> 　妊娠に気づいたのは、1週目くらい、とにかく変な感じがして、やばい感じ。それで彼氏に訴えたけど、「気のせいだろ」って相手にしてもらえなかった。気づけば2か月ほど、経っていた。そのころは、つわりとか、そう完璧に妊婦さんがやるようなことやってたみたいな。
> 　はじめは、ピルをボイルしたビール2本分と一緒に飲んだりしたが、効果がなくて。キックしたりする手もあると友人たちに聞いたけど、それはやめた。最終的に彼氏がネットで検索したヒーロット *ate* パンパーロンの連絡先、なんでそんな名前なのかは知らないけど、に問い合わせた。そう、それ〔彼のネット検索〕は実際にうまくいって、ヒーロットに繋がった。
> 筆者：それはあなたも調べたの？
> アンジェリカ：いいえ、私は堕ろしたくなかったから、ただ何もせずにいた。
> 　で、その女性のいるレクトにあるすべてが薄い狭いモーテルに行った。

そこは実際に狭い路地を通って、まさにスクウォッターの中にあった。

　そこでただ言われるがままに、仰向けになりピルを膣内に入れると〔彼女は〕胃のあたりから強く上下にマッサージした。ひどい痛みで、今まで感じたことのないものだった。叫びはしなかったけど、ただ歯を食いしばって実際に終わったあとは彼氏の腕を噛んだけど、耐えた。それから、彼女は数日間大量の出血が続くだろうと言った。それはナプキンなんかじゃおさまらないから、ナプキンは付けないほうがいいと言われた。おそらく20分くらい、1時間は経ってない、マッサージがされたあと、家に帰った。とても痛くて、たまらなかった。

　（中略）何回か塊みたいなものが出てきたけど、彼女〔ヒーロット〕の言っていた、ミートボールみたいな肉みたいなものは出てこなくって、だんだんと不安になってきた。だから、彼女に電話したら、それは大変なこと。あと2日もすれば私は死ぬと言われた。実際、本当に死ぬんだと思った。それから近所の人〔彼氏も家族で近所付き合いのあるところの子ども〕で、奥さんが似たような感じだったからわかると話した人が病院を紹介して、お腹をクリーンにする薬を飲んだ。それまでに2日目の夜、彼氏が心配して他の薬を飲んだがきいたかはわからない。これまで16錠飲んだ。

　クリーンにする薬をもらって飲んだ。医師は2週間くらいで出血は止まると言ったが、実際には2か月かかった。診察のとき、すべてを話さなくてはいけなかった。先生はそれ以上何も聞かず、薬をくれた。私が話しているとき、彼氏は入ってもこなかった！

（2018年7月14日インタビュー）

　アンジェリカの語りの中にネットを使用したなど、今までとの時代と異なるツールが登場こそすれ、それ以外は10年以上前とあまり変わりがないのは特筆すべき点であろう。彼女は（厳密には彼氏だが）、以前からずっと活用されている薬や堕胎マッサージのヒーロットを活用していた。なぜ、ネットというあらゆる情報を取得可能なツールでもってしても、いわゆる伝統的かつ危険で、非合法な堕胎方法しか見つけられなかったのであろう。安全な

中絶に関する適切な情報は、フィリピンでは NGO など相談できる組織が近くにいる、例えばスクウォッターエリアのような環境でない限り、入手困難であることが考えられる。実際、スクウォッターエリア内の若い女性たちが、ネット[8]ではなく、エリア内のあらゆる関係を使って、安全な中絶手段に関する情報を入手していたことは、著者の調査結果からも明らかだ。アンジェリカは話の冒頭にあるように、両親とは疎遠で、幼馴染のボーイフレンドが唯一の家族のような存在だった。複雑な家庭環境を背景に固く結ばれた 2 人の絆は、孤独から逃れる唯一の術だったのだろう。その証に 2 人はトラウマ的な中絶を経験した後もすぐには別れず、何度も交際と別れを繰り返していた。

　これまで紹介した流産・死産、中絶を経験した女性たちには、誰かのためにという利他的な理由が家族という形態に明確にあった。しかし、アンジェリカの場合は、利他的に働きかける存在が恋人しかいなかった。別の日を「純粋に人との絆」のために生きる主体の関係となるには、アンジェリカと恋人の関係はあまりに脆く、繊細であった。「人との絆」が脆弱であればあるほど、過去は現在に取り込まれることなく、トラウマとして今に残存し続ける。現にアンジェリカは鬱を抱え、身体障碍者手帳を取得していた。そんな彼女に敬虔なクリスチャンである母親は、彼女の苦しみを神の言葉で癒そうと試みるという。しかし、彼女は「ママ、そんなんじゃ無理よ。神の問題なんかじゃなく、病気なの」と一蹴し、神の言葉が届くことはない。では、喪失した対象は、彼女にとってどんなものであるのか。インタビューの終盤、何か喪失対象の存在を記憶に残すようなものを持っているか、私は尋ねた。アンジェリカは「ない」と答えたが、検査キットはどうしたのかを尋ねると、「タンスの中に……」と小さな声で答えてくれた。それが彼女にとってどういう意味を持つのかはわからない。しかし、それは部屋の片隅にずっと留まり続けている。翌月アメリカへ仕事のために旅立つという未来への希望だけが彼女を明るく照らしていた。残存する過去の傷を心の奥に沈殿させたまま、

8　インターネットの場合、検索時に生じがちな、情報のパーソナル化の問題は多く指摘されている。利用者は知らないうちに関心があるとされる限定された話題の情報のみにしか接しないようなフィルターバブルの状態だった可能性が挙げられる（パリサー 2012）。

未来へと進む彼女の姿は、新自由主義的な主体の異なる側面と言えよう。

小括

　フィリピンにおける新自由主義とは一体何なのかを一度整理する必要があるが、金融資本主義に基づく新自由主義社会は確実にフィリピンにおける近年の特徴であろう。金融資本主義の視点からみると、人的資本がますます従属的労働として数値化され、これまでにないスピードで投下されているとするならば、今の女性たちのリプロダクションをめぐる自己価値や倫理的な判断も以前と異なる仕方で、しかも瞬時に対応しなくてはならないのではないだろうか。過去と未来が収縮し、未来を消費する現在の主体性は、地域の共同性に埋め込まれた主体性でも、独立した近代的個人を目指す主体性でも、近代の規範、制度、カテゴリーが流動化していく後期近代の存在論的不安に苛まれる主体性でもない。それは、差し迫る日々の問題になんとかしようとする方法を模索し、かつ瞬時に対応するという応答する主体性なのだ。しかし、なんとか次へ繋ぐ生の有様は、タディアールのいう脱−従属的な残りかすの生だけでなく、別の日を生きるため脱−従属性を内部に沈殿させた生というものでもあった。そうした生が純粋な人だけでなく、「何か」との絆のために生きるということも言えるのではないだろうか。

[参考文献]

Aulino, F., 2016, "Rituals of Care for the Elderly in Northern Thailand: Merit, Morality, and the Everyday of Long- Term Care." *American Ethnologist* 43.1, 91-102.

Biehl, J., Good, B., & Kleinman, A. 2007, "Introduction: Rethinking Subjectivity." J Biehl, B. Good, & A. Kleinman eds., *Subjectivity: Ethnographic Investigations*, University of California Press, 1–24.

CNN Philippines, 2022, "PH Raises Age of Sexual Consent from 12 to 16," March7, (https://www.cnnphilippines.com/news/2022/3/7/Age-of-sexual-consent-Philippines-law.html)

Collantes, C., 2018, *Reproductive Dilemmas in Metro Manila: Faith, Intimacies and Globalization*, Palgrave Macmillan.

Dañguilan, M., 2018, *The RH Bill Story*. The Ateneo de Manila University Press.

Das, V., & R.K. Das, 2007, "How the Body Speaks: Illness and the Lifeworld among the Urban Poor" Joao Biehl, B. Good, & A. Kleinman eds., *Subjectivity: Ethnographic*

Investigations, University of California Press, 66-97.

Demeterio-Melgar, J.L., & Pacete, J.C., 2007, *Imposing Misery: The Impact of Manila's Contraception Ban on Women and Families*, Likhaan.

Finer, L. B., & Hussain, R., 2013, "Unintended Pregnancy and Unsafe Abortion in the Philippines: Context and Consequences." *Issues in Brief (Alan Guttmacher Institute)*, 3, 1-8.

ハラウェイ, ダナ, 2013,『犬と人が出会うとき：異種協働のポリティクス』（高橋さきの訳 原著は 2007 年出版）青土社.

パリサー, イーライ, 2012,『閉じこもるインターネット：グーグル・パーソナライズ・民主主義』（井口耕二訳 原著は 2011 年出版）早川書房.

厚生労働省, 2021,「令和 2 年度の人工妊娠中絶数の状況について」(https://www.mhlw.go.jp/content/11920000/000784018.pdf)

久保裕子, 2014,「死別に伴う悲嘆の人類学的考察：プレグナンシー・ロスをめぐるモノ、空間、主体」東京大学大学院総合文化研究科修士論文（未公刊）.

Leviste, E. N. P., 2016, In the Name of Fathers, in Defense of Mothers: Hegemony, Resistance, and the Catholic Church on the Philippine Population Policy. *Philippine Sociological Review*, 5-44.

Layne, L., 2002, *Motherhood Lost: A Feminist Account of Pregnancy Loss in America*. Routledge

Natividad, M., 2019, "Catholicism and Everyday Morality: Filipino Women's Narratives on Reproductive Health." *Global public health*, 14. 1, 37-52.

Philippine Statistics Authority, 2020, "Age and Sex Distribution in the Philippine Population (2020 Census of Population and Housing)" (https://psa.gov.ph/population-and-housing/node/167965)

総務省統計局, 2021,「2021 年（令和 3 年 1 月報）人口推計」(https://www.stat.go.jp/data/jinsui/pdf/202101.pdf)

Tadiar, N., 2013 "Life-Times of Disposability within Global Neoliberalism," *Social Text*, 31(2(115)), 19-48.

————, 2022, *Remindered Life*, Duke University Press.

UNFPA, 2020, "#GirlsNotMoms: Eliminating Teenage Pregnancy in the Philippines" (https://philippines.unfpa.org/en/publications/girlsnotmoms-eliminating-teenagepregnancy-philippines)

〈結論にかえて〉

現代フィリピンにおける時間／テンポの加速と揺らぎ

——継ぎはぎされる「変化への希求」

白石 奈津子

はじめに——現代フィリピンの大転換？

現代フィリピンは、序論で日下が述べるように「つながりで貧困を生き抜く社会」から「個人の規律と勤勉で成功を目指す社会」への「大転換」を迎えているのか、迎えているのであれば、それはいかなる要因のもとでの、どういった性質の変化として発現しているのか。

序論において日下は、こうした現代フィリピンの変化の最も重要な局面を「『自由』よりも懲罰的な『規律』を希求するようになった」ことによる他者の排除の先鋭化と提示した。そしてその背景には、人々の間での「頑張れば成功できるはず」という希望の共有ならびに、その成功を実現可能とするための責任ある主体への変容があり、その一方での従来の規範や社会関係の間で板挟みになることによるストレスの蓄積があると論じた。それに対し原は、2010 年代のフィリピン社会の特徴を「積極的な国家介入を行う社会民主主義への転換」に見出す形で応答している。原の議論において、ドゥテルテ現象に象徴されるフィリピン社会の変化は、特に政治・行政的な局面において顕著な「まともな近代国家」を建設しようとする階級横断的要求の具現化であると整理される。

本書に収録された各章は、これら 2 つの異なる視点からフィリピン社会を捉えた問題提起に対し、様々に異なる学問視点やフィールドデータから批判や新たな視点の提示を行った。日下（および原）の提示した枠組みへの反論や賛同、強化、さらには各章同士での異論の交換は、すでにそれぞれの議論の内に収められているため、それらを本章で改めて整理することはしない。本章は、こうした様々な方向に向けて展開された各章の議論に「時間／テンポ」という補助線を引くことで、現代フィリピンに観察される変化の特徴を

記述的に整理し、全体の議論を捉えるひとつの筋道の可能性を提示する[1]。その作業を通して「大転換」のような大きな枠組み、構造的理解に回収されきることのない細部や陰となっている部分を、浮かび上がらせたい。

　上記のような本章の議論の性質上、そこで展開される議論は、各章執筆者の提示する結論や意図に必ずしも合致しない、筆者による解釈を通したものとなっている部分があることを先に断っておく。言うなれば、本章は、本書に対する書評を本の末尾に収めたような、そんな位置づけと考えていただきたい。本章の議論を踏まえて、再度各章の議論を振り返った時に、それぞれの議論にまた新たな深みを提供することができれば幸いである。

I　時間の同期と脱同期
——近代的加速と偶発的対面のテンポからフィリピンを捉える

　本章で取り扱う概念としての「時間」のイメージをはじめに簡単に提示しておこう。社会学者のハルトムート・ローザは、「時間／テンポ」が社会的構築物であるという前提を置いたうえで、その編成には社会空間を駆動するシステムや相互行為、ネットワーク、さらには身体をめぐる問題といった事象の特徴が関連してくると論じる。言うなれば、時間というものは、マクロからミクロ、個人の生に至るまで、あらゆる場面で観察され、経験されるものであり、それらは相互に連関している。ローザは、近代における時間の特徴を後述するような「加速」の中に見出しながら、同時にその加速に同期できない〈脱同期〉のあり方に着目する。ここで脱同期と要約される時間の形には、停止や揺らぎ、減速といった様々なパターンを想定することができるが、それ自体、上記のような社会のあらゆる次元で観察される。そうした時間の揺らぎ、脱同期のあり方、様々な次元の相互連関には、個別社会の持つ特徴が顕著に現れる（Rosa 2005＝2022）。

　この前提となる近代における時間の加速は、以下のようなものとして整理

1　時間概念と現代社会をめぐる問題については、すでに本書第10章において、久保が議論しているものであり、本章のアイディアもその議論から生まれたものである。時間をめぐる議論の中で、本章で紹介しきれない部分は、改めて久保の議論を参照されたい。

されよう。技術変化を通した社会生活中の様々なプロセスの加速、労働時間の管理をはじめとしたスケジュール化、それを通した日常生活のテンポの画一化などは、近代化と呼ばれる事象に共通する事柄として広く観察されてきた[2]。また、資本主義的生産過程において、時間は限りある生産要素として、加速、圧縮、節約されるべきものとして想定される。そして、そのような近代的時間は、社会全体を一方向に同期しながら「未来に向かって」配列されるという特徴も持つ[3]。直線的で不可逆、持続的なものとして刻み続ける時間は、現在の帰結としての未来や、それに対する予測可能性を与え、一層のコントロール可能性を人々に錯覚させるのである。

このように、理念レベルでの近代的な時間の加速に対し、そこへの脱同期的時間の議論をフィリピン地域研究の文脈に引き込むためには、「対面のテンポとしての時間」とその重要性を踏まえる必要がある。フィリピン北部のイロンゴット社会を研究したレナート・ロザルドは、上述のような近代の直線的（言い換えるならば、カレンダーや時計のような一定のリズムで進行する時間）とは対照を成す、対面の関係の内に構成される日常のテンポを論じる。前者の管理可能な時間と比べた際、後者の時間は、予測不可能性と可変性、決定不可能性を帯びており、時に遅延や無秩序といった概念で理解される。しかしロザルドは、むしろそうしたあり方を、偶発的局面への創造的対応と捉え直し、その即興性こそが人々の間で高い能力として評価されると論じる（Rosaldo 1989=1998）。

こうした対人関係が孕む偶発性への敏感な対応力、言い換えるのであれば対面の交渉能力によって構成される秩序のあり方というものは、フィリピン社会研究を見渡した時、イロンゴット社会でのみ観察・指摘されてきたものではない。ビコール地方を対象にしたキャンネル、バタンガス地方を対象にしたスーンの研究はそれぞれ、文化人類学、地方政治研究の観点から、フィ

2　近代化による変化を論じる際に、ハーヴェイによる「時間−空間の圧縮」の議論を思い起こす読者も多いかもしれない（Hervey 1992=1999）。フィリピンにおける空間をめぐる問題がどのように変容しているのかについての議論もまた重要であると考えられるが、本稿では後述する対人の相互行為や身体のあり方に着目するために、時間概念に着目した。
3　人類学においては、これに対置されるものとして、過去―現在―未来という直線的な時間が想定されていない循環する非配列的時間観念などが議論される（西井 2011）。

リピン社会における対面の交渉可能性が持つ重要性を論じた（Cannell 1999;
Soon 2015）。両者の議論に共通しているのは、強者／弱者として位置づけら
れる両存在が相対する時、弱者に位置づけられる側が自ら進んで強者との親
密な関係、距離に飛び込んで感情に揺さぶりをかけつつ、相手を規範のロ
ジックに引き込むことでその力を利用可能なものにしていく過程である。

　このような実践に見られるのは、相手の出方を窺い、その間合いやテンポ
の乱れなども引き受けつつ、同時に自らのリズムに相手を巻き込んでいく、
アンサンブルセッションのような類の交渉関係である。他方、ロザルドが述
べるように、こうした交渉関係というものは、偶発性と独特のテンポ・タイ
ミングをはかることこそが重要であるがゆえに、時計的時間の観点から見た
場合、たいてい何らかの形で「遅延」を伴う。

　では、こうしたフィリピン社会を特徴づけるものとして論じられてきたよ
うな対面のテンポは、前述したような近代的加速の時間と、どのように絡み
合いながら、人々にとっての生身の経験を生み出しているのか。

II　「加速」する直線的な時間への同期
── OFW、国家制度、金融資本主義

　本書の各論の中には、どのような形での「現代フィリピンの特徴」として
の加速と停滞、同期と脱同期のあり方が展開されているのか。加速と直線的
配列の先にある未来という観点のもとには、フィリピンという国民国家の内
部に収まることのできない、グローバリゼーションに伴う時間変化とその再
編が浮かび上がってくる。

1. 国家なき加速── OFW の生が同期する時間

　本書でも各所で言及されてきた海外出稼ぎ移民 OFW（Overseas Filipino
Wokers）やコールセンター労働者は、異なるテンポで生きる社会に同期せ
ざるを得ない生き方を常に迫られる存在、翻っては、フィリピン社会と国際
社会の加速したテンポ間の同期を可能とする回路としてまず重要となってい
る。吉澤の議論で描かれるマリアの中東での生活、飯田の事例で描かれる技

能実習生の労働には、一日の時間を隅々まで労働に配分するものとして密度を高め、管理されることを迫られる様が示されている。また、田川や飯田の事例には、同じ動作、作業を正確に繰り返すというテンポをマニュアル化、管理することによって、生産効率や労働の質を担保しようとする管理側の関与も示されていた。

　また、こうした OFW の生に代表される越境的労働のあり方は、日々の生の時間の圧縮と管理という側面だけでなく、空間を隔てるダイナミクスのもと、彼ら・彼女らの生きる時間を転換させる。田川の議論にて示されるコールセンター・エージェントの労働は、サービス提供国の時間に合わせて勤務する必要があり、労働者たちは必然的に昼夜逆転した生活を迫られる。同様の生活時間のズレ、そこから引き起こされる人生の時間のズレは、遠く離れた時差のある土地で働く OFW と家族との関係性にも、一種の齟齬や空白をもたらす[4]。

　さらに、このような日々の生の時間変容に晒されながら、グローバリゼーションの只中に生きるフィリピンの労働者たちは、人生という時間パースペクティブの変容も同時に経験している。筆者が 2019 年に調査を行ったロンドンのフィリピン人コミュニティで出会った女性は、苦労して送金して学校に通わせていた息子が、恋人を妊娠させてしまって退学してしまったことを「無駄にされた」と憤慨していた。また別の女性は、家族がビジネスを展開できるように購入したジープニーが、いつの間にか売り払われて後には何も残らなかったこと、そういったやり取りが何度も繰り返されてきたことを嘆いた。こうした語りの事例は移住研究の中では枚挙にいとまがないが、現在をすり減らしながらより良い未来を描いていこうとする彼女たちの実践と、フィリピンに生活する家族たちのパースペクティブの間の齟齬が観察される。

4　マディヌー＆ミラーは、離れている、特に時差を隔てた場に生きる親子関係に関し、近年の SNS やインターネット、デジタルガジェットの普及によって、育児／子どもの成長（本論の議論のもとに言い換えるならばその時間）に参与することが容易になりつつあるとしながらも、共に過ごすことができない時間の中で、子どもたちの中には「母の中で自分はいつまでも子どものまま」（時が止まっている）と感じる者もいることを論じる（Madianou＆Miller 2011）。これは技術を通した空間の圧縮による時間の同調の限界を示している例と言えよう。

このような OFW の生が生きられる時間、およびその感覚の変容という現象は、異なる時間やテンポとの遭遇可能性を、フィリピン社会のそこかしこに常に遍在させる。言い換えるのであれば、フィリピンの人々はグローバルな現象のローカルへの一足飛びの流入、ローカルとグローバルのダイレクトな接合という状況を常に生きているのである（長坂 2009）。

2．国家による加速と予測可能性の実現

　フィリピンにおける時間変容の契機や、その浸透は、従来、こうした国民国家フィリピンの制度や領土領域を超えた、グローバルレベルからの日常へのダイレクトな流入の内において確認されるものであった。これは、一般論としての国民国家とその機能、すなわち加速を可能にする重要な装置であり、長期間の予測可能性を高めるもの（Rosa 2005=2022: 246-7）としての国家制度下での加速とは異なる社会文脈のもとに展開されていたと言えよう。他方で、第 1 部「フォーマリティへの欲望」の議論には、国家が積極的に関与することによって、加速や未来への予測可能性が強化される様も示されていた。

　中でも顕著な例として挙げられるのは、宮川の章で議論されたレッドテープの撤廃という行政プロセスの非属人化の議論であろう。これは、宮川自身も論じているように、国際社会のビジネスプロセスおよび、その加速に同期していく動きを支える側面として、またそこで重要視される見通し可能な世界の形成に大いに貢献している[5]。こうした加速と同期は、市場システムを通した効率化と発展という理念に基づくとするのであれば、新自由主義的時間の現れと捉えることもできよう（宮川の議論を単純に新自由主義的変化と捉えることができない点に関しては、改めて第 3 章を参照されたい）。同時にこれは、ビジネス上の非効率を解消することによって海外からの投資誘致競争に勝つという必要と要望からのみ生まれるわけでなく、フィリピン社会で日々を生きる人々の「遅延」に対する強い憤りと要望の結果として実現されたことでもある[6]。

5　中窪の議論で示されている産地再編の動きにもまた、規格化や輸送における取引効率の向上によって、国際市場におけるプレゼンスを高めようとする様が現れている。
6　こうした変化が不正義の克服そのものというよりも「加速への同期」を可能にするため

このような国家による制度整備を通した加速と長期間の予測可能性を高めることへの切実な要求は、現在の結果としての未来、働きかけることができる未来／予測可能なものとしての未来への要求でもある。これは、原（第1章）の議論に示されていた公共事業を通した交通や保健衛生事業整備へのニーズにも見出されよう。原の事例に示されていたことを本章の枠組みに引き寄せて言うのであれば、平等になっていくということは、偶発性のもたらす混乱と遅延を減じていくことと同義なのである。

　一方で、時間をめぐる変化としてもうひとつ重要な局面を示しているのが、藤原の論稿にある不動産ローンと、そこに見られる現在と未来という時間の重みの逆転事象である。ローンをはじめとした金融資本主義のあり方は、未来の価値を現在に先取りすることを通して経済をドライブさせていくという性質をはらむ（金融資本主義をめぐる議論は、本書の中の久保の議論も参照）。人々にとって郊外の再定住地に得た住宅地は、日々の糧を地道に積み上げる過程では、到底手にすることができなかったものかもしれない。しかし、負債の返済に対応するために自助努力を強化し、自己のあり方を再編していく営みは、未来を買い、未来に縛られていくプロセスであり、「今・ここ」の意味が相対的に損なわれていくプロセスでもある[7]。言うなればそれは、未来の約束に対する現在の従属なのである。郊外の再定住地に並ぶ住宅地は、一面では人々の新しい人生の象徴でもあり、同時にパッケージ化されて売り買いされる未来そのものの象徴ともなっている。

　以上のように、フィリピンにおける時間の加速は、かつては国民国家以外

にあることは、例えばビザの手続きなどにおいて「エクスプレス料金」が支払う側の選択によらず一律に請求金額の中に含まれていることなどからも窺える（交渉を伴う属人的な裏道ではない、一律の制度化された「手数料」化。ちなみに筆者は、このエクスプレス料金を支払わない選択肢はないかと窓口で聞いたことがあるが、これは待ち時間には関係なく支払うものであると拒絶された経験がある）。

7　現在の状態とは異なる状態（未来）に賭けるという営みは、移民たちをめぐる幸運探しや、賭けの実践として、フィリピン社会の中で脈々と紡がれ続けてきたものの、そこで展開されていたのは、むしろ現在と切断された局面としての未来を描く積極的な営みであった（細田 2019; Aguilar 1998）。他方で、藤原の事例にあるローンと人々の生というあり方は、既に未来が価値に転じられてしまっているからこそ、勝負のような動的な側面は損なわれ、ある種の停止のみが存在している状態となっているのである。

の要素こそが重要な役割を果たしていた一方で、現代に特徴的な変化としては、国家主導のもとで人々の生の時間のテンポ、人生の時間における現在と未来との関係を逆転させるような仕組みの提供が観察されている。こうした変化は、かつて「国家の構造を通じた規範的、認知的な意味での法や秩序の付与が、日常生活の多くの領域において実現されない」（Pertiera 1990: 1）とされてきたフィリピン国家の在り様を思うと、極めて大きな変化と言えよう。それは日下や原が序論で提示するところの「頑張れば報われる未来」や「機能する国家」を実現させる社会システム整備への要求ならびに、国家制度による具体的な応答であり、それは確かに、現代フィリピンを理解するために極めて重要な一側面としての「大転換」を構成している。

Ⅲ　揺らぎ、澱む脱同期的時間
　　　──偶発性の中の交渉、身体、均等でない時間

　こうした加速および、未来が現在を侵食する時間のあり方が現代フィリピンを一定程度方向づけている一方で、同期できない／脱同期的な時間も本書の中では示されていた。それを要約するならば、ひとつは対面・対人の交渉関係が持つ偶発性に起因するテンポの乱れであり、もうひとつは身体のコントロール不可能性と傷つきやすさに由来する澱みである。

1．対人の交渉──テンポの動揺と直線的ではない予見可能性
　ここでいう対人の交渉場面というのは、先にロザルドの議論から記したような予測不可能性と可変性、決定不可能性を帯びたものであり、時に遅延や無秩序といった概念で捉えられる。本書の議論で言うなれば、吉澤の示す他者への応答として絶え間なくリホックし（動き）続けるというマリアの実践や、久保の事例に登場するマリセルの生に見出すことができよう。彼女たちは「せざるを得ない状況への即興的で応答的な行為」（吉澤第9章）として、予測のできない隣人の行動への即時の応答を不断に繰り返しながら、自身の生きる時間のコントロール不可能性に対峙している。人々の応答そのものは即時的であるにもかかわらず、それらが絡み合うことによって結果は遅延し

ていくのだ。そんな中、彼女たちは時に関係の切断というモードも用いなが
ら、動き続けることで相手との距離をはかり、揺らぎを含んだテンポを形成
する。(このような即興性のバリエーションが多様に展開されていることは、
田川の論じる親密性のバリエーションの豊かさとも、接続を見出すことがで
きるかもしれない)。

　他方で西尾の議論は、このような対人関係の秩序にも、偶発的無秩序さと
は言えない独自の予見可能性とテンポが存在したことを示している。西尾に
よると、善悪が混濁するスラムのような社会空間には、違法／合法をめぐる
問題がフォーマルな法的秩序とは異なる次元として存在しており、その是非
についての交渉可能性が担保されていた。言うなればそこには、対人関係の
中のローカルな秩序を通した一定程度の予見可能性を通して、人々が剥き出
しの個人になることを防ぐゲームのあり方が存在していたのである。他方、
近年の麻薬戦争においては、そのような交渉するための社会空間を生み出し
ていた親密な関係こそが、死をもたらすリスト(ウォッチ・リスト)の基盤
となった。テンポの作られる秩序を根本から覆し、軋轢と緊張をもたらした
そのような変化は、交渉可能性に基づく土着の予見可能性を乱し、不安定に
したと言えよう。

　しかし、こうした対人の相互行為の中にこそ見出される独特の予見可能性
やテンポへの期待としてのローカルな秩序形成ゲームは、不可逆的に覆され
たともまた言いがたい。例えば、師田の議論の末尾には、違法賭博をめぐる
正当な取り締まりが、日常の秩序を破壊する行為として人々の怒りを買う様
子が示されている。師田自身はそれを道義性の重視として整理しているが、
これは先に述べた麻薬戦争の特徴としての既存秩序による予見可能性の瓦解
とは逆の現象、つまりは国家の強い介入を受けながらも、既存秩序による予
見可能性(どんな「賭博」が関与者の身に危険をもたらすのかへの予見可能
性)の維持をこそ望む人々の声の表れととることもできるのである。

　同様に、第1部に収録されている原の議論などにも違った側面を見出すこ
とができる。原はその議論の中で、バグアオの指導力への評価とその政治的
理念の浸透に乖離があったと指摘しているが、敢えて違う見方をするのであ
れば、以下のような評価もできるのではないか。バグアオの示した公正な政

治と、その成果としての公共サービスの提供を通した「期待可能な未来への変化」は、それまでの個別交渉によって利益が左右される属人的な政治のもとでの未来の読めなさとの対比において、確かに人々に評価された。だが原が指摘するようにそれは公平な政治に向けた「政治意識」の改革というより、変化への期待をバグアオという個人に帰属させるという、いわば部分的に対人交渉の文脈に引き付けられた未来の読み方が展開された結果と捉えることもできよう。

２.身体の痛みが引き起こす澱みの時間

　このように、対人の交渉には偶発性やコントロール不可能性によるテンポの遅延、予見可能性を引き出し自身の間合いに引き込もうとするせめぎ合いによるテンポの乱れなどが観察されるわけだが、一方で、それとは異なる形での脱同期的時間がある。それが、久保や飯田の論稿が示している身体と、それが位置づけられる空間の中で澱む時間の問題であり、ふとした瞬間に過去が現在の前に立ちはだかるような時間の経験である。

　飯田の議論が着目する「遅い暴力」は、その痛みが暴力の受け手にもはっきりと認知されないまま、労働の過程に必然的に伴う形で蓄積されていき、さらには受傷が感知された後にも、その原因となった反復的負荷が繰り返され続ける。痛み続ける身体の常態化は、前節で述べたような「時間節約を可能にする労働のテンポ」への同期を困難にする一方で、暴力そのものまでもが、未来への期待を可能にするための長期間に渡るメンテナンスという発想のもとで温存され続ける。そうした暴力の痕跡は「慢性化」した痛苦として彼らの身体に燻り、時間が経過した後にも、痛みそのものや痕跡を目にした機会に、暴力のあった過去に彼らを引き戻す。このような過去が「現在に取り込まれることなく、トラウマとして今に残存し続ける（久保第10章）」状況は、久保の議論の中でより顕著に示される。精神の病態を現象学的に捉える議論において、人は、その生きる時間性の中に自己の存在を見出し損なう時、言うなれば、過去や未来の時間が現在と混線する時、精神の病に陥るという（木村 2006）。久保の取り上げる事例の女性たちは、「残存する過去の傷を心の奥に沈殿させ」るというトラウマ、現在から逸脱した脱同期的時間

の澱みを抱えたまま、一方では（リホック的に）日々の困難に対処し続けている。

　以上のように、各章において、社会の様々な局面での多様な「ままならなさ」が、時間の加速や直線性を乱すものとして観察された。だが同時に、こうした時間の遅延や澱み、テンポの乱れを論じる際には、この「ままならなさ」が、人々にとって、形成されつつあるフォーマリティへの意図的・積極的な抵抗を意図しているのではないという点も忘れてはならない。吉澤や飯田の事例が示していたのは、むしろ加速する時間に同期しつつ確実な未来を描いていくことをこそ、自身や家族のための理想的なあり方と捉えている人々の様相であった。同様に、久保の議論に登場した女性たちも、過去を沈殿させながらも海外での成功という「より良い未来」に向けて生きている。にもかかわらず、彼ら・彼女らは、時に自身ではままならない生のテンポの揺らぎを引き受けざるを得ないのである。そのあり方は、「規範的生」と「それに反するあり方」という矛盾した実践を行う「新しい主体」と呼ぶには、あまりにも不安定で錯綜している。

3．ままならなさを下支えする均等でない時間

　　夜の21時過ぎ、グレースは開け放した玄関の冷え切ったコンクリート敷の段差に座り、（現在の仕事である個人向け保険事業会計処理用の）仕事道具を広げていた。束ねられた領収書の写しの山から、金額・複雑な条件で細かく分類された集金人のインセンティブ額・保険のタイプを、手元の裏紙に一件一件、手作業で書き写していく。手作業で書き写し、そしてまた手作業で合計金額を計算していくが、電卓への入力ミスか、帳簿上の数値とはなかなか一致しない。ひたすら同じ作業を繰り返していく（エクセルでの計算を提案したが「こうやれと指示された」と断られた）。日中は集金人たちのスケジュールに振り回されて時間が潰れるため、こうした作業は帰宅後に家族が寝静まった後に行うほかない。全ての作業が終わり、マニラのセントラル・オフィスに送る書類のセットが完成した頃には、時計は23時を回っていた。最後に彼女は

「窓口で待たなくていいようにね（あらかじめ溜めておく工夫をしているんだ）」と話しながら、LBC（民間の物流会社）の送り状を仕事セットの中から取り出し、封筒に貼り付けた。

（2022 年 9 月 1 日　フィールドノートより抜粋要約）

　各章の議論の中で観察されたままならなさ、脱同期的な時間というものは、前近代の遺物として、また加速に乗り遅れた単なる残余として存在しているわけではない。むしろ、フィリピン社会に根ざした様々なシステムが、こうしたままならなさを温存すると同時に、変化やチャンスに対する即座の応答や、ある種の加速を可能にする基盤として機能している。

　上記の筆者がフィールドで対面したエピソードが示すのは、言うなれば加速の裏側で経験される時間の流れである。グレースが収集してきた個々人の保険（少ないものだと月額 300 ペソ程度）[8] は、集金人たちのローカルなネットワークを駆使して積み重ねられ、最終的には大きくまとまった資金に集約されて中央に送り届けられる。そうした小さな経済の集積による大きな利益・成果物が中央へと送られるのにかかる時間は、送金網やシステム、流通が発達しつつある現在では「ほんの一瞬」だ。一方で、グレースによる手作業でのリスト作成の時間、集金人たちを待ちながらおしゃべりする時間は、久保の議論においてダディアーを引用しながら提示されている「時間がただ膨張したような今」を思わせるものとして流れる（にもかかわらず、彼女は「窓口での時間」は節約するために工夫する）。こうした引き伸ばされた時間は、おそらくグレースと同じような各地の末端の会計係のもとで同様に展開されているのであろう。遠目に見たところでの加速の裏側には、決して均等ではない時間が流れている。

　このような末端の小さな経済における膨大な「節約されない時間」が集積

8　こうした個人向けの小規模保険事業は、近年、めざましい勢いで成長を遂げている。藤原の議論ともやや関連するテーマであるが、同時に興味深いことに、こうした小規模保険の多くは、長期に渡る保証にはなっておらず、半年や 1 年といった細切れの単位の未来を保証する。掛金も少額のため、未来を強力に縛り付けるような性質は持たない。だが、こうした保険事業の展開は、対人関係にではなくシステムの内に未来の保証を求める欲求と、その隅々までの浸透を表している。

されることによって成り立つビジネスの様は、急成長するフィリピン経済を構成する現実の、ほんの一端を描いているに過ぎない。毛細血管のように社会に張り巡らされたプラットフォームを通して、小さな経済、小さな関係といった「利用価値が曖昧なまま」留められていたものが集約され、大規模な資金と権力が構成されていくという仕組みは、それ自体これまでにもフィリピン社会に遍在してきたあり方である[9]。数ペソ、数十ペソの賭け金で行われる賭博は、国政を左右する巨大資金を形成してきたし、現在それは、（賭けの状況を）「一目で確認」「即座に伝える」ことを可能にする新しいシステムによって、一層効率的に、国家の手で運用されている（師田第４章）[10]。

　同時に、このような「利用価値の曖昧なまま」留め置かれている人・もの・関係のネットワークなどは、その曖昧さこそゆえに、突如訪れる機会と必要には即座に応答し、新しい生を切り開いていくことができるように「待機」している状態にもなっている。これまで論じてきたように、こうした均等でない時間とテンポは不安定さの裏返しとなっているものの、同時に、田川の事例に示されるような、人生という時間スパンの内の一時的加速と、そこに完全に同期することない離脱という揺らぎを持ったキャリア選択を可能にしている。「時間がただ膨張したような今」と加速は、フィリピン社会の中では常に隣合わせに存在しているのである。

9　中窪の議論もまた、小規模な経済で個別にリスクを分散させつつ集積させるプロセスを通して“市場適合的”な経済「主体」による産地再編”が行われる様を描いている。これもまた、遠目に見たところでの新しい経済成長が、どのように“パッチ（継ぎはぎ）”されながら実現されているのかを提示している事例と言えよう。

10　新型コロナウイルスの感染拡大に伴う社会的接触の制限によって急速に進展したデジタル・トランスフォーメーションもまた、こうした加速と集約に関与している。かつて窓口の長蛇の列に並んで支払っていた様々な公共料金も、スマートフォンアプリからボタンひとつで支払うことができるようになりつつあり、小さなカタログを近所で回して共同購入していたような地方のショッピングの光景も、アプリ上のボタンひとつでの購入に取って代わられている。カタログがいつ回ってくるのか、商品はいつ、きちんと届けられるのか（そのスピードは仲介者のやり方に大きく左右される）、そんなことに煩わされる必要もない。加速を可能にする技術は、ますますその勢いを増して、人々の生活に入り込んでいる。

おわりに

　本章は、日下や原の提示したフィリピン社会の大きな変化（それをネガティブに捉えるにせよ、ポジティブに捉えるにせよ）という議論に対し「時間／テンポ」という補助線を引きながら、そうした大きな枠組み、物語から溢れ落ちる部分に光を当てつつ、各章の議論を整理してきた。

　マクロな加速、グローバルな時間への同期は、それ自体強力なものとして、時に人々自身の手によって草の根レベルに、そして近年は国家が主導する制度整備のもとで、確かに浸透している。改めて振り返っても、時間を無駄にすることなく、平等に予測可能な未来を実現することへの要求は、各章の議論の端々に観察されていた。だが一方で、人々がこうした強力な駆動力に翻弄されるばかりというわけでもない。人々にとっての広義の「予測可能性」は、単線的未来の内のみではなく、せめぎあう対人関係の文脈や秩序の中にも積極的に見出されている。しかし同時に、こうした相互交渉のネットワークは、意のままにならないテンポを作り出す形で社会の時間を乱し、時に立ち止まらせる。この対人の相互行為が時間／テンポを動揺させる程度の大きさは、現代においてもフィリピン社会を捉える際の特徴となっていると言えよう。他方で、身体の傷がもたらす現在という時間の歪みも含めたこれら脱加速・脱同期的時間は、停止・停滞の方向に慣性的に流れているのでもない。社会に偏在する「均等でない時間」さえもまた、それを集約し瞬時に駆動力へと転換させるための仕組みを通して、フィリピンの大転換を脈々と下支えしている。

　本章を締めくくる前に、ここまでにあまり提示することのなかったフィリピンの政治変化という論点と時間をめぐる問題の関連をひとつ提示したい[11]。

11　序論としての日下、原の議論は、どちらもドゥテルテ政権への高い支持をめぐるフィリピン社会の変化と解釈を提示したものだった。本章がそうした視点を取らない理由を率直に述べると、筆者自身のフィールド（地方農村部）において「ドゥテルテ大統領への支持とそれに伴う他者の排除」といった現象が、日下が論じるものほど顕著な事象として観察されなかったためである。本章の枠組みを用いて説明すると、筆者のフィールドはフィリピン社会全体の加速と変化に人々の生の時間が同期していく、その外在的な負荷の程度が相対的に弱いエリアだったのかもしれない。ローザは、脱同期的現象は、社会の周辺部で特に顕著に生じると論じる（Rosa 2005＝2022）。筆者のフィールドにおいて観察される状

それは加速による物語的時間の変質、もしくは喪失という問題である。清水（1991）は、かつてフィリピンの政治変化の熱狂を下支えしたのが、カトリシズム的意味世界に依拠した物語であったと論じ、日下（2013）は、それを道徳をめぐる言説（それもある種の物語と言えよう）として論じた。しかし、現代フィリピンに見られるような日常の加速、直線的時間の強化は、何との接続の中に自己を位置付けていくのかという意味での人々のアイデンティティを不安定なものにさせ、同時に、何との関連付けで正当性を語るのかという物語装置の意味を変質させる。加速への同期という本章で論じた問題は、上述のような物語によって下支えされてきたフィリピンの政治変化の「熱狂」もまた、変質させているのではないだろうか。

　以上、本章を通して論じてきたことを要約すると、我々は現代フィリピンの様相から何を学び取ることができるのか。これまでに論じてきたような加速へのつまづきとしての「テンポの揺らぎ」に、資本主義的な均質化した時間への抵抗を見出すこともできるかもしれない（Dempsey & Pratt 2019）[12]。しかしながら、テンポというものは1人の行為の中で完結して成り立つものではなく、常に他者が持つ偶発性の中に引き込まれ、乱れる内に展開されていくものである。時間やテンポへの着目は、それが「誰にとっても意のままにならない」ものであるからこそ、様々なアクターが世界に関与しようとするその生きられた経験、大きな枠組みや物語からこぼれ落ちるものごとの特徴を捉えるのに有用となる。だからこそ、それが教えてくれるのはむしろ「抵抗」とは相反するような在り方なのではないだろうか。

　ままならない他者や身体、システムの存在は、加速する社会に同期し、未来を描いていく営みにとっては、それを阻害するストレスとなる。他方で、加速自体もまた、時間に追われ続ける生を作り出し、その行き着くところとしての硬直というストレスによって人々を苛む。ゆえに同期し続けることから、降りる・踏みとどまる手段も、今日では議論されるべき重要なテーマとなっている。その方途を模索した時、確かにそこにいる他者に対峙した際に

況は、一側面としてはそういった中心と周辺という構造的問題の結果として捉えることができるものかもしれない。

12　この議論はデンプシーらの整理する議論の中でタディアーから発せられたものである。

生じる対人の偶発性や身体の痛みなどが、そもそも「ままならない」もので
あるという事実を引き受ける態度は、我々の社会を振り返った際にも、進み
続ける加速に対する「裂け目」を探すヒントとなりうるのではないだろうか。

［引用文献］

Aguilar, F. V., 1998, *Clash of spirits the history of power and sugar planter hegemony on a Visayan island*, University of Hawai'i Press.

Cannell, F., 1999, *Power and intimacy in the Christian Philippines*, Cambridge University Press.

Dempsey, J. & Pratt, G., 2019, "Excess and the Outsides of Capitalism: A Conversation with Vinay Gidwani, Cindi Katz and Neferti Tadiar," *Antipode Online 2019 June*, (https://antipodeonline.org/2019/06/26/excess-and-the-outsides-of-capitalism/).

ハーヴェイ D., 1999,『ポストモダニティの条件』（吉原直樹訳 原著は 1992 年出版）青木書店 .

細田尚美 , 2019,『幸運を探すフィリピンの移民たち：冒険・犠牲・祝福の民族誌』明石書店 .

木村敏 , 2006,『自己・あいだ・時間：現象学的精神病理学』筑摩書房 .

日下渉 , 2013,『反市民の政治学：フィリピンの民主主義と道徳』法政大学出版 .

Madianou, M., & Miller, D., 2011, "Mobile phone parenting: Reconfiguring relationships between Filipina migrant mothers and their left-behind children," *New Media & Society*, 13(3), 457–470.

長坂格 , 2009,『国境を越えるフィリピン村人の民族誌：トランスナショナリズムの人類学』明石書店 .

西井凉子 , 2011,『時間の人類学：情動・自然・社会空間』世界思想社 .

Pertierra, R., 1990, "National Consciousness and Arenas of Struggle: The Contradiction of the Philippine State," *Asian Studies: Journal of Critical Perspectives on Asia*, 28, 1–34.

ローザ H., 2022,『加速する社会：近代における時間構造の変容』（出口剛司訳 原著は 2005 年出版）福村出版 .

ロザルド R., 1998,『文化と真実：社会分析の再構築』（椎名美智訳 原著は 1989 年出版）日本エディタースクール出版部 .

清水展 , 1991,『文化の中の政治：フィリピン「二月革命」の物語』弘文堂 .

Soon, C. Y., 2015, *Tulong : an articulation of politics in the Christian Philippines*, University of Santo Tomas Publishing House.

あとがき　変化の混沌を受けとめる道行き

　通常、あとがきというものは、本の企画の始まりと辿ってきた道のりを整然と説明するものであろう。だが率直にいうと、本書の辿ってきた道のりは、一体、その何をどこから（どこまで）記すべきかについて非常に頭を悩ませる厄介さを孕んでいる。それはまさに、本書の中で吉澤が述べるリホックする過程であり、その詳細を書くことはともすれば、単に日本のフィリピン研究という小さなコミュニティの内輪の混乱の噂話（フィリピン的にいうなら"チスミス tsis-mis（噂話）"）を社会に向けて垂れ流すことになってしまうのではないかとも感じる。ただ、本書で展開されてきた議論の混沌を説明するためには、そうした「研究成果の創り出される過程」についても、赤裸々に語るべきではないかとも思うに至った。以下にそんな「舞台裏」の顛末を整理することとしよう。

　ことの始まりは、2020 年。本書の出版元である花伝社の大澤氏から、編著者の 1 人である日下に対して、フィリピンについての新しい本を出さないかという依頼が入った。既に多くのプロジェクトを抱えていた日下は「若手との編著なら」ということで話を受け、本書の共著者たちに声をかけた。その際に日下から送られてきた本書の主旨は、以下のようなものであった。

　　大まかな趣旨としては、人間関係の相互性によって緩く曖昧に構成されていたフィリピン社会に、新自由主義のもと国家や市場によって急速に「規律」や「規制」が導入されていく社会変化を、フィールドから微視的に描き出しつつ、新たな時代の「希望」を見出していくということになると思います。そして、そこから日本社会に対する何らかのメッセージを発信できればと思います[1]。

1　当時の日下のアイディアについては、以下のサイトに掲載されているコラムなども参照されたい。「なぜフィリピン人は「規律」を求めるのか」https://davawatch.com/articles/2020/05/23/22487.html

ところが、それに対し生意気にも、私を含む一部の若手が反発した。日下の提示する「規律規範に侵食されつつあるフィリピン」という捉え方は、確かに現在のフィリピンを象徴する一つの側面であり、魅力的な枠組みだ。しかし若手メンバーの見ているフィリピンのあり方はもっと多様で複雑なのではないかと。だからこそ、時間はかかるかもしれないが、もう少し解釈の仕方の前提を取っ払って議論を始めることはできないだろうか、と（もっというのであれば、我々一回り下の世代、かつ同じ「フィリピン地域研究」という土俵を共にする者にとって、既に海外からも高い評価を受ける日下は「大きすぎる」存在だった。だからこそ、一旦ゼロベースで考えるくらいでなくては、日下の提示する枠組み・方向性ありきの議論になってしまう危険があるのではないかと）。すると日下からこんな提案がなされた。ならば若手が中心になってやってみろ。自分は序論という形で現代フィリピンを捉える議論を提示するから、若手たちの論稿でそれに反論してみろ、一冊の本の中でそんな「世代間プロレス」をやってみようじゃないか、と。

　こうした花伝社から日下、そこから若手研究者たちへというお題のリレーが本書の具体的な始まりであったが、その前にも、もう一つ記しておくべき流れがあった。それは、フィールドで展開された本書共著者たちのインフォーマルな関係である。特にマニラで同時期にフィールドワークを行っていた原、藤原、宮川、西尾、田川、久保の６人は、毎週のようにケソン市のティモッグ通りにある海鮮焼きの路面店「ダンパ」に集まっては、バケットビールを浴びるほど飲み、それぞれがフィールドで見てきたフィリピンのリアルを議論した。そして、その時点から既に「自分達は同じ時代にこんなに近くでフィリピン社会を見ているのに、なぜこうも"見えてくる"ものが違うのだろう」という、本書の企画の萌芽とも言える感覚を共有していた。そしていつかの日か、こうした飲み屋談義を超えて、社会から見える場所でその議論を発展させてみたいものだと。

　さて、こうして日下からの挑戦的なお題を受けて本書の企画は走り始めたが、実際に議論を始めてみると、立ちはだかる困難は想像していたよりも大きかった。そもそも、上述の通り「同時期にフィリピンでフィールドワークを行った」というぼんやりとした共通点のみで集まった12人ものメンバー

は、学術的なバックグラウンドも異なる（地理学や人類学、政治学、経済学、果ては農学まで）。そのため、まずさまざまな概念に対する理解や、前提としてのフィリピン社会の捉え方といった部分から、すり合わせが必要だった。プロジェクト自体として「近代」や「新自由主義」が重要なキーワードとなることは当初から想定されていたものの、その概念のどういった部分を中心に捉えて議論を展開させるのかという点に関して、メンバー同士の議論は頻繁にぶつかった。事態は段々と「世代間プロレス」というシンプルな構図では済まなくなってきたのである。結局、統一的な扱いを定めることを避けた結果、これらのキー概念が読者にとって少々不親切な横串になったであろうことは否めない。

　また、企画の進行は、ちょうど多くのメンバーにとって博士論文執筆の最終段階と重なっており、研究会のスケジュールや締め切りを合わせるのも困難を極めた。新型コロナウイルスの流行や、子育て真っ最中の「ままならない時間」を生きるメンバーも多数いる中、対面の研究会を行うことはほぼ不可能だった（最後にたった一度だけ、対面で研究会を開催できた際は大いに盛り上がったものだ）。こうした状況下、オンラインシステムを用いた融通の効く（都合に合わせて人が出入りするような）研究会開催という選択肢が存在したことによって、メンバーの抱える様々な「人生のテンポ」を緩やかに同期させることが可能になった。

　プロジェクト始動から２年目の年には、京都大学東南アジア地域研究研究所の「東南アジア研究の国際共同研究拠点」事業から、令和３年度共同研究として採択を受けることができた（研究課題名「現代フィリピンにおける「社会と個人」の限界と潜在力——フィールドからの理論と検証」）。フォーマルな制度に則った支援は、手弁当でぼんやりと集っていた状態に「少なくとも何か形にせねば」という目標を与えてくれた。

　こうしてよちよち歩きの中でプロジェクトを進めていったが、一番のトラブルな道のりは、最終段階（原稿締め切りのなんと 10 日前！）に生じた。最終的に提出された日下の序論が、極めて首尾よく様々な議論をまとめているがゆえに日下の論を批判する「世代間プロレス」の構成が破綻してしまっているという異論が出たのである。企画の締め切りを延ばして、もう一度議

論を再構成するか、編者たちで何度も話し合ったが、最終的に落ち着いたのは「元の構成のままいこう」という結論だった。その決着に至るまでの間、あちらこちらで個別連絡が交わされ、調整が動いたその様は、まさに「属人的な交渉で問題を解決」しようとリホックする人びとのそれであった。ただ、振り返って書いていると、それらは本書の始まりとしての混乱とプロレス、酒の匂いの混じった狂騒的な関係に似つかわしいプロセスだったとも思えるし、秩序の乱れを経て、結局少しの苦みと洗練さを足した元の形に収束したこの過程は、本企画にとって必要な通過儀礼だったということかもしれない。

　このような「舞台裏」をつらつらと書いたのには、一応理由がある。繰り返すように、本書は明確な統一的テーマやキーワードを持たない上に、「序論 VS. 各論」という奇妙な構成を想定して各章の原稿が執筆された。同時に、その過程の中でいくつものネットワークが展開された結果、「序論 VS. 各論」だけでなく、あちらこちらでの場外乱闘のような引用と批判が展開されることになってしまった。どのような統一的観点を持って本書を読めばいいのか、疑問に思った読者もいたことであろう。だが、それはこうした本書の辿ってきたプロセス（それも一つの学問的成果の形成過程のリアル）の息遣いをそのままに収録しようとしたためである。製作者たちのエゴでもあるが、そういった喧騒を想像しながら本書を読み返していただくと、また違った趣きが感じられるかもしれない。そしてまた、そうした「一言で集約させることが困難な」様子にこそ、現代フィリピンの在り様を理解するために必要な態度へのヒントがあるということが、おそらくこの2年半の間、12人のフィリピン地域の専門家が集って出した一つの共通感覚であろう。

　最後に、こうした混沌として不安定な企画を全面的かつ柔軟にサポートして執筆を励まして下さった、花伝社の大澤氏には、どんな感謝の言葉を並べても返せない恩ができてしまった。言葉では足りないとは思いながらも、心よりの感謝を申し上げます。

共同編集者一同／を代表して　白石奈津子

[編著者]

原 民樹（はら・たみき）

早稲田大学アジア太平洋研究センター助教。1985 年生まれ。一橋大学大学院社会学研究科博士課程単位取得退学。博士（社会学）。専門は政治学・フィリピン地域研究。論文に「アキノの改革政治と競争法——包括的競争法成立にみる『包摂的成長』のビジョン」（『アジア研究』第 67 巻 2 号、2021 年）、"Defeating a Political Dynasty: Local Progressive Politics through People Power Volunteers for Reform and Bottom-up Budgeting Projects in Siquijor, Philippines," *Southeast Asian Studies*, 8(3), 2019 年など。

西尾善太（にしお・ぜんた）

立命館大学大学院先端総合学術研究科特別研究員（PD）。1989 年生まれ。京都大学大学院アジア・アフリカ地域研究研究科博士課程修了。博士（地域研究）。専門は都市人類学。著書に『ジープニーに描かれる生』（風響社、2022 年）、『分断都市マニラにおける「公共性」の地層』（京都大学、博士論文、2021 年）など。

白石奈津子（しらいし・なつこ）

大阪大学大学院人文学研究科講師。1988 年生まれ。京都大学大学院アジア・アフリカ地域研究研究科博士課程単位取得退学。博士（地域研究）。専門は文化人類学・農村社会学。
著書に『出稼ぎ国家フィリピンと残された家族——不在がもたらす民族の共在』（風響社、2018 年）、"Reverse of Good Practice in Forest Preservation: Household Economy of Alangan-Mangyan and Community-Based Forest Management Program in the Philippines," *Geographical review of Japan series B*, 2014 年など。

日下 渉（くさか・わたる）

東京外国語大学総合国際学研究院教授。1977 年生まれ。九州大学大学院比較社会文化学府博士課程単位取得退学、京都大学人文科学研究所助教、名古屋大学大学院国際開発研究科准教授を経て現職。博士（比較社会文化）。専門はフィリピン地域研究。著書に『反市民の政治学——フィリピンの民主主義と道徳』（法政大学出版局、2013 年）、編著に『東南アジアと「LGBT」の政治——性的少数者をめぐって何が争われているのか』（明石書店、2021 年）など。

[著者]

飯田悠哉（いいだ・ゆうや）

愛媛大学農学部食料生産経営学コース研究員。1986 年生まれ。京都大学大学院農学研究科博士課程指導認定退学。専門は農業・食料社会学。論文に「かれらの前に誰がいたのか——園芸産地の季節労働市場と国内労働者」（崔博憲・伊藤泰郎編『日本で働く——外国人労働者の視点から』松籟社、2021 年）など。

久保裕子（くぼ・ゆうこ）

東京大学大学院総合文化研究科博士後期課程在籍。専門は文化人類学、医療人類学。著書に『フィリピン女性たちの流産と中絶——貧困・贖罪・ポリティクス』（風響社、2021 年）、論文に「医療人類学においてヘルスコミュニケーションをどう論じるか——フィリピン・

メトロマニラの多言語状況における "Abortion" の「誤用」と齟齬の考察を手掛かりに」(『こ
とばと社会』第 22 巻、三元社、2020 年)など。

田川夢乃（たがわ・ゆめの）
京都大学東南アジア地域研究研究所連携研究員。1991 年生まれ。広島大学大学院国際協力研
究科博士課程修了。博士（学術）。専門は文化人類学、ジェンダー・セクシュアリティ研究。
論文に「仕事・恋愛・暴力が交錯する場」（田中雅一・嶺崎寛子編『ジェンダー暴力の文化
人類学』昭和堂、2021 年）など。

中窪啓介（なかくぼ・けいすけ）
東京農業大学国際食料情報学部食料環境経済学科助教。1983 年生まれ。関西学院大学大学院
文学研究科博士課程後期課程単位取得満期退学。博士（地理学）。専門は人文地理学・農業
地理学。共著に『図説 京阪神の地理――地図から学ぶ』（ミネルヴァ書房、2019 年）、論文
に「フィリピン・パンガシナン州におけるマンゴーの請負生産にもとづく供給態勢」（『農村
研究』第 132 巻、2021 年）など。

藤原尚樹（ふじわら・なおき）
神戸大学大学院国際協力研究科研究員。1988 年生まれ。神戸大学大学院国際協力研究科博士
課程単位取得退学。博士（政治学）。専門は開発政治学、都市研究。論文に「グローバル・
サウスにおける「スラム」の包摂的排除をめぐって」（『国際協力論集』第 27 巻第 2 号、
2020 年）、"Gentrification and Segregation in the Process of Neoliberal Urbanization of
Metro Manila," *Kasarinlan: Philippine Journal of Third World Studies*, 35, Forthcoming な
ど。

宮川慎司（みやがわ・しんじ）
上智大学日本学術振興会特別研究員（PD）。1990 年生まれ。東京大学大学院総合文化研究科
博士課程修了。博士（学術）。専門は政治経済学、フィリピン地域研究。論文に「強まる反
インフォーマリティの規範」（『アジア経済』第 61 巻 3 号、2020 年）、「黙認されないインフォー
マリティ」（『アジア研究』第 68 巻 2 号、2022 年）など。

師田史子（もろた・ふみこ）
京都大学大学院アジア・アフリカ地域研究研究科助教。1992 年生まれ。京都大学大学院アジ
ア・アフリカ地域研究研究科博士課程修了。博士（地域研究）。専門は文化人類学・フィリ
ピン地域研究。論文に「偶然性に没頭し賭けることの有意味性――フィリピンにおける数字
くじの事例から」（『文化人類学』第 86 巻 3 号、2021 年）、「フィリピンにおける賭博の規制・
管理の過去と現在―違法数字くじをめぐる政策の変遷―」（『アジア・アフリカ地域研究』第
20 巻 1 号、2020 年）など。

吉澤あすな（よしざわ・あすな）
京都大学大学院アジア・アフリカ地域研究研究科博士課程。1987 年生まれ。専門はフィリピ
ン地域研究・文化人類学。著書に、『消えない差異と生きる――南部フィリピンのイスラー
ムとキリスト教』（風響社、2017）、"Making the Island a 'Fortress'": Government's Measures
and People's Mentality against COVID-19 in Bohol," *Social Ethics Society Journal of Applied
Philosophy*, Special Issue, 2020 年）など。

カバー使用作品：Mark Salvatus "Model City"

現代フィリピンの地殻変動──新自由主義の深化・政治制度の近代化・親密性の歪み

2023 年 3 月 20 日　初版第 1 刷発行

編著者 ───── 原民樹／西尾善太／白石奈津子／日下渉
発行者 ───── 平田　勝
発行 ─────── 花伝社
発売 ─────── 共栄書房
〒 101-0065　　東京都千代田区西神田 2-5-11 出版輸送ビル 2F
電話　　　　03-3263-3813
FAX　　　　03-3239-8272
E-mail　　　info@kadensha.net
URL　　　　http://www.kadensha.net
振替　　　　00140-6-59661
装幀 ─────── 北田雄一郎
印刷・製本 ── 中央精版印刷株式会社